科学出版社“十三五”普通高等教育本科规划教材
普通高等教育工程数学系列教材

向量分析与场论　复变函数与积分变换
复习与提高

主　编　李景和　吴梦虹
副主编　马秀娟　赵娇云　孙光坤　张相梅

科 学 出 版 社
北 京

内 容 简 介

本书是科学出版社出版的《向量分析与场论》和《复变函数与积分变换》两本教材的配套辅导用书，内容包括向量分析、数量场、向量场、三种特殊形式的向量场、复数及复变函数、解析函数、复变函数的积分、解析函数的级数表示、残数及其应用、保形映射、傅里叶变换和拉普拉斯变换. 各章内容有基本要求、主要内容复习、例题分析，每一个阶段学习后有一个综合练习题并附有答案与提示，全书的最后是作业题并附有答案与提示. 本书内容充实，题型丰富，能够帮助学习该课程的学生全面复习和掌握课程的知识点，进一步提高解题的能力.

本书可作为学习相关课程的学生的课外辅导书，也可作为教师的教学参考用书.

图书在版编目(CIP)数据

向量分析与场论　复变函数与积分变换　复习与提高 / 李景和，吴梦虹主编. —北京：科学出版社，2018.9

科学出版社“十三五”普通高等教育本科规划教材　普通高等教育工程数学系列教材

ISBN 978-7-03-058424-3

Ⅰ. ①向…　Ⅱ. ①李…　②吴…　Ⅲ. ①向量分析–高等学校–教材　②场论–高等学校–教材　③复变函数–高等学校–教材　④积分变换–高等学校–教材　Ⅳ. ①O183.1　②O412.3　③O17

中国版本图书馆 CIP 数据核字(2018)第 175727 号

责任编辑：胡云志　李　萍 / 责任校对：严　娜

责任印制：赵　博 / 封面设计：华路天然设计工作室

科学出版社 出版

北京东黄城根北街 16 号

邮政编码：100717

http://www.sciencep.com

三河市骏杰印刷有限公司印刷

科学出版社发行　各地新华书店经销

*

2018 年 9 月第　一　版　开本：787×1092　1/16

2025 年 7 月第九次印刷　印张：13 1/2

字数：320 000

定价：45.00 元

(如有印装质量问题，我社负责调换)

前　言

《向量分析与场论》和《复变函数与积分变换》是计算机、电气、自动化、信息、机械等工科专业重要的基础课程, 学习好这门课程可以为学生的专业课学习打下坚实的基础, 对于培养学生的专业能力以及未来的业务素质具有重要的意义. 为了帮助学生更好地理解课程中的基本概念和基本理论, 掌握基本的方法, 进一步提高分析问题和解决问题的能力, 笔者根据课程大纲的要求, 综合考虑该门课程教学的实际情况和学生在学习中遇到的困难, 编写了这本《向量分析与场论　复变函数与积分变换　复习与提高》, 作为学生学习的指导用书, 本书与李景和、赵娇云主编的《向量分析与场论》, 徐勇、李景和、张相梅主编的《复变函数与积分变换》两本教材相配套.

全书分为“向量分析与场论”和“复变函数与积分变换”两部分, 其中向量分析与场论部分共 4 章, 复变函数与积分变换部分共 8 章, 全书总共 12 章. 书中带“*”所对应的内容是教师在实际教学中根据具体教学时数等情况加以取舍的内容, 可供对这些内容有兴趣的学生和学有余力的学生进一步学习参考.

本书内容充实, 其中“基本要求”具体指出了各章应掌握的内容和程度; “主要内容复习”概括了各章的基本概念、重要定理、重要结论和公式, 帮助学生从整体上把握每一章的脉络; “例题分析”精选各种题型, 由浅入深, 由易到难, 全面覆盖各章的知识点, 分析和解题过程非常详尽; “综合练习题”和“作业”着重检测学生对基本内容的掌握情况, 促使学生通过练习进一步消化课堂上所讲的知识内容.

李景和编写和整理全书各章中的基本要求、主要内容复习、综合练习题和作业题, 赵娇云编写向量分析与场论部分中的例题分析, 马秀娟、张相梅、吴梦虹、孙光坤编写复变函数与积分变换部分中的例题分析, 其中马秀娟编写第一、三章的例题分析, 张相梅编写第二、六章的例题分析, 吴梦虹编写第四、五章的例题分析, 孙光坤编写第七、八章的例题分析. 全书由李景和统稿.

本书编写过程中得到何华教授和徐勇教授的支持与鼓励, 徐勇教授对本书的编写给出了很多很好的建议, 科学出版社的编辑对本书的出版倾注了大量的心血, 作者在此一并表示衷心的感谢!

由于编者水平有限和时间匆忙, 书中难免有不妥之处, 敬请使用本书的读者批评指正, 也殷切希望读者对本书的修改提出建议, 以促使本书的不断完善.

编　者

2018 年 7 月

目　录

向量分析与场论部分

第一章　向 量 分 析

基 本 要 求

1. 理解向径向量、向量的模、单位向量和向量的方向余弦等相关概念，掌握向量的加法、数乘、数量积、向量积等运算，知道向量的混合积与三重向量积.

2. 理解向量函数、矢端曲线、向量函数的极限和连续的概念，掌握曲线的向量方程和参数方程的关系，会求向量函数的极限.

3. 理解向量函数的导数和微分的概念及其几何意义，理解向量函数的导数的物理意义，掌握向量函数的导数公式和求曲线的切线向量的方法，会求向量函数的导数和微分.

4. 理解向量函数的不定积分和定积分的概念，会求向量函数的不定积分和定积分.

主要内容复习

一、向量的基本知识

对 $\mathbf{R}^3$ 中的任意两点 $M_1(x_1,y_1,z_1)$, $M_2(x_2,y_2,z_2)$, 记 $a_x=x_2-x_1, a_y=y_2-y_1, a_z=z_2-z_1$, 则 $\boldsymbol{a}=\overrightarrow{M_1M_2}=a_x\boldsymbol{i}+a_y\boldsymbol{j}+a_z\boldsymbol{k}=[a_x,a_y,a_z]^{\mathrm{T}}$, 称 a_x,a_y,a_z 为向量 $\boldsymbol{a}$ 的坐标. 对 $\mathbf{R}^3$ 中的任意点 M, 称以原点 O 为起点, M 为终点的向量 $\overrightarrow{OM}$ 为点 M 的向径向量(或位置向量), 记作 $\boldsymbol{r}$. 若 M 的坐标为 (x,y,z), 则 $\boldsymbol{r}=x\boldsymbol{i}+y\boldsymbol{j}+z\boldsymbol{k}=[x,y,z]^{\mathrm{T}}$.

$|\boldsymbol{a}|=\sqrt{a_x^2+a_y^2+a_z^2}$ 称为 $\boldsymbol{a}$ 的模, $r=|\boldsymbol{r}|=\sqrt{x^2+y^2+z^2}$.

$\boldsymbol{a}=|\boldsymbol{a}|\boldsymbol{a}^0$, 其中 $\boldsymbol{a}^0=\dfrac{\boldsymbol{a}}{|\boldsymbol{a}|}$ 是 $\boldsymbol{a}$ 的单位向量.

设向量 $\boldsymbol{a}$ 与 Ox 轴, Oy 轴, Oz 轴的夹角分别为 α,β,γ, 则称 $\cos\alpha,\cos\beta,\cos\gamma$ 为向量 $\boldsymbol{a}$ 的方向余弦, 有

$$\boldsymbol{a}^0=\frac{\boldsymbol{a}}{|\boldsymbol{a}|}=\cos\alpha\boldsymbol{i}+\cos\beta\boldsymbol{j}+\cos\gamma\boldsymbol{k}=[\cos\alpha,\cos\beta,\cos\gamma]^{\mathrm{T}},$$

即 $\boldsymbol{a}$ 的方向余弦是其单位向量 $\boldsymbol{a}^0$ 的三个坐标, 可以用来表示 $\boldsymbol{a}^0$.

当两个向量的模和方向都相同时, 认为这两个向量是相等的.

二、向量的运算

设向量 $\boldsymbol{a}=[a_x,a_y,a_z]^{\mathrm{T}}, \boldsymbol{b}=[b_x,b_y,b_z]^{\mathrm{T}}, \boldsymbol{c}=[c_x,c_y,c_z]^{\mathrm{T}}, k$ 为常数, 有以下运算:

(1) 加法 $\boldsymbol{a}+\boldsymbol{b}=[a_x+b_x,a_y+b_y,a_z+b_z]^{\mathrm{T}}$.

(2) 数乘 $k\boldsymbol{a}=[ka_x,ka_y,ka_z]^{\mathrm{T}}$.

(3) 数量积 $\boldsymbol{a}\cdot\boldsymbol{b}=a_xb_x+a_yb_y+a_zb_z=\boldsymbol{a}^{\mathrm{T}}\boldsymbol{b}=|\boldsymbol{a}||\boldsymbol{b}|\cos\theta$, θ 为向量 $\boldsymbol{a}$ 与 $\boldsymbol{b}$ 的夹角. 称 $\boldsymbol{b}_{\boldsymbol{a}}=|\boldsymbol{b}|\cos\theta$ 为向量 $\boldsymbol{b}$ 在 $\boldsymbol{a}$ 上的投影.

① $|\boldsymbol{a}|=\sqrt{\boldsymbol{a}\cdot\boldsymbol{a}}=\sqrt{a_x^2+a_y^2+a_z^2}$;

② $\boldsymbol{a}\cdot\boldsymbol{b}=0\Leftrightarrow\boldsymbol{a}$ 与 $\boldsymbol{b}$ 正交.

(4) 向量积 $\boldsymbol{a}\times\boldsymbol{b}=\begin{vmatrix}\boldsymbol{i}&\boldsymbol{j}&\boldsymbol{k}\\a_x&a_y&a_z\\b_x&b_y&b_z\end{vmatrix}$.

① $|\boldsymbol{a}\times\boldsymbol{b}|=|\boldsymbol{a}||\boldsymbol{b}|\sin\theta$, θ 为向量 $\boldsymbol{a}$ 与 $\boldsymbol{b}$ 的夹角;

② $\boldsymbol{a}$ 与 $\boldsymbol{b}$ 平行 $\Leftrightarrow\boldsymbol{a}\times\boldsymbol{b}=\boldsymbol{0}$;

③ $\boldsymbol{a}\times\boldsymbol{b}=-\boldsymbol{b}\times\boldsymbol{a}$.

三、向量函数的基本概念

设有实变量 t 和变向量 $\boldsymbol{F}$, 如果对于 t 在某个范围 G 内的每一个数值, $\boldsymbol{F}$ 都有一个确定的向量与之对应, 则称 $\boldsymbol{F}$ 为实变量 t 的向量函数, 记为 $\boldsymbol{F}=\boldsymbol{F}(t)$.

向量函数 $\boldsymbol{F}(t)$ 的坐标表示式为

$$\boldsymbol{F}(t)=F_x(t)\boldsymbol{i}+F_y(t)\boldsymbol{j}+F_z(t)\boldsymbol{k}=[F_x(t),F_y(t),F_z(t)]^{\mathrm{T}}. \tag{1.1}$$

把 $\boldsymbol{F}(t)$ 的起点放在坐标原点, 这样当 t 变化时, $\boldsymbol{F}(t)$ 的终点 M 描绘出的曲线 l 称为 $\boldsymbol{F}(t)$ 的矢端曲线, 同时称 (1.1) 式为此曲线的向量方程, 而

$$x=F_x(t),\quad y=F_y(t),\quad z=F_z(t)$$

是曲线 l 以 t 为参数的参数方程. 曲线 l 的向量方程与曲线 l 的参数方程有着一一对应的关系.

四、向量函数的极限和连续

设向量函数 $\boldsymbol{F}(t)$ 在 t_0 的某个去心邻域内有定义, $\boldsymbol{F}_0$ 是一个常向量, 若对任意给定的 $\varepsilon>0$, 存在 $\delta>0$, 使得当 $0<|t-t_0|<\delta$ 时, 有 $|\boldsymbol{F}(t)-\boldsymbol{F}_0|<\varepsilon$, 则称 $\boldsymbol{F}_0$ 是向量函数 $\boldsymbol{F}(t)$ 当 $t\to t_0$ 时的极限, 记为 $\lim\limits_{t\to t_0}\boldsymbol{F}(t)=\boldsymbol{F}_0$.

向量函数也有类似于数量函数中的一些极限运算法则 (见教材).

若 $\boldsymbol{F}(t)=F_x(t)\boldsymbol{i}+F_y(t)\boldsymbol{j}+F_z(t)\boldsymbol{k}$, 则有

$$\lim_{t\to t_0}\boldsymbol{F}(t)=\lim_{t\to t_0}F_x(t)\boldsymbol{i}+\lim_{t\to t_0}F_y(t)\boldsymbol{j}+\lim_{t\to t_0}F_z(t)\boldsymbol{k}.$$

设向量函数 $\boldsymbol{F}(t)$ 在 t_0 的某个邻域内有定义, 若 $\lim\limits_{t\to t_0}\boldsymbol{F}(t)=\boldsymbol{F}(t_0)$, 则称 $\boldsymbol{F}(t)$ 在 t_0 处连续.

$\boldsymbol{F}(t)$ 在 t_0 处连续的充分必要条件是其三个坐标函数 $F_x(t),F_y(t),F_z(t)$ 在 t_0 处连续.

五、向量函数的导数与微分

设向量函数 $\boldsymbol{F}(t)$ 在 t 的某个邻域内有定义, 并设 $t+\Delta t$ 也在这个邻域内, $\boldsymbol{F}(t)$ 对应于 Δt 的增量 $\Delta\boldsymbol{F}=\boldsymbol{F}(t+\Delta t)-\boldsymbol{F}(t)$, 若极限

$$\lim_{\Delta t\to 0}\frac{\Delta\boldsymbol{F}}{\Delta t}=\lim_{\Delta t\to 0}\frac{\boldsymbol{F}(t+\Delta t)-\boldsymbol{F}(t)}{\Delta t}$$

存在, 则称此极限为向量函数 $\boldsymbol{F}(t)$ 在 t 处的导数(简称导矢), 记作 $\dfrac{\mathrm{d}\boldsymbol{F}}{\mathrm{d}t}$ 或 $\boldsymbol{F}'(t)$.

l 是 $\boldsymbol{F}(t)$ 的矢端曲线, $\boldsymbol{F}'(t)$ (当其不为零时) 是曲线 l 在 t 值对应点 M 处的切线向量, 而且指向对应 t 值增大的一方. 向量函数的求导公式见教材.

若 $\boldsymbol{F}(t)=F_x(t)\boldsymbol{i}+F_y(t)\boldsymbol{j}+F_z(t)\boldsymbol{k}$, 则有

$$\boldsymbol{F}'(t)=F_x'(t)\boldsymbol{i}+F_y'(t)\boldsymbol{j}+F_z'(t)\boldsymbol{k}.$$

设向量函数 $\boldsymbol{F}=\boldsymbol{F}(t)$, 称 $\mathrm{d}\boldsymbol{F}=\boldsymbol{F}'(t)\mathrm{d}t$ $(\mathrm{d}t=\Delta t)$ 为向量函数 $\boldsymbol{F}(t)$ 在 t 处的微分. 微分 $\mathrm{d}\boldsymbol{F}$ 是一个向量, 在 t 值对应点 M 处与 $\boldsymbol{F}(t)$ 的矢端曲线 l 相切. 当 $\mathrm{d}t>0$ 时, $\mathrm{d}\boldsymbol{F}$ 与 $\boldsymbol{F}'(t)$ 的方向一致; 当 $\mathrm{d}t<0$ 时, $\mathrm{d}\boldsymbol{F}$ 与 $\boldsymbol{F}'(t)$ 的方向相反.

若 $\boldsymbol{F}(t)=F_x(t)\boldsymbol{i}+F_y(t)\boldsymbol{j}+F_z(t)\boldsymbol{k}$, 则

$$\mathrm{d}\boldsymbol{F}=\boldsymbol{F}'(t)\mathrm{d}t=F_x'(t)\mathrm{d}t\boldsymbol{i}+F_y'(t)\mathrm{d}t\boldsymbol{j}+F_z'(t)\mathrm{d}t\boldsymbol{k}.$$

将向量函数 $\boldsymbol{F}(t)=F_x(t)\boldsymbol{i}+F_y(t)\boldsymbol{j}+F_z(t)\boldsymbol{k}$ 看成其终点 $M(x,y,z)$ 的向径函数, 可推得向量函数微分的模等于其矢端曲线弧微分的绝对值, 有

$$\left|\frac{\mathrm{d}\boldsymbol{r}}{\mathrm{d}s}\right|=\frac{|\mathrm{d}\boldsymbol{r}|}{|\mathrm{d}s|}=1,$$

因此向量函数对(其矢端曲线的)弧长 s 的导数 $\dfrac{\mathrm{d}\boldsymbol{r}}{\mathrm{d}s}$ 是一个单位切向向量, 指向 s 增大的方向.

若曲线 l 的参数方程为 $x=x(s),y=y(s),z=y(s)$, 即将参数 t 取为弧长 s, 则

$$x'(s)=\cos\alpha,\quad y'(s)=\cos\beta,\quad z'(s)=\cos\gamma,$$

这里 $\cos\alpha,\cos\beta,\cos\gamma$ 是曲线 l 切线向量的方向余弦.

向量函数的导数的物理意义: 设质点 M 在空间运动, 其向径 $\boldsymbol{r}=\boldsymbol{r}(t)$, 其中 t 是时间变量, 则 $\dfrac{\mathrm{d}\boldsymbol{r}}{\mathrm{d}t}$ 是质点 M 运动的速度向量 $\boldsymbol{v}$, $\dfrac{\mathrm{d}^2\boldsymbol{r}}{\mathrm{d}t^2}$ 是质点 M 运动的加速度向量 $\boldsymbol{a}$.

六、向量函数的积分

若在 t 的某个区间 I 上, 有 $\boldsymbol{G}'(t)=\boldsymbol{F}(t)$, 则称 $\boldsymbol{G}(t)$ 为 $\boldsymbol{F}(t)$ 在此区间上的一个原函数. 在区间 I 上, $\boldsymbol{F}(t)$ 的原函数的全体称为 $\boldsymbol{F}(t)$ 在 I 上的不定积分, 记作 $\int\boldsymbol{F}(t)\mathrm{d}t$.

若 $\boldsymbol{G}(t)$ 为 $\boldsymbol{F}(t)$ 在区间上 I 的一个原函数, 则 $\int\boldsymbol{F}(t)\mathrm{d}t=\boldsymbol{G}(t)+\boldsymbol{C}$, 其中 $\boldsymbol{C}$ 是任意常向量.

向量函数的不定积分成立与数量函数不定积分完全类似的结论和性质(见教材).

若 $\boldsymbol{F}(t)=F_x(t)\boldsymbol{i}+F_y(t)\boldsymbol{j}+F_z(t)\boldsymbol{k}$, 则

$$\int\boldsymbol{F}(t)\mathrm{d}t=\boldsymbol{i}\int F_x(t)\mathrm{d}t+\boldsymbol{j}\int F_y(t)\mathrm{d}t+\boldsymbol{k}\int F_z(t)\mathrm{d}t.$$

设向量函数 $\boldsymbol{F}(t)$ 在区间 $[a,b]$ 上连续, 则 $\boldsymbol{F}(t)$ 在区间 $[a,b]$ 上的定积分为

$$\int_a^b\boldsymbol{F}(t)\mathrm{d}t=\lim_{\lambda\to 0}\sum_{i=0}^{n}\boldsymbol{F}(\zeta_i)\Delta t_i,$$

其中 $a=t_0<t_1<t_2<\cdots<t_n=b,\zeta_i$ 为区间 $[t_{i-1},t_i]$ 上的任一点, $\Delta t_i=t_i-t_{i-1},\lambda=\max\{\Delta t_i\}$, $i=1,2,\cdots,n$.

有关数量函数定积分的性质和计算方法都适用于向量函数.

若 $\boldsymbol{G}(t)$ 为连续向量函数 $\boldsymbol{F}(t)$ 在区间 $[a,b]$ 上的一个原函数, 则有

$$\int_a^b\boldsymbol{F}(t)\mathrm{d}t=\boldsymbol{G}(b)-\boldsymbol{G}(a).$$

若 $\boldsymbol{F}(t)=F_x(t)\boldsymbol{i}+F_y(t)\boldsymbol{j}+F_z(t)\boldsymbol{k}$, 则

$$\int_a^b\boldsymbol{F}(t)\mathrm{d}t=\boldsymbol{i}\int_a^b F_x(t)\mathrm{d}t+\boldsymbol{j}\int_a^b F_y(t)\mathrm{d}t+\boldsymbol{k}\int_a^b F_z(t)\mathrm{d}t.$$

例 题 分 析

例 1.1　设向量 $\boldsymbol{a}=[3,3,-2]^{\mathrm{T}},\boldsymbol{b}=[-1,-4,2]^{\mathrm{T}},\boldsymbol{c}=[2,2,1]^{\mathrm{T}}$, 试求:

(1) $\boldsymbol{a}\cdot(3\boldsymbol{b}-2\boldsymbol{c})$;　(2) $(\boldsymbol{a}\times\boldsymbol{b})\cdot\boldsymbol{c}$;　(3) $(\boldsymbol{a}\times\boldsymbol{b})\times\boldsymbol{c}$.

解　(1) 因为

$$3\boldsymbol{b}-2\boldsymbol{c}=[-7,-16,4]^{\mathrm{T}},$$

故

$$\boldsymbol{a}\cdot(3\boldsymbol{b}-2\boldsymbol{c})=3\times(-7)+3\times(-16)+(-2)\times 4=-77;$$

(2) $(\boldsymbol{a}\times\boldsymbol{b})\cdot\boldsymbol{c}=\begin{vmatrix}3&3&-2\\-1&-4&2\\2&2&1\end{vmatrix}=-21$;

(3) $(\boldsymbol{a}\times\boldsymbol{b})\times\boldsymbol{c}=(\boldsymbol{a}\cdot\boldsymbol{c})\boldsymbol{b}-(\boldsymbol{b}\cdot\boldsymbol{c})\boldsymbol{a}=10\boldsymbol{b}+8\boldsymbol{a}$

$$=[-10,-40,20]^{\mathrm{T}}+[24,24,-16]^{\mathrm{T}}=[14,-16,4]^{\mathrm{T}}.$$

例 1.2　判断下面结论是否正确, 为什么?

(1) 若 $\boldsymbol{a}\neq\boldsymbol{0}$, 且 $\boldsymbol{a}\cdot\boldsymbol{b}=\boldsymbol{a}\cdot\boldsymbol{c}$, 则 $\boldsymbol{b}=\boldsymbol{c}$;

(2) 若 $\boldsymbol{a}\neq\boldsymbol{0}$, 且 $\boldsymbol{a}\times\boldsymbol{b}=\boldsymbol{a}\times\boldsymbol{c}$, 则 $\boldsymbol{b}=\boldsymbol{c}$.

解　(1) 结论一般不正确.

由于 $\boldsymbol{a}\cdot\boldsymbol{b}=\boldsymbol{a}\cdot\boldsymbol{c}$, 故 $\boldsymbol{a}\cdot(\boldsymbol{b}-\boldsymbol{c})=0$, 即能得出向量 $\boldsymbol{a}$ 与向量 $\boldsymbol{b}-\boldsymbol{c}$ 正交. 虽然 $\boldsymbol{a}\neq\boldsymbol{0}$, 仍无法得出 $\boldsymbol{b}-\boldsymbol{c}=\boldsymbol{0}$, 即 $\boldsymbol{b}=\boldsymbol{c}$. 例如, 取 $\boldsymbol{a}=[1,1,0]^{\mathrm{T}},\boldsymbol{b}=[3,2,4]^{\mathrm{T}},\boldsymbol{c}=[2,3,2]^{\mathrm{T}}$, 有 $\boldsymbol{a}\cdot\boldsymbol{b}=\boldsymbol{a}\cdot\boldsymbol{c}$, 但 $\boldsymbol{b}\neq\boldsymbol{c}$.

(2) 结论一般不正确.

由于 $\boldsymbol{a}\times\boldsymbol{b}=\boldsymbol{a}\times\boldsymbol{c}$, 故 $\boldsymbol{a}\times(\boldsymbol{b}-\boldsymbol{c})=\boldsymbol{0}$, 即能得出向量 $\boldsymbol{a}$ 与向量 $\boldsymbol{b}-\boldsymbol{c}$ 平行. 尽管 $\boldsymbol{a}\neq\boldsymbol{0}$, 仍无

法得出 $\boldsymbol{b}-\boldsymbol{c}=\mathbf{0}$, 即 $\boldsymbol{b}=\boldsymbol{c}$. 例如, 取 $\boldsymbol{a}=[1,0,-1]^{\mathrm{T}},\boldsymbol{b}=[3,2,5]^{\mathrm{T}},\boldsymbol{c}=[4,2,4]^{\mathrm{T}}$, 有 $\boldsymbol{a}\times\boldsymbol{b}=\boldsymbol{a}\times\boldsymbol{c}$, 但 $\boldsymbol{b}\neq\boldsymbol{c}$.

例 1.3　证明下面的结论:

(1) 若向量 $\boldsymbol{a},\boldsymbol{b},\boldsymbol{c}$ 不共线, 且 $\boldsymbol{a}\times\boldsymbol{b}=\boldsymbol{b}\times\boldsymbol{c}=\boldsymbol{c}\times\boldsymbol{a}$, 则 $\boldsymbol{a}+\boldsymbol{b}+\boldsymbol{c}=\mathbf{0}$;

(2) 若 $\boldsymbol{a}\times\boldsymbol{b}+\boldsymbol{b}\times\boldsymbol{c}+\boldsymbol{c}\times\boldsymbol{a}=\mathbf{0}$, 则向量 $\boldsymbol{a},\boldsymbol{b},\boldsymbol{c}$ 共面;

(3) 若 $\boldsymbol{a}\times\boldsymbol{b}=\boldsymbol{c}\times\boldsymbol{d},\boldsymbol{a}\times\boldsymbol{c}=\boldsymbol{b}\times\boldsymbol{d}$, 则向量 $\boldsymbol{a}-\boldsymbol{d}$ 与 $\boldsymbol{b}-\boldsymbol{c}$ 共线(即平行).

证明　(1) 因为向量 $\boldsymbol{a},\boldsymbol{b},\boldsymbol{c}$ 不共线, 故向量 $\boldsymbol{a},\boldsymbol{b},\boldsymbol{c}$ 均不为零向量, 并且

$$\boldsymbol{a}\times\boldsymbol{b}=\boldsymbol{b}\times\boldsymbol{c}=\boldsymbol{c}\times\boldsymbol{a}\neq\mathbf{0},$$

记

$$\boldsymbol{a}\times\boldsymbol{b}=\boldsymbol{b}\times\boldsymbol{c}=\boldsymbol{c}\times\boldsymbol{a}=\boldsymbol{d},$$

可知向量 $\boldsymbol{a},\boldsymbol{b},\boldsymbol{c}$ 垂直于同一非零向量 $\boldsymbol{d}$, 所以向量 $\boldsymbol{a},\boldsymbol{b},\boldsymbol{c}$ 共面. 从而有不全为零的实数 $\lambda_1,\lambda_2,\lambda_3$ 使

$$\lambda_1\boldsymbol{a}+\lambda_2\boldsymbol{b}+\lambda_3\boldsymbol{c}=\mathbf{0},$$

用向量 $\boldsymbol{a}$ 与上式两边作向量积, 有

$$\lambda_1(\boldsymbol{a}\times\boldsymbol{a})+\lambda_2(\boldsymbol{a}\times\boldsymbol{b})+\lambda_3(\boldsymbol{a}\times\boldsymbol{c})=\mathbf{0},$$

因为 $\boldsymbol{a}\times\boldsymbol{a}=\mathbf{0},\boldsymbol{a}\times\boldsymbol{c}=-\boldsymbol{c}\times\boldsymbol{a}$, 上式化成

$$\lambda_2(\boldsymbol{a}\times\boldsymbol{b})-\lambda_3(\boldsymbol{c}\times\boldsymbol{a})=\mathbf{0},$$

由条件 $\boldsymbol{a}\times\boldsymbol{b}=\boldsymbol{c}\times\boldsymbol{a}$, 整理得

$$(\lambda_2-\lambda_3)(\boldsymbol{a}\times\boldsymbol{b})=\mathbf{0},$$

因为 $\boldsymbol{a}\times\boldsymbol{b}\neq\mathbf{0}$, 所以 $\lambda_2-\lambda_3=0$, 即 $\lambda_2=\lambda_3$.

同理可证 $\lambda_1=\lambda_2$, 因此有 $\lambda_1=\lambda_2=\lambda_3$, 且均不为零, 即有

$$\lambda_1\boldsymbol{a}+\lambda_1\boldsymbol{b}+\lambda_1\boldsymbol{c}=\mathbf{0},$$

故

$$\boldsymbol{a}+\boldsymbol{b}+\boldsymbol{c}=\mathbf{0}.$$

(2) 欲证向量 $\boldsymbol{a},\boldsymbol{b},\boldsymbol{c}$ 共面, 只需证向量 $\boldsymbol{a},\boldsymbol{b},\boldsymbol{c}$ 的混合积为零即可, 即证 $(\boldsymbol{a}\times\boldsymbol{b})\cdot\boldsymbol{c}=0$.

用向量 $\boldsymbol{c}$ 和式 $\boldsymbol{a}\times\boldsymbol{b}+\boldsymbol{b}\times\boldsymbol{c}+\boldsymbol{c}\times\boldsymbol{a}=\mathbf{0}$ 的两端作数量积, 有

$$\text{左边}=(\boldsymbol{a}\times\boldsymbol{b}+\boldsymbol{b}\times\boldsymbol{c}+\boldsymbol{c}\times\boldsymbol{a})\cdot\boldsymbol{c}=(\boldsymbol{a}\times\boldsymbol{b})\cdot\boldsymbol{c}+(\boldsymbol{b}\times\boldsymbol{c})\cdot\boldsymbol{c}+(\boldsymbol{c}\times\boldsymbol{a})\cdot\boldsymbol{c},$$

因 $(\boldsymbol{b}\times\boldsymbol{c})\cdot\boldsymbol{c}=0,(\boldsymbol{c}\times\boldsymbol{a})\cdot\boldsymbol{c}=0$, 故

$$\text{左边}=(\boldsymbol{a}\times\boldsymbol{b})\cdot\boldsymbol{c},$$

而

$$\text{右边}=\mathbf{0}\cdot\boldsymbol{c}=0,$$

故混合积 $(\boldsymbol{a}\times\boldsymbol{b})\cdot\boldsymbol{c}=0$, 从而向量 $\boldsymbol{a},\boldsymbol{b},\boldsymbol{c}$ 共面.

(3) 欲证向量 $\boldsymbol{a}-\boldsymbol{d}$ 与 $\boldsymbol{b}-\boldsymbol{c}$ 共线, 只需证 $\boldsymbol{a}-\boldsymbol{d}$ 与 $\boldsymbol{b}-\boldsymbol{c}$ 的向量积为零即可, 即证 $(\boldsymbol{a}-\boldsymbol{d})\times(\boldsymbol{b}-\boldsymbol{c})=\mathbf{0}$. 展开, 得

$$(\boldsymbol{a}-\boldsymbol{d})\times(\boldsymbol{b}-\boldsymbol{c})=\boldsymbol{a}\times\boldsymbol{b}-\boldsymbol{d}\times\boldsymbol{b}-\boldsymbol{a}\times\boldsymbol{c}+\boldsymbol{d}\times\boldsymbol{c},$$

又由条件 $\boldsymbol{a}\times\boldsymbol{b}=\boldsymbol{c}\times\boldsymbol{d},\boldsymbol{a}\times\boldsymbol{c}=\boldsymbol{b}\times\boldsymbol{d}$, 代入上式得

$$(\boldsymbol{a}-\boldsymbol{d})\times(\boldsymbol{b}-\boldsymbol{c})=\boldsymbol{c}\times\boldsymbol{d}-\boldsymbol{d}\times\boldsymbol{b}-\boldsymbol{b}\times\boldsymbol{d}+\boldsymbol{d}\times\boldsymbol{c},$$

因为

$$\boldsymbol{c}\times\boldsymbol{d}=-\boldsymbol{d}\times\boldsymbol{c},\quad \boldsymbol{b}\times\boldsymbol{d}=-\boldsymbol{d}\times\boldsymbol{b},$$

故 $(\boldsymbol{a}-\boldsymbol{d})\times(\boldsymbol{b}-\boldsymbol{c})=\boldsymbol{0}$, 从而向量 $\boldsymbol{a}-\boldsymbol{d}$ 与 $\boldsymbol{b}-\boldsymbol{c}$ 共线.

例 1.4 利用教材第 6 页的定理 1.1 证明下面结论:

若 $\boldsymbol{a}\cdot\boldsymbol{b}=0$, 则 $\boldsymbol{a}\times\{\boldsymbol{a}\times[\boldsymbol{a}\times(\boldsymbol{a}\times\boldsymbol{b})]\}=|\boldsymbol{a}|^4\boldsymbol{b}$.

证明 由定理 1.1, 设 $\boldsymbol{a},\boldsymbol{b},\boldsymbol{c}$ 是三个向量, 则

$$(\boldsymbol{a}\times\boldsymbol{b})\times\boldsymbol{c}=(\boldsymbol{c}\cdot\boldsymbol{a})\boldsymbol{b}-(\boldsymbol{c}\cdot\boldsymbol{b})\boldsymbol{a}.$$

因而有

$$\begin{aligned}\boldsymbol{a}\times(\boldsymbol{a}\times\boldsymbol{b})&=-(\boldsymbol{a}\times\boldsymbol{b})\times\boldsymbol{a}=-[(\boldsymbol{a}\cdot\boldsymbol{a})\boldsymbol{b}-(\boldsymbol{a}\cdot\boldsymbol{b})\boldsymbol{a}]\\&=-(|\boldsymbol{a}|^2\boldsymbol{b}-0\boldsymbol{a})=-|\boldsymbol{a}|^2\boldsymbol{b},\end{aligned}$$

又

$$\boldsymbol{a}\times[\boldsymbol{a}\times(\boldsymbol{a}\times\boldsymbol{b})]=\boldsymbol{a}\times(-|\boldsymbol{a}|^2\boldsymbol{b})=-|\boldsymbol{a}|^2(\boldsymbol{a}\times\boldsymbol{b}),$$

故

$$\begin{aligned}\boldsymbol{a}\times\{\boldsymbol{a}\times[\boldsymbol{a}\times(\boldsymbol{a}\times\boldsymbol{b})]\}&=\boldsymbol{a}\times[-|\boldsymbol{a}|^2(\boldsymbol{a}\times\boldsymbol{b})]=-|\boldsymbol{a}|^2[\boldsymbol{a}\times(\boldsymbol{a}\times\boldsymbol{b})]\\&=-|\boldsymbol{a}|^2(-|\boldsymbol{a}|^2\boldsymbol{b})=|\boldsymbol{a}|^4\boldsymbol{b}.\end{aligned}$$

例 1.5 已知圆函数 $\boldsymbol{e}(\varphi)=\cos\varphi\boldsymbol{i}+\sin\varphi\boldsymbol{j},\boldsymbol{e}_1(\varphi)=-\sin\varphi\boldsymbol{i}+\cos\varphi\boldsymbol{j}$, 试证明:

(1) $\boldsymbol{e}(\varphi)\times\boldsymbol{e}_1(\varphi)=\boldsymbol{k}$;　　(2) $\boldsymbol{e}(\varphi+\alpha)=\boldsymbol{e}(\varphi)\cos\alpha+\boldsymbol{e}_1(\varphi)\sin\alpha$.

证明 (1) $\boldsymbol{e}(\varphi)\times\boldsymbol{e}_1(\varphi)=\begin{vmatrix}\boldsymbol{i}&\boldsymbol{j}&\boldsymbol{k}\\\cos\varphi&\sin\varphi&0\\-\sin\varphi&\cos\varphi&0\end{vmatrix}=(\cos^2\varphi+\sin^2\varphi)\boldsymbol{k}=\boldsymbol{k}$;

(2)
$$\begin{aligned}\boldsymbol{e}(\varphi+\alpha)&=\cos(\varphi+\alpha)\boldsymbol{i}+\sin(\varphi+\alpha)\boldsymbol{j}\\&=(\cos\varphi\cos\alpha-\sin\varphi\sin\alpha)\boldsymbol{i}+(\sin\varphi\cos\alpha+\cos\varphi\sin\alpha)\boldsymbol{j}\\&=\cos\alpha(\cos\varphi\boldsymbol{i}+\sin\varphi\boldsymbol{j})+\sin\alpha(-\sin\varphi\boldsymbol{i}+\cos\varphi\boldsymbol{j})\\&=\boldsymbol{e}(\varphi)\cos\alpha+\boldsymbol{e}_1(\varphi)\sin\alpha.\end{aligned}$$

例 1.6 已知曲线 C 的参数方程为

$$C: x=3-t,\quad y=5-t,\quad z=-2+3t,$$

写出曲线 C 的向量方程, 并说明 C 是何种曲线.

解 曲线 C 的向量方程为

$$\begin{aligned}\boldsymbol{r}=\boldsymbol{r}(t)&=(3-t)\boldsymbol{i}+(5-t)\boldsymbol{j}+(-2+3t)\boldsymbol{k}\\&=3\boldsymbol{i}+5\boldsymbol{j}-2\boldsymbol{k}+t(-\boldsymbol{i}-\boldsymbol{j}+3\boldsymbol{k}),\end{aligned}$$

C 是过点 $M(3,5,-2)$, 以向量 $\boldsymbol{a}=[-1,-1,3]^{\mathrm{T}}$ 为方向向量的直线.

例 1.7 已知曲线 C 的向量方程为

$$C: \boldsymbol{r}=\boldsymbol{r}(\theta)=\cos\theta\boldsymbol{i}+\sin\theta\boldsymbol{j}+\boldsymbol{k},$$

写出曲线 C 的参数方程, 并说明 C 是何种曲线.

解 曲线 C 的参数方程为

$$\begin{cases} x=\cos\theta, \\ y=\sin\theta, \\ z=1. \end{cases}$$

消去参数θ后即得$x^2+y^2=1, z=1$, 故C是圆柱面$x^2+y^2=1$与平面$z=1$的交线, 是一圆周.

例 1.8 求下面向量函数的极限$\lim\limits_{t\to 0}\boldsymbol{F}(t)$, 其中

(1) $\boldsymbol{F}(t)=\mathrm{e}^t\boldsymbol{i}+\dfrac{\sin t}{t}\boldsymbol{j}+\dfrac{\cos t-1}{2t}\boldsymbol{k}$;　　(2) $\boldsymbol{F}(t)=\dfrac{\mathrm{e}^t}{t-1}\boldsymbol{i}+\dfrac{1}{1-t}\boldsymbol{j}+2\boldsymbol{k}$.

分析 利用向量函数的坐标表示, $\boldsymbol{F}(t)=F_x(t)\boldsymbol{i}+F_y(t)\boldsymbol{j}+F_z(t)\boldsymbol{k}$, 向量函数在一点$t_0$的极限可以转化为三个数量函数的极限, 即$\lim\limits_{t\to t_0}\boldsymbol{F}(t)=\lim\limits_{t\to t_0}F_x(t)\boldsymbol{i}+\lim\limits_{t\to t_0}F_y(t)\boldsymbol{j}+\lim\limits_{t\to t_0}F_z(t)\boldsymbol{k}$.

解 根据分析, 有

(1) $\lim\limits_{t\to 0}\boldsymbol{F}(t)=\lim\limits_{t\to 0}\mathrm{e}^t\boldsymbol{i}+\lim\limits_{t\to 0}\dfrac{\sin t}{t}\boldsymbol{j}+\lim\limits_{t\to 0}\dfrac{\cos t-1}{2t}\boldsymbol{k}=\boldsymbol{i}+\boldsymbol{j}$;

(2) $\lim\limits_{t\to 0}\boldsymbol{F}(t)=\lim\limits_{t\to 0}\dfrac{\mathrm{e}^t}{t-1}\boldsymbol{i}+\lim\limits_{t\to 0}\dfrac{1}{1-t}\boldsymbol{j}+\lim\limits_{t\to 0}2\boldsymbol{k}=-\boldsymbol{i}+\boldsymbol{j}+2\boldsymbol{k}$.

例 1.9 设一质点M在空间运动, 其向径向量为

$$\boldsymbol{r}=\boldsymbol{r}(t)=10t\boldsymbol{i}+15t^2\boldsymbol{j}+41\boldsymbol{k}\quad (t\text{ 为时间参数}),$$

求: (1) 质点在任意时刻的速度向量$\boldsymbol{v}$和加速度向量$\boldsymbol{a}$;

(2) $t=0$时质点的速度$\boldsymbol{v}$和加速度$\boldsymbol{a}$.

解 (1) 在任意时刻, 质点M的速度向量为

$$\boldsymbol{v}=\frac{\mathrm{d}\boldsymbol{r}}{\mathrm{d}t}=10\boldsymbol{i}+30t\boldsymbol{j};$$

加速度向量为

$$\boldsymbol{a}=\frac{\mathrm{d}\boldsymbol{v}}{\mathrm{d}t}=30\boldsymbol{j}.$$

(2) 当$t=0$时, $\boldsymbol{v}=10\boldsymbol{i}, \boldsymbol{a}=30\boldsymbol{j}$.

例 1.10 证明圆柱螺旋线$\boldsymbol{r}=\boldsymbol{r}(\theta)=a\cos\theta\boldsymbol{i}+a\sin\theta\boldsymbol{j}+b\theta\boldsymbol{k}$的切线向量与$Oz$轴之间成定角.

分析 由向量函数的导数的几何意义知向量函数的导数(当其不为零时)是曲线在相应点处的切线向量, 故只需证明$\boldsymbol{r}'(\theta)$与Oz轴的夹角是常数即可.

证明 由$\boldsymbol{r}'(\theta)=-a\sin\theta\boldsymbol{i}+a\cos\theta\boldsymbol{j}+b\boldsymbol{k}$, 知

$$|\boldsymbol{r}'(\theta)|=\sqrt{(-a\sin\theta)^2+(a\cos\theta)^2+b^2}=\sqrt{a^2+b^2},$$

以φ表示$\boldsymbol{r}'(\theta)$与Oz轴之间的夹角, 即切线与Oz轴之间的夹角, 则有

$$\cos\varphi=\frac{b}{|\boldsymbol{r}'(\theta)|}=\frac{b}{\sqrt{a^2+b^2}},$$

所以

$$\varphi=\arccos\frac{b}{\sqrt{a^2+b^2}}=\text{常数}.$$

例 1.11　求等速圆周运动 $\boldsymbol{r}=R\cos\omega t\boldsymbol{i}+R\sin\omega t\boldsymbol{j}$ 的速度向量 $\boldsymbol{v}$ 和加速度向量 $\boldsymbol{a}$, 并讨论它们与 $\boldsymbol{r}$ 的关系.

解

$$\boldsymbol{v}=\frac{\mathrm{d}\boldsymbol{r}}{\mathrm{d}t}=-R\omega\sin\omega t\boldsymbol{i}+R\omega\cos\omega t\boldsymbol{j},$$

$$\boldsymbol{a}=\frac{\mathrm{d}\boldsymbol{v}}{\mathrm{d}t}=-R\omega^2\cos\omega t\boldsymbol{i}-R\omega^2\sin\omega t\boldsymbol{j},$$

由于

$$\boldsymbol{r}\cdot\boldsymbol{v}=(R\cos\omega t)(-R\omega\sin\omega t)+(R\sin\omega t)(R\omega\cos\omega t)=0,$$

所以 $\boldsymbol{r}$ 与速度向量 $\boldsymbol{v}$ 垂直. 又

$$\begin{aligned}\boldsymbol{a}&=-R\omega^2\cos\omega t\boldsymbol{i}-R\omega^2\sin\omega t\boldsymbol{j}\\&=-\omega^2(R\cos\omega t\boldsymbol{i}+R\sin\omega t\boldsymbol{j})=-\omega^2\boldsymbol{r},\end{aligned}$$

说明加速度向量 $\boldsymbol{a}$ 与 $\boldsymbol{r}$ 平行, 但方向相反.

例 1.12　求下列向量函数的不定积分 $\int\boldsymbol{F}(t)\mathrm{d}t$:

(1) $\boldsymbol{F}(t)=\sin t\boldsymbol{i}+\mathrm{e}^{-t}\boldsymbol{j}+\boldsymbol{k}$;　　(2) $\boldsymbol{F}(t)=t\mathrm{e}^t\boldsymbol{i}+\frac{1}{2}t^2\boldsymbol{j}+\frac{1}{1+t^2}\boldsymbol{k}$.

解　将向量函数的不定积分转化为三个数量函数的不定积分, 有

(1) $\int\boldsymbol{F}(t)\mathrm{d}t=\boldsymbol{i}\int\sin t\mathrm{d}t+\boldsymbol{j}\int\mathrm{e}^{-t}\mathrm{d}t+\boldsymbol{k}\int\mathrm{d}t=-\cos t\boldsymbol{i}-\mathrm{e}^{-t}\boldsymbol{j}+t\boldsymbol{k}+\boldsymbol{C}$;

(2) $\int\boldsymbol{F}(t)\mathrm{d}t=\boldsymbol{i}\int t\mathrm{e}^t\mathrm{d}t+\boldsymbol{j}\int\frac{1}{2}t^2\mathrm{d}t+\boldsymbol{k}\int\frac{1}{1+t^2}\mathrm{d}t=(t-1)\mathrm{e}^t\boldsymbol{i}+\frac{1}{6}t^3\boldsymbol{j}+\arctan t\boldsymbol{k}+\boldsymbol{C}$,

其中的 $\boldsymbol{C}$ 均为任意常向量.

例 1.13　求下列向量函数的定积分:

(1) $\boldsymbol{F}(t)=\sin^2 t\boldsymbol{i}-\cos t\boldsymbol{j}+\boldsymbol{k}$, 求 $\int_0^{\frac{\pi}{2}}\boldsymbol{F}(t)\mathrm{d}t$;

(2) $\boldsymbol{F}(t)=-a\sin t\boldsymbol{i}+a\cos t\boldsymbol{j}+b\boldsymbol{k}$, 求 $\int_0^{2\pi}[\boldsymbol{F}(t)\times\boldsymbol{F}'(t)]\mathrm{d}t$.

解　将向量函数的定积分转化为三个数量函数的定积分, 有

(1) $\int_0^{\frac{\pi}{2}}\boldsymbol{F}(t)\mathrm{d}t=\boldsymbol{i}\int_0^{\frac{\pi}{2}}\sin^2 t\mathrm{d}t-\boldsymbol{j}\int_0^{\frac{\pi}{2}}\cos t\mathrm{d}t+\boldsymbol{k}\int_0^{\frac{\pi}{2}}\mathrm{d}t=\frac{\pi}{4}\boldsymbol{i}-\boldsymbol{j}+\frac{\pi}{2}\boldsymbol{k}$;

(2) 因 $\boldsymbol{F}'(t)=-a\cos t\boldsymbol{i}-a\sin t\boldsymbol{j}+0\boldsymbol{k}$, 故

$$\boldsymbol{F}(t)\times\boldsymbol{F}'(t)=\begin{vmatrix}\boldsymbol{i}&\boldsymbol{j}&\boldsymbol{k}\\-a\sin t&a\cos t&b\\-a\cos t&-a\sin t&0\end{vmatrix}=ab\sin t\boldsymbol{i}-ab\cos t\boldsymbol{j}+a^2\boldsymbol{k},$$

从而

$$\begin{aligned}\int_0^{2\pi}[\boldsymbol{F}(t)\times\boldsymbol{F}'(t)]\mathrm{d}t &= \int_0^{2\pi}(ab\sin t\boldsymbol{i}-ab\cos t\boldsymbol{j}+a^2\boldsymbol{k})\mathrm{d}t\\ &= \boldsymbol{i}\int_0^{2\pi}ab\sin t\mathrm{d}t-\boldsymbol{j}\int_0^{2\pi}ab\cos t\mathrm{d}t+\boldsymbol{k}\int_0^{2\pi}a^2\mathrm{d}t\\ &= 2\pi a^2\boldsymbol{k}.\end{aligned}$$

第二章　数　量　场

基 本 要 求

1. 理解场、数量场、向量场的概念.

2. 了解数量场等值面的概念, 会求数量场等值面的方程.

3. 理解数量场的方向导数、梯度的概念, 熟练掌握求数量场的方向导数、梯度的方法, 掌握数量场的方向导数和梯度的关系及梯度的运算法则.

4. 掌握哈密顿算子 ∇ 的定义和应用.

主要内容复习

一、场的一般概念

若一个物理量在空间某一区域内每一点都有一个确定的值, 我们称该物理量在这个区域内确定一个场, 该物理量叫做场量. 场量也称为场函数.

根据场的存在范围是平面区域或空间区域, 场分为平面场和空间场(我们主要讨论空间场); 根据场量与时间变量 t 无关或有关, 场分为稳定场和不稳定场(我们只讨论稳定场); 根据场量是数量或向量, 场分为数量场和向量场.

记数量场为 $u=u(M)=u(x,y,z)$; 记向量场为 $\boldsymbol{F}=\boldsymbol{F}(M)=P(x,y,z)\boldsymbol{i}+Q(x,y,z)\boldsymbol{j}+R(x,y,z)\boldsymbol{k}$, 其中 $M=M(x,y,z)$ 是场存在区域 D 中的任一点.

二、数量场的等值面和方向导数

设数量场 $u=u(M)=u(x,y,z),(x,y,z)\in D$, 使 $u(x,y,z)$ 取值为常数 C 的各点在空间中形成的曲面 $u(x,y,z)=C$ 称为 u 的一个等值面.

过场中任何一点有且仅有一个等值面通过, 等值面充满了场所存在的空间, 且彼此互不相交.

有数量场 $u=u(M)$, $M^0(x_0,y_0,z_0)$ 是场中的一点, $\boldsymbol{l}$ 是方向向量, M 是以 $\boldsymbol{l}$ 为方向, M^0 为起点的射线 L 上的任一点, $\overline{MM^0}$ 是连接 M 和 M^0 两点线段的长, 称

$$\lim_{M\to M^0}\frac{u(M)-u(M^0)}{\overline{MM^0}}$$

为 u 在 M^0 处沿方向 $\boldsymbol{l}$ 的方向导数, 记为 $\dfrac{\partial u(M^0)}{\partial \boldsymbol{l}}$ 或 $\left.\dfrac{\partial u}{\partial \boldsymbol{l}}\right|_{M^0}$.

若 $\dfrac{\partial u(M^0)}{\partial \boldsymbol{l}}>0$, 则在点 M^0 处沿 $\boldsymbol{l}$ 方向, $u(M)$ 的值增加; 若 $\dfrac{\partial u(M^0)}{\partial \boldsymbol{l}}<0$, 则在点 M^0 处沿 $\boldsymbol{l}$ 方向, $u(M)$ 的值减少; 而当 $\boldsymbol{l}$ 为过点 M^0 的等值面 $u(M)=u(M^0)$ 的切平面上的向量时, 有 $\dfrac{\partial u(M^0)}{\partial \boldsymbol{l}}=0$.

设函数 $u=u(x,y,z)$ 在 $M^0(x_0,y_0,z_0)$ 处可微, 则 u 在 M^0 处沿任何方向的方向导数存在, 且有

$$\frac{\partial u(M^0)}{\partial \boldsymbol{l}}=\frac{\partial u(M^0)}{\partial x}\cos\alpha+\frac{\partial u(M^0)}{\partial y}\cos\beta+\frac{\partial u(M^0)}{\partial z}\cos\gamma,$$

这里 $\cos\alpha,\cos\beta,\cos\gamma$ 是 $\boldsymbol{l}$ 的方向余弦.

设 M 是曲线 C 上的点, 称 u 在 M 处沿曲线 C 关于弧长 s 的变化率 $\dfrac{\mathrm{d}u(M)}{\mathrm{d}s}$ 为 u 在点 M 处沿曲线 C 的方向导数, 它等于 u 在 M 处沿切线 $\boldsymbol{t}$ 的方向导数, $\boldsymbol{t}$ 的方向是指向弧长 s 增加的方向.

三、数量场的梯度

数量场 $u=u(M), M\in D$, 若在 M 处存在向量 $\boldsymbol{G}$, 其方向为 u 在点 M 处的方向导数达到最大值的方向, 其模 $|\boldsymbol{G}|$ 是这个方向导数的最大值, 则称 $\boldsymbol{G}$ 为数量场 $u(M)$ 在 M 点的梯度, 记作 $\mathrm{grad}u(M)$ 或 $\mathrm{grad}u\big|_M$.

在场中任意点 M 处, 梯度的方向就是 u 的值增长最快的方向, 且沿这一方向的变化率就是梯度的模, 而 u 在 M 处沿任意方向 $\boldsymbol{l}$ 的变化率 $\dfrac{\partial u(M)}{\partial \boldsymbol{l}}$ 就是 $\mathrm{grad}u(M)$ 在 $\boldsymbol{l}$ 上的投影.

梯度在直角坐标系中的表示式为 $\mathrm{grad}u=\dfrac{\partial u}{\partial x}\boldsymbol{i}+\dfrac{\partial u}{\partial y}\boldsymbol{j}+\dfrac{\partial u}{\partial z}\boldsymbol{k}$.

$\mathrm{grad}u(M)$ 是数量场 u 过点 M 的等值面在 M 处的法线向量, 且从数值较低的等值面指向数值较高的等值面.

四、哈密顿算子

$\nabla=\boldsymbol{i}\dfrac{\partial}{\partial x}+\boldsymbol{j}\dfrac{\partial}{\partial y}+\boldsymbol{k}\dfrac{\partial}{\partial z}$ 称为哈密顿算子或 ∇ 算子, 梯度向量可表示为

$$\mathrm{grad}u(M)=\nabla u.$$

设 u,v 是数量函数, C 是常数, $\nabla u,\nabla v$ 均存在, f 是一元或二元可微数量函数, 则有如下梯度运算法则:

(1) $\nabla C=0$;

(2) $\nabla(Cu)=C\nabla u$;

(3) $\nabla(u+v)=\nabla u+\nabla v$;

(4) $\nabla(uv)=v\nabla u+u\nabla v$;

(5) $\nabla\left(\dfrac{u}{v}\right)=\dfrac{v\nabla u-u\nabla v}{v^2}$;

(6) $\nabla f(u)=f'(u)\nabla u$;

(7) $\nabla f(u,v)=\dfrac{\partial f}{\partial u}\nabla u+\dfrac{\partial f}{\partial v}\nabla v$.

设 $\boldsymbol{r}=x\boldsymbol{i}+y\boldsymbol{j}+z\boldsymbol{k}$, $r=|\boldsymbol{r}|=\sqrt{x^2+y^2+z^2}$, 则 $\nabla r=\dfrac{\boldsymbol{r}}{r}$, $\nabla\left(\dfrac{1}{r}\right)=-\dfrac{\boldsymbol{r}}{r^3}$.

例题分析

例 2.1　指出下列数量场所在的空间区域, 并求出其等值面:

(1) $u=\dfrac{1}{Ax+By+Cz+D}$;　　　(2) $u=\arcsin\dfrac{z}{\sqrt{x^2+y^2}}$.

解　(1) 数量场 $u=\dfrac{1}{Ax+By+Cz+D}$ 所在的空间区域, 是除去平面 $Ax+By+Cz+D=0$ 以外的全部空间. 场的等值面为

$$\frac{1}{Ax+By+Cz+D}=C_1$$

或

$$Ax+By+Cz+D-\frac{1}{C_1}=0\quad(C_1\neq 0\text{ 为任意常数}).$$

这是与平面 $Ax+By+Cz+D=0$ 平行的一族平面.

(2) 数量场 $u=\arcsin\dfrac{z}{\sqrt{x^2+y^2}}$ 所在的空间区域, 是坐标满足

$$\left|\frac{z}{\sqrt{x^2+y^2}}\right|\leqslant 1\quad\text{或}\quad z^2\leqslant x^2+y^2\quad(x^2+y^2\neq 0)$$

的点所组成的空间部分. 场的等值面为

$$\arcsin\frac{z}{\sqrt{x^2+y^2}}=C$$

或

$$z^2=(x^2+y^2)\sin^2 C\quad(x^2+y^2\neq 0).$$

当 $\sin C\neq 0$ 时, 其等值面是顶点在坐标原点的一族圆锥面(除顶点外); 当 $\sin C=0$ 时, 其等值面是除去原点的 xOy 平面.

例 2.2　求下列数量场的等值面:

(1) $u=x+3y-2z$;　　　(2) $u=2x^2+3y^2+z^2$ 过点 $M^0(1,1,1)$ 的等值面;

(3) $u=\mathrm{e}^{\boldsymbol{a}\cdot\boldsymbol{r}}$, 其中 $\boldsymbol{a}$ 为一常向量, $\boldsymbol{r}$ 为空间点 $M(x,y,z)$ 的向径向量.

解　(1) 所求等值面由方程

$$x+3y-2z=C \quad (C\text{ 为常数})$$

所给出, 这是一个单参数的平行平面族.

(2) 因为

$$u(M^0)=u(1,1,1)=2+3+1=6,$$

故所求等值面为

$$2x^2+3y^2+z^2=u(M^0)=6,$$

是椭球面.

(3) 设 $\boldsymbol{a}=a_1\boldsymbol{i}+a_2\boldsymbol{j}+a_3\boldsymbol{k}$, 由于 $\boldsymbol{r}=x\boldsymbol{i}+y\boldsymbol{j}+z\boldsymbol{k}$, 故

$$\boldsymbol{a}\cdot\boldsymbol{r}=a_1x+a_2y+a_3z,$$

所求等值面方程为

$$\mathrm{e}^{\boldsymbol{a}\cdot\boldsymbol{r}}=C \quad (C\text{ 为常数, 且 }C>0),$$

即

$$\boldsymbol{a}\cdot\boldsymbol{r}=\ln C \quad \text{或} \quad a_1x+a_2y+a_3z=\ln C,$$

这是一族平行平面.

例 2.3　设数量场 $u=xy^2+z^3-xyz$, 求:

(1) u 在点 $M^0(1,2,3)$ 处沿其向径方向的方向导数;

(2) u 在点 $M^1(5,1,2)$ 处沿 M^1 到点 $M^2(9,4,14)$ 方向的方向导数;

(3) u 在点 $M^3(1,-2,-3)$ 处沿向量 $\boldsymbol{a}=yz\boldsymbol{i}+xz\boldsymbol{j}+xy\boldsymbol{k}$ 方向的方向导数;

(4) u 在点 $M^0(1,2,3)$ 处沿什么方向的方向导数最大？这个最大值是多少？

解　由题意得

$$\frac{\partial u}{\partial x}=y^2-yz, \quad \frac{\partial u}{\partial y}=2xy-xz, \quad \frac{\partial u}{\partial z}=3z^2-xy.$$

(1) 因为

$$\left.\frac{\partial u}{\partial x}\right|_{M^0}=-2, \quad \left.\frac{\partial u}{\partial y}\right|_{M^0}=1, \quad \left.\frac{\partial u}{\partial z}\right|_{M^0}=25,$$

点 $M^0(1,2,3)$ 的向径向量为 $\boldsymbol{r}=\boldsymbol{i}+2\boldsymbol{j}+3\boldsymbol{k}$, $|\boldsymbol{r}|=\sqrt{14}$, $\boldsymbol{r}$ 的方向余弦为

$$\cos\alpha=\frac{1}{\sqrt{14}}, \quad \cos\beta=\frac{2}{\sqrt{14}}, \quad \cos\gamma=\frac{3}{\sqrt{14}},$$

代入方向导数公式, 有

$$\begin{aligned}\left.\frac{\partial u}{\partial \boldsymbol{l}}\right|_{M^0}&=\left.\left(\frac{\partial u}{\partial x}\cos\alpha+\frac{\partial u}{\partial y}\cos\beta+\frac{\partial u}{\partial z}\cos\gamma\right)\right|_{M^0}\\&=(-2)\times\frac{1}{\sqrt{14}}+1\times\frac{2}{\sqrt{14}}+25\times\frac{3}{\sqrt{14}}=\frac{75}{14}\sqrt{14}.\end{aligned}$$

(2) 因为

$$\left.\frac{\partial u}{\partial x}\right|_{M^1}=-1,\quad \left.\frac{\partial u}{\partial y}\right|_{M^1}=0,\quad \left.\frac{\partial u}{\partial z}\right|_{M^1}=7,$$

又 $\overrightarrow{M^1M^2}=4\boldsymbol{i}+3\boldsymbol{j}+12\boldsymbol{k}$, $\left|\overrightarrow{M^1M^2}\right|=13$, 方向余弦为

$$\cos\alpha=\frac{4}{13},\quad \cos\beta=\frac{3}{13},\quad \cos\gamma=\frac{12}{13},$$

代入方向导数公式, 有

$$\begin{aligned}\left.\frac{\partial u}{\partial \boldsymbol{l}}\right|_{M^1}&=\left.\left(\frac{\partial u}{\partial x}\cos\alpha+\frac{\partial u}{\partial y}\cos\beta+\frac{\partial u}{\partial z}\cos\gamma\right)\right|_{M^1}\\&=(-1)\times\frac{4}{13}+0\times\frac{3}{13}+7\times\frac{12}{13}=\frac{80}{13}.\end{aligned}$$

(3) 因为

$$\left.\frac{\partial u}{\partial x}\right|_{M^3}=-2,\quad \left.\frac{\partial u}{\partial y}\right|_{M^3}=-1,\quad \left.\frac{\partial u}{\partial z}\right|_{M^3}=29,$$

又向量 $\boldsymbol{a}|_{M^3}=(yz\boldsymbol{i}+xz\boldsymbol{j}+xy\boldsymbol{k})|_{M^3}=6\boldsymbol{i}-3\boldsymbol{j}-2\boldsymbol{k}$, 其方向余弦为

$$\cos\alpha=\frac{6}{7},\quad \cos\beta=-\frac{3}{7},\quad \cos\gamma=-\frac{2}{7},$$

代入方向导数公式, 有

$$\begin{aligned}\left.\frac{\partial u}{\partial \boldsymbol{l}}\right|_{M^3}&=\left.\left(\frac{\partial u}{\partial x}\cos\alpha+\frac{\partial u}{\partial y}\cos\beta+\frac{\partial u}{\partial z}\cos\gamma\right)\right|_{M^3}\\&=(-2)\times\frac{6}{7}+(-1)\times\left(-\frac{3}{7}\right)+29\times\left(-\frac{2}{7}\right)=-\frac{67}{7}.\end{aligned}$$

(4) 由 $\left.\frac{\partial u}{\partial x}\right|_{M^0}=-2$, $\left.\frac{\partial u}{\partial y}\right|_{M^0}=1$, $\left.\frac{\partial u}{\partial z}\right|_{M^0}=25$, 得 u 在 M^0 的梯度为

$$\operatorname{grad}u|_{M^0}=\left.\left(\frac{\partial u}{\partial x}\boldsymbol{i}+\frac{\partial u}{\partial y}\boldsymbol{j}+\frac{\partial u}{\partial z}\boldsymbol{k}\right)\right|_{M^0}=-2\boldsymbol{i}+\boldsymbol{j}+25\boldsymbol{k},$$

从而 u 在 M^0 处沿 $\operatorname{grad}u|_{M^0}=-2\boldsymbol{i}+\boldsymbol{j}+25\boldsymbol{k}$ 的方向导数最大, 方向导数的最大值为

$$\left|\operatorname{grad}u|_{M^0}\right|=\sqrt{(-2)^2+1^2+25^2}=3\sqrt{70}.$$

例 2.4 求数量场 $u=xyz$ 在曲面 $2z-xy=0$ 上的点 $M(2,3,3)$ 处沿曲面下侧法线方向的方向导数.

解 因为

$$\left.\frac{\partial u}{\partial x}\right|_{M}=yz|_M=9,\quad \left.\frac{\partial u}{\partial y}\right|_{M}=xz|_M=6,\quad \left.\frac{\partial u}{\partial z}\right|_{M}=xy|_M=6,$$

记 $f=2z-xy$, 则此曲面在点 $M(2,3,3)$ 处的法线方向数为

$$f_x|_M=-y|_M=-3,\quad f_y|_M=-x|_M=-2,\quad f_z|_M=2,$$

从而曲面下侧的法线方向余弦为

$$\cos\alpha=\frac{3}{\sqrt{17}},\quad \cos\beta=\frac{2}{\sqrt{17}},\quad \cos\gamma=-\frac{2}{\sqrt{17}},$$

所求方向导数为

$$\left.\frac{\partial u}{\partial \boldsymbol{n}}\right|_M=\left.\left(\frac{\partial u}{\partial x}\cos\alpha+\frac{\partial u}{\partial y}\cos\beta+\frac{\partial u}{\partial z}\cos\gamma\right)\right|_M$$
$$=9\times\frac{3}{\sqrt{17}}+6\times\frac{2}{\sqrt{17}}+6\times\left(-\frac{2}{\sqrt{17}}\right)=\frac{27}{17}\sqrt{17}.$$

例 2.5 设数量场 $u=\ln(x+y)$, 求 u 在点 $M(1,2)$ 处沿抛物线 $y^2=4x$ 朝 x 增加方向的方向导数.

分析 注意到函数 u 在一点处沿曲线的方向导数是指在该点处沿同一方向的曲线的切线方向上的方向导数.

解 由 $y^2=4x$, $2yy'=4$, 知抛物线 $y^2=4x$ 在点 $M(1,2)$ 处沿所取方向的切线斜率为

$$y'|_M=\left.\frac{2}{y}\right|_M=1,$$

即

$$\tan\alpha=1\quad\left(\alpha\text{为切线的倾角且}0<\alpha<\frac{\pi}{2}\right),$$

从而有方向余弦

$$\cos\alpha=\frac{1}{\sqrt{1+\tan^2\alpha}}=\frac{1}{\sqrt{2}},\quad \cos\beta=\sin\alpha=\frac{1}{\sqrt{2}},$$

而

$$\left.\frac{\partial u}{\partial x}\right|_M=\left.\frac{1}{x+y}\right|_M=\frac{1}{3},\quad \left.\frac{\partial u}{\partial y}\right|_M=\left.\frac{1}{x+y}\right|_M=\frac{1}{3},$$

所求方向导数为

$$\left.\frac{\partial u}{\partial \boldsymbol{l}}\right|_M=\left.\left(\frac{\partial u}{\partial x}\cos\alpha+\frac{\partial u}{\partial y}\cos\beta\right)\right|_M=\frac{1}{3}\times\frac{1}{\sqrt{2}}+\frac{1}{3}\times\frac{1}{\sqrt{2}}=\frac{\sqrt{2}}{3}.$$

例 2.6 求数量场 $u=x^2+2y^2+3z^2+xy+3x-2y-6z$ 在点 $O(0,0,0)$ 和 $M(1,1,1)$ 处梯度的大小和方向余弦, 又问在哪些点上的梯度为 $\mathbf{0}$?

解 由 $\mathrm{grad}u=(2x+y+3)\boldsymbol{i}+(4y+x-2)\boldsymbol{j}+(6z-6)\boldsymbol{k}$, 有

$$\mathrm{grad}u|_O=3\boldsymbol{i}-2\boldsymbol{j}-6\boldsymbol{k},\quad \mathrm{grad}u|_M=6\boldsymbol{i}+3\boldsymbol{j}+0\boldsymbol{k},$$

这两点处梯度的大小, 即模分别为

$$\sqrt{3^2+(-2)^2+(-6)^2}=7,\quad \sqrt{6^2+3^2}=3\sqrt{5},$$

于是 $\mathrm{grad}u|_O$ 的方向余弦为

$$\cos\alpha=\frac{3}{7},\quad \cos\beta=-\frac{2}{7},\quad \cos\gamma=-\frac{6}{7};$$

$\text{grad}u\big|_M$ 的方向余弦为

$$\cos\alpha=\frac{2\sqrt{5}}{5},\quad \cos\beta=\frac{\sqrt{5}}{5},\quad \cos\gamma=0.$$

下面求能使 $\text{grad}u=\mathbf{0}$ 的点, 即求坐标满足下面方程组的点:

$$\begin{cases}2x+y+3=0,\\ 4y+x-2=0,\\ 6z-6=0.\end{cases}$$

解得 $x=-2,\ y=1,\ z=1$. 故使梯度为 $\mathbf{0}$ 的点是 $(-2,1,1)$.

例 2.7　用以下两种方法求数量场 $u=xy+yz+zx$ 在点 $M(1,2,3)$ 处沿其向径方向的方向导数.

(1) 直接应用方向导数公式;

(2) 将方向导数作为梯度在给定方向上的投影.

解　(1) 因为

$$\frac{\partial u}{\partial x}\bigg|_M=(y+z)\big|_M=5,\quad \frac{\partial u}{\partial y}\bigg|_M=(x+z)\big|_M=4,\quad \frac{\partial u}{\partial z}\bigg|_M=(y+x)\big|_M=3,$$

又点 M 的向径为 $\boldsymbol{r}=\boldsymbol{i}+2\boldsymbol{j}+3\boldsymbol{k}$, 其模为 $|\boldsymbol{r}|=\sqrt{14}$, 方向余弦为

$$\cos\alpha=\frac{1}{\sqrt{14}},\quad \cos\beta=\frac{2}{\sqrt{14}},\quad \cos\gamma=\frac{3}{\sqrt{14}},$$

故所求方向导数为

$$\begin{aligned}\frac{\partial u}{\partial \boldsymbol{l}}\bigg|_M&=\left(\frac{\partial u}{\partial x}\cos\alpha+\frac{\partial u}{\partial y}\cos\beta+\frac{\partial u}{\partial z}\cos\gamma\right)\bigg|_M\\&=5\times\frac{1}{\sqrt{14}}+4\times\frac{2}{\sqrt{14}}+3\times\frac{3}{\sqrt{14}}=\frac{11\sqrt{14}}{7}.\end{aligned}$$

(2) 数量场 u 在 M 点的梯度为

$$\text{grad}u\big|_M=\left(\frac{\partial u}{\partial x}\boldsymbol{i}+\frac{\partial u}{\partial y}\boldsymbol{j}+\frac{\partial u}{\partial z}\boldsymbol{k}\right)\bigg|_M=5\boldsymbol{i}+4\boldsymbol{j}+3\boldsymbol{k},$$

$\boldsymbol{r}$ 方向的单位向量为

$$\boldsymbol{r}^0=\frac{\boldsymbol{r}}{|\boldsymbol{r}|}=\frac{1}{\sqrt{14}}\boldsymbol{i}+\frac{2}{\sqrt{14}}\boldsymbol{j}+\frac{3}{\sqrt{14}}\boldsymbol{k},$$

所求方向导数为

$$\frac{\partial u}{\partial \boldsymbol{l}}\bigg|_M=\text{grad}u\big|_M\cdot\boldsymbol{r}^0=5\times\frac{1}{\sqrt{14}}+4\times\frac{2}{\sqrt{14}}+3\times\frac{3}{\sqrt{14}}=\frac{11\sqrt{14}}{7}.$$

例 2.8　已知 $\boldsymbol{a}=y^2\boldsymbol{i}+2xy\boldsymbol{j}-xz^2\boldsymbol{k},\ u=z^3-x^2y$, 试在点 $M(-1,-1,1)$ 处计算:

(1) $\boldsymbol{a}\cdot \mathrm{grad}u$;　　　　(2) $\boldsymbol{a}\times \mathrm{grad}u$.

解　因为

$$\boldsymbol{a}|_M=\boldsymbol{i}+2\boldsymbol{j}+\boldsymbol{k},$$
$$\mathrm{grad}u\big|_M=(-2xy\boldsymbol{i}-x^2\boldsymbol{j}+3z^2\boldsymbol{k})\big|_M=-2\boldsymbol{i}-\boldsymbol{j}+3\boldsymbol{k},$$

所以在点 M 处, 有

(1) $\boldsymbol{a}\cdot \mathrm{grad}u=1\times(-2)+2\times(-1)+1\times 3=-1$;

(2) $\boldsymbol{a}\times \mathrm{grad}u=\begin{vmatrix}\boldsymbol{i} & \boldsymbol{j} & \boldsymbol{k}\\ 1 & 2 & 1\\ -2 & -1 & 3\end{vmatrix}=7\boldsymbol{i}-5\boldsymbol{j}+3\boldsymbol{k}$.

例 2.9　设 $\boldsymbol{r}=x\boldsymbol{i}+y\boldsymbol{j}+z\boldsymbol{k}$, $r=|\boldsymbol{r}|$, $f(r)$ 是 r 的可微函数, n 为正整数.

(1) 求 ∇r^2, ∇r^n, $\nabla f(r)$;

(2) 证明 $\nabla(\boldsymbol{a}\cdot\boldsymbol{r})=\boldsymbol{a}$ ($\boldsymbol{a}$ 为常向量).

解　(1) 因为 $r=\sqrt{x^2+y^2+z^2}$, 故

$$\begin{aligned}\nabla r&=\nabla(\sqrt{x^2+y^2+z^2})=\frac{\partial r}{\partial x}\boldsymbol{i}+\frac{\partial r}{\partial y}\boldsymbol{j}+\frac{\partial r}{\partial z}\boldsymbol{k}\\&=\frac{x}{\sqrt{x^2+y^2+z^2}}\boldsymbol{i}+\frac{y}{\sqrt{x^2+y^2+z^2}}\boldsymbol{j}+\frac{z}{\sqrt{x^2+y^2+z^2}}\boldsymbol{k}\\&=\frac{1}{\sqrt{x^2+y^2+z^2}}(x\boldsymbol{i}+y\boldsymbol{j}+z\boldsymbol{k})=\frac{\boldsymbol{r}}{r},\end{aligned}$$

所以利用梯度的运算法则(定理 2.2), 有

$$\nabla r^2=2r\nabla r=2r\frac{\boldsymbol{r}}{r}=2\boldsymbol{r}.$$

另外, 也可直接求偏导数, 同样有

$$\nabla r^2=\nabla(x^2+y^2+z^2)=2x\boldsymbol{i}+2y\boldsymbol{j}+2z\boldsymbol{k}=2\boldsymbol{r}.$$

类似地, 可求

$$\nabla r^n=nr^{n-1}\nabla r=nr^{n-1}\frac{\boldsymbol{r}}{r}=nr^{n-2}\boldsymbol{r},$$

$$\nabla f(r)=f'(r)\nabla r=f'(r)\frac{\boldsymbol{r}}{r}=\frac{f'(r)}{r}\boldsymbol{r}.$$

(2) 设 $\boldsymbol{a}=a_1\boldsymbol{i}+a_2\boldsymbol{j}+a_3\boldsymbol{k}$, 则 $\boldsymbol{a}\cdot\boldsymbol{r}=a_1x+a_2y+a_3z$, 从而

$$\begin{aligned}\nabla(\boldsymbol{a}\cdot\boldsymbol{r})&=\nabla(a_1x+a_2y+a_3z)\\&=\left(\boldsymbol{i}\frac{\partial}{\partial x}+\boldsymbol{j}\frac{\partial}{\partial y}+\boldsymbol{k}\frac{\partial}{\partial z}\right)(a_1x+a_2y+a_3z)\\&=a_1\boldsymbol{i}+a_2\boldsymbol{j}+a_3\boldsymbol{k}=\boldsymbol{a}.\end{aligned}$$

例 2.10　证明 $\mathrm{grad}u$ 为常向量的充要条件是 u 是线性函数, 即

$$u=ax+by+cz+d\quad(a,b,c,d \text{ 为常数}).$$

证明　充分性　设 $u=ax+by+cz+d$ (a,b,c,d 为常数), 则有

$$\mathrm{grad}u = a\boldsymbol{i} + b\boldsymbol{j} + c\boldsymbol{k} \text{ 为常向量.}$$

必要性　设 $\mathrm{grad}u = a\boldsymbol{i} + b\boldsymbol{j} + c\boldsymbol{k}$ 为常向量, 即 a,b,c 为常数, 则有

$$\frac{\partial u}{\partial x} = a, \quad \frac{\partial u}{\partial y} = b, \quad \frac{\partial u}{\partial z} = c,$$

由

$$\frac{\partial u}{\partial x} = a,$$

有

$$u = ax + \varphi(y,z),$$

其中 $\varphi(y,z)$ 为 y,z 的可微函数. 两端对 y 求导, 注意到 $\frac{\partial u}{\partial y} = b$, 有 $\varphi_y'(y,z) = b$, 从而

$$\varphi(y,z) = by + \psi(z),$$

其中 $\psi(z)$ 为 z 的可微函数, 于是

$$u = ax + by + \psi(z).$$

两端对 z 求导, 注意到 $\frac{\partial u}{\partial z} = c$, 有 $\psi'(z) = c$, 从而

$$\psi(z) = cz + d,$$

所以 $u = ax + by + cz + d$.

第三章 向 量 场

基 本 要 求

1. 了解向量场向量线的概念, 会求向量场的向量线方程.

2. 理解向量场的通量和散度的概念, 会求通量, 熟练掌握求散度的方法, 掌握高斯定理和散度的运算法则.

3. 理解向量场的环量、环量面密度和旋度的概念, 会求环量和环量面密度, 熟练掌握求旋度的方法, 掌握斯托克斯定理、环量面密度与旋度的关系以及旋度的运算法则.

4. 知道向量场的散度、旋度与其雅可比矩阵的联系, 掌握向量场的散度、旋度及数量场的梯度之间的关系.

主要内容复习

一、向量场的向量线

设 $\boldsymbol{F}(M)$, $M\in D$ 是一个向量场, l 是 D 中的一条曲线, 若曲线 l 上每一点的切线向量与该点处场量 $\boldsymbol{F}(M)$ 的方向相同, 则曲线 l 称为 $\boldsymbol{F}(M)$ 的向量线.

设向量场 $\boldsymbol{F}(M)=P(x,y,z)\boldsymbol{i}+Q(x,y,z)\boldsymbol{j}+R(x,y,z)\boldsymbol{k}$, 则向量线 l 满足的微分方程为

$$\frac{\mathrm{d}x}{P(x,y,z)}=\frac{\mathrm{d}y}{Q(x,y,z)}=\frac{\mathrm{d}z}{R(x,y,z)}.$$

解这个微分方程, 便得到向量线族.

过场中一点有且仅有一条向量线通过, 向量线充满场存在的空间, 且彼此互不相交.

对于场中任意一条曲线 C(非向量线), 在其上的每一点处, 都有且仅有一条向量线通过, 这些向量线的全体构成一张通过曲线 C 的曲面, 称为向量面. 特别地, 当曲线 C 是一条闭合曲线时, 所得到的向量面是一个管状曲面, 称为向量管.

二、向量场的扩散特性

设向量场 $\boldsymbol{F}=\boldsymbol{F}(M)$, S 是场中一光滑的有向曲面, 则 $\boldsymbol{F}$ 沿曲面 S 指定一侧的曲面积分 $\Phi=\iint\limits_S\boldsymbol{F}\cdot\mathrm{d}\boldsymbol{S}$ 称为向量场 $\boldsymbol{F}(M)$ 穿过曲面 S 指定一侧的通量.

设 $\boldsymbol{F}(M)=P(x,y,z)\boldsymbol{i}+Q(x,y,z)\boldsymbol{j}+R(x,y,z)\boldsymbol{k}$, 则

$$\Phi=\iint\limits_S\boldsymbol{F}\cdot\mathrm{d}\boldsymbol{S}=\iint\limits_S P\mathrm{d}y\mathrm{d}z+Q\mathrm{d}z\mathrm{d}x+R\mathrm{d}x\mathrm{d}y.$$

设 $\boldsymbol{n}=\cos\alpha\boldsymbol{i}+\cos\beta\boldsymbol{j}+\cos\gamma\boldsymbol{k}$ 为曲面 S 上任一点处的单位法线向量, 则通量也可写为

$$\Phi=\iint_S \boldsymbol{F}\cdot \mathrm{d}\boldsymbol{S}=\iint_S \boldsymbol{F}\cdot \boldsymbol{n}\mathrm{d}S.$$

设 D 是 $\mathbf{R}^3$ 中的一个开区域, $\boldsymbol{F}(M)$ 在 D 中有定义. 设 $M\in D$, 任取一个包含 M 的分块光滑的闭曲面 $\Delta S\subset D$, ΔS 包含的空间区域及其体积均记为 ΔV, 若当 ΔV 以任意方式缩向点 M 时, 极限

$$\lim_{\Delta V\to M}\frac{\oint\!\!\!\oint_{\Delta S}\boldsymbol{F}(M)\cdot \mathrm{d}\boldsymbol{S}}{\Delta V}$$

存在且与 ΔS 的选取无关, 则称此极限为向量场 $\boldsymbol{F}(M)$ 在 M 处的散度, 记为 $\mathrm{div}\boldsymbol{F}(M)$.

$\mathrm{div}\boldsymbol{F}(M)$ 表示在场中一点处通量对体积的变化率, 反映了场在该点处源的强度. 若 $\mathrm{div}\boldsymbol{F}(M)>0$, 则表示在该点处有散发通量的正源; 若 $\mathrm{div}\boldsymbol{F}(M)<0$, 则表示在该点处有吸收通量的负源; 而当 $\mathrm{div}\boldsymbol{F}(M)=0$ 时, 则表示在该点处无源. 若对 $\forall M\in D$, 有 $\mathrm{div}\boldsymbol{F}(M)=0$, 则 $\boldsymbol{F}(M)$ 称为无源场.

设 $D\subset\mathbf{R}^3$ 是一个开区域, 向量场 $\boldsymbol{F}(M)=P(x,y,z)\boldsymbol{i}+Q(x,y,z)\boldsymbol{j}+R(x,y,z)\boldsymbol{k}$ 在 D 上定义, 且 P,Q,R 在 D 上有对各个变量的一阶连续偏导数, 则对任意 $M\in D$, $\mathrm{div}\boldsymbol{F}(M)$ 存在, 且有

$$\mathrm{div}\boldsymbol{F}(M)=\frac{\partial P}{\partial x}+\frac{\partial Q}{\partial y}+\frac{\partial R}{\partial z}.$$

利用哈密顿算子, 有 $\mathrm{div}\boldsymbol{F}(M)=\nabla\cdot\boldsymbol{F}(M)$.

显然, 设 $\boldsymbol{r}=x\boldsymbol{i}+y\boldsymbol{j}+z\boldsymbol{k}$, 则 $\mathrm{div}\boldsymbol{r}=\nabla\cdot\boldsymbol{r}=3$.

设 $\boldsymbol{F}=\boldsymbol{F}(M)$ 和 $\boldsymbol{G}=\boldsymbol{G}(M)$ 是向量函数, $u=u(M)$ 是数量函数, $\boldsymbol{C}$ 是常向量, C 是常数, 则有如下散度运算法则:

(1) $\nabla\cdot\boldsymbol{C}=0$;

(2) $\nabla\cdot(C\boldsymbol{F})=C\nabla\cdot\boldsymbol{F}$;

(3) $\nabla\cdot(\boldsymbol{F}+\boldsymbol{G})=\nabla\cdot\boldsymbol{F}+\nabla\cdot\boldsymbol{G}$;

(4) $\nabla\cdot(u\boldsymbol{F})=\nabla u\cdot\boldsymbol{F}+u\nabla\cdot\boldsymbol{F}$.

高斯定理　有向量场 $\boldsymbol{F}(M)=P\boldsymbol{i}+Q\boldsymbol{j}+R\boldsymbol{k}$, S 是场中分块光滑的闭合曲面, V 是 S 所包围的区域, P,Q,R 在 S 和 V 上有一阶连续偏导数, 则

$$\oint\!\!\!\oint_S \boldsymbol{F}(M)\cdot \mathrm{d}\boldsymbol{S}=\iiint_V \mathrm{div}\boldsymbol{F}(M)\mathrm{d}V.$$

该定理是高斯公式的向量形式, 它表明 $\boldsymbol{F}(M)$ 穿出闭合曲面 S 的通量等于其散度 $\mathrm{div}\boldsymbol{F}(M)$ 在 S 所围区域 V 上的三重积分. 由高斯定理可推出如下结论:

(1) 若在闭合曲面 S 内处处有 $\mathrm{div}\boldsymbol{F}(M)=0$, 则 $\oint\!\!\!\oint_S \boldsymbol{F}(M)\cdot \mathrm{d}\boldsymbol{S}=0$.

(2) 若向量场 $\boldsymbol{F}(M)$ 在场内某些点(或区域)上有 $\mathrm{div}\boldsymbol{F}(M)\neq 0$ 或 $\mathrm{div}\boldsymbol{F}(M)$ 不存在, 而在其他点都有 $\mathrm{div}\boldsymbol{F}(M)=0$, 则 $\boldsymbol{F}(M)$ 穿出包围这些点(或区域)的任一闭合曲面的通量都相等.

三、向量场的旋转特性

设 $\boldsymbol{F}(M)$ 是区域 D 内的向量场, l 是 D 内一条分段光滑的有向闭曲线, 则 $\boldsymbol{F}(M)$ 沿 l 的曲线积分 $\Gamma=\oint_l \boldsymbol{F}(M)\cdot \mathrm{d}\boldsymbol{l}$ 称为向量场 $\boldsymbol{F}(M)$ 沿闭曲线 l 按积分所取方向的环量.

设 $\boldsymbol{F}(M)=P(x,y,z)\boldsymbol{i}+Q(x,y,z)\boldsymbol{j}+R(x,y,z)\boldsymbol{k}$, 则

$$\Gamma=\oint_l \boldsymbol{F}(M)\cdot \mathrm{d}\boldsymbol{l}=\oint_l P\mathrm{d}x+Q\mathrm{d}y+R\mathrm{d}z.$$

设 $\boldsymbol{t}=\cos\alpha\boldsymbol{i}+\cos\beta\boldsymbol{j}+\cos\gamma\boldsymbol{k}$ 为曲线 l 上任一点处的单位切线向量, 则环量可以写为

$$\Gamma=\oint_l \boldsymbol{F}(M)\cdot \mathrm{d}\boldsymbol{l}=\oint_l \boldsymbol{F}(M)\cdot \boldsymbol{t}\mathrm{d}l.$$

设 $\boldsymbol{F}(M)$ 是区域 D 中的一个向量场, M 为 D 内任一点, $\boldsymbol{n}$ 是 M 处一个确定的方向, 过 M 任作一个以 $\boldsymbol{n}$ 为法线向量的微小曲面 ΔS, 其面积仍记为 ΔS, 其边界曲线是 Δl, Δl 的正向与 $\boldsymbol{n}$ 成右手系, 若 ΔS 保持上述条件而缩为 M 一点时, 极限

$$\lim_{\Delta S\to M}\frac{\oint_{\Delta l} \boldsymbol{F}(M)\cdot \mathrm{d}\boldsymbol{l}}{\Delta S}$$

存在且与 ΔS 的选取无关, 则称此极限为向量场 $\boldsymbol{F}(M)$ 在 M 点沿方向 $\boldsymbol{n}$ 的环量面密度, 记作 $\mu_n(M)$.

环量面密度 $\mu_n(M)$ 表示了向量场 $\boldsymbol{F}(M)$ 在 M 点邻近绕给定方向 $\boldsymbol{n}$ 旋转“程度”的大小.

设 $D\subset \mathbf{R}^3$ 是一个开区域, 向量场

$$\boldsymbol{F}(M)=P(x,y,z)\boldsymbol{i}+Q(x,y,z)\boldsymbol{j}+R(x,y,z)\boldsymbol{k}$$

在 D 上定义, 且 P,Q,R 具有对各个变量的一阶连续偏导数, 则对任意 $M\in D$, 向量场 $\boldsymbol{F}$ 在 M 点沿方向 $\boldsymbol{n}$ 的环量面密度是

$$\begin{aligned}\mu_n(M)&=\left(\frac{\partial R}{\partial y}-\frac{\partial Q}{\partial z}\right)\cos\alpha+\left(\frac{\partial P}{\partial z}-\frac{\partial R}{\partial x}\right)\cos\beta+\left(\frac{\partial Q}{\partial x}-\frac{\partial P}{\partial y}\right)\cos\gamma\\&=\begin{vmatrix}\cos\alpha & \cos\beta & \cos\gamma\\ \dfrac{\partial}{\partial x} & \dfrac{\partial}{\partial y} & \dfrac{\partial}{\partial z}\\ P & Q & R\end{vmatrix},\end{aligned}$$

其中 $\cos\alpha,\cos\beta,\cos\gamma$ 为 $\boldsymbol{n}$ 的方向余弦.

向量场 $\boldsymbol{F}=\boldsymbol{F}(M)$, $M\in D$, 若在 M 处存在这样的向量 $\boldsymbol{G}$, 使向量场 $\boldsymbol{F}(M)$ 在点 M 处沿其方向的环量面密度达到最大, 而这个环量面密度的最大值是其模 $|\boldsymbol{G}|$, 则称 $\boldsymbol{G}$ 为向量场 $\boldsymbol{F}(M)$ 在 M 点的旋度, 记作 $\mathrm{rot}\boldsymbol{F}(M)$.

旋度在数值和方向上表现出最大的环量面密度.

设向量场 $\boldsymbol{F}=P\boldsymbol{i}+Q\boldsymbol{j}+R\boldsymbol{k}$, 则旋度在直角坐标系中的表示式为

$$\mathrm{rot}\boldsymbol{F}(M)=\left(\frac{\partial R}{\partial y}-\frac{\partial Q}{\partial z}\right)\boldsymbol{i}+\left(\frac{\partial P}{\partial z}-\frac{\partial R}{\partial x}\right)\boldsymbol{j}+\left(\frac{\partial Q}{\partial x}-\frac{\partial P}{\partial y}\right)\boldsymbol{k}.$$

利用哈密顿算子, 有 $\mathrm{rot}\boldsymbol{F}(M)=\nabla\times\boldsymbol{F}(M)=\begin{vmatrix}\boldsymbol{i} & \boldsymbol{j} & \boldsymbol{k}\\ \dfrac{\partial}{\partial x} & \dfrac{\partial}{\partial y} & \dfrac{\partial}{\partial z}\\ P & Q & R\end{vmatrix}$.

显然, 设 $\boldsymbol{r}=x\boldsymbol{i}+y\boldsymbol{j}+z\boldsymbol{k}$, 则 $\mathrm{rot}\boldsymbol{r}=\nabla\times\boldsymbol{r}=\boldsymbol{0}$.

设 $\boldsymbol{F}=\boldsymbol{F}(M)$ 和 $\boldsymbol{G}=\boldsymbol{G}(M)$ 是向量函数, $u=u(M)$ 是数量函数, $\boldsymbol{C}$ 是常向量, C 是常数, 则有如下旋度运算法则:

(1) $\nabla\times\boldsymbol{C}=\boldsymbol{0}$;

(2) $\nabla\times(C\boldsymbol{F})=C\nabla\times\boldsymbol{F}$;

(3) $\nabla\times(\boldsymbol{F}+\boldsymbol{G})=\nabla\times\boldsymbol{F}+\nabla\times\boldsymbol{G}$;

(4) $\nabla\times(u\boldsymbol{F})=\nabla u\times\boldsymbol{F}+u\nabla\times\boldsymbol{F}$.

斯托克斯定理　将斯托克斯公式写成如下的向量形式:

$$\oint_l \boldsymbol{F}(M)\cdot\mathrm{d}\boldsymbol{l}=\iint_S \mathrm{rot}\boldsymbol{F}(M)\cdot\mathrm{d}\boldsymbol{S},$$

其中闭曲线 l 是曲面 S 的边界曲线, l 的正向与 S 的法线向量成右手系.

该定理表明: 向量场 $\boldsymbol{F}(M)$ 沿闭曲线 l 的环量等于其旋度场 $\mathrm{rot}\boldsymbol{F}(M)$ 穿过以 l 为边界曲线的曲面 S 的通量.

四、梯度、散度和旋度的关系

设向量场 $\boldsymbol{F}=P\boldsymbol{i}+Q\boldsymbol{j}+R\boldsymbol{k}$, 称

$$\boldsymbol{DF}=\begin{bmatrix}\dfrac{\partial P}{\partial x} & \dfrac{\partial P}{\partial y} & \dfrac{\partial P}{\partial z}\\ \dfrac{\partial Q}{\partial x} & \dfrac{\partial Q}{\partial y} & \dfrac{\partial Q}{\partial z}\\ \dfrac{\partial R}{\partial x} & \dfrac{\partial R}{\partial y} & \dfrac{\partial R}{\partial z}\end{bmatrix}$$

为向量场 $\boldsymbol{F}$ 的雅可比矩阵. $\boldsymbol{DF}$ 中主对角线上的三个偏导数之和构成 $\mathrm{div}\boldsymbol{F}$, 其余六个非主对角线上的偏导数正好是 $\mathrm{rot}\boldsymbol{F}$ 中所需要的, 将这六个偏导数在旋度公式中出现的先后顺序和它们在 $\boldsymbol{DF}$ 中所对应的位置顺序认清楚, 可方便地由 $\boldsymbol{DF}$ 写出 $\mathrm{rot}\boldsymbol{F}$ (可参考教材).

设 $\boldsymbol{F}(M),\boldsymbol{G}(M)$ 为向量函数, $u(M)$ 为数量函数, $\boldsymbol{F}(M),\boldsymbol{G}(M)$ 的各个分量和 $u(M)$ 均具有二阶连续偏导数, 则

(1) $\nabla\times[\nabla u(M)]=\boldsymbol{0}$, 即数量场的梯度场为无旋场.

(2) $\nabla\cdot[\nabla\times\boldsymbol{F}(M)]=0$, 即向量场的旋度场为无源场.

(3) $\nabla\cdot[\boldsymbol{F}(M)\times\boldsymbol{G}(M)]=\boldsymbol{G}(M)\cdot[\nabla\times\boldsymbol{F}(M)]-\boldsymbol{F}(M)\cdot[\nabla\times\boldsymbol{G}(M)]$.

例题分析

例 3.1　求下列向量场的向量线:

(1) $\boldsymbol{F}(M)=xy^2\boldsymbol{i}+x^2y\boldsymbol{j}+zy^2\boldsymbol{k}$;

(2) 求向量场 $\boldsymbol{F}(M)=x\boldsymbol{i}+y\boldsymbol{j}+2z\boldsymbol{k}$ 过点 $M(2,1,1)$ 的向量线方程.

解　(1) 向量线应满足的微分方程为

$$\frac{\mathrm{d}x}{xy^2}=\frac{\mathrm{d}y}{x^2y}=\frac{\mathrm{d}z}{zy^2},$$

于是有

$$\begin{cases}x\mathrm{d}x=y\mathrm{d}y,\\ \dfrac{\mathrm{d}x}{x}=\dfrac{\mathrm{d}z}{z}.\end{cases}$$

解得所求的向量线方程为

$$\begin{cases}x^2-y^2=c_1,\\ z=c_2x\end{cases}\quad(c_1,c_2\text{为任意常数}).$$

(2) 向量线应满足的微分方程为

$$\frac{\mathrm{d}x}{x}=\frac{\mathrm{d}y}{y}=\frac{\mathrm{d}z}{2z},$$

于是有

$$\begin{cases}\dfrac{\mathrm{d}x}{x}=\dfrac{\mathrm{d}y}{y},\\ \dfrac{\mathrm{d}x}{x}=\dfrac{\mathrm{d}z}{2z}.\end{cases}$$

解得

$$\begin{cases}y=c_1x,\\ z=c_2x^2\end{cases}\quad(c_1,c_2\text{为任意常数}),$$

即为场中向量线方程, 以点 $M(2,1,1)$ 的坐标代入, 得 $c_1=\dfrac{1}{2}$, $c_2=\dfrac{1}{4}$, 因此过点 $M(2,1,1)$ 的向量线方程为

$$\begin{cases}y=\dfrac{1}{2}x,\\ z=\dfrac{1}{4}x^2.\end{cases}$$

例 3.2　求下列各问题中的通量 Φ:

(1) 曲面 S 为上半球面 $x^2+y^2+z^2=a^2(z\geqslant 0)$, 求向量场 $\boldsymbol{r}=x\boldsymbol{i}+y\boldsymbol{j}+z\boldsymbol{k}$ 向上穿过 S 的通量 Φ;

(2) 曲面 S 是由平面 $x=0,x=1,y=0,y=1,z=0,z=1$ 所围成的正方体的边界曲面, 求向

量场 $\boldsymbol{F}(M)=4xz\boldsymbol{i}-y^2\boldsymbol{j}+yz\boldsymbol{k}$ 从内向外穿出闭曲面 S 的通量 Φ;

(3) 曲面 S 为球面 $x^2+y^2+z^2=a^2$, 求向量场 $\boldsymbol{F}(M)=x^3\boldsymbol{i}+y^3\boldsymbol{j}+z^3\boldsymbol{k}$ 从内向外穿出闭曲面 S 的通量 Φ.

解　(1) **方法 1**　注意到 S 的法向量 $\boldsymbol{n}$ 与 $\boldsymbol{r}$ 同向, 故

$$\Phi=\iint_S \boldsymbol{r}\cdot \mathrm{d}\boldsymbol{S}=\iint_S \boldsymbol{r}\cdot \boldsymbol{n}\mathrm{d}S=\iint_S |\boldsymbol{r}|\,\mathrm{d}S=a\iint_S \mathrm{d}S=a\cdot 2\pi a^2=2\pi a^3.$$

方法 2　若记平面 $z=0$ 上圆周 $x^2+y^2=a^2$ 所围成的曲面为 S_1, 则曲面 S_1 与上半球面 S 围成闭曲面 S_0, 并以 V 表示这个闭曲面 S_0 所围成的空间区域, 则由高斯定理, 向量场 $\boldsymbol{r}=x\boldsymbol{i}+y\boldsymbol{j}+z\boldsymbol{k}$ 穿出闭曲面 S_0 的通量为

$$\Phi_{S_0}=\oiint_{S_0} \boldsymbol{r}\cdot \mathrm{d}\boldsymbol{S}=\iiint_V \mathrm{div}\boldsymbol{r}\mathrm{d}V=3\iiint_V \mathrm{d}x\mathrm{d}y\mathrm{d}z=3\times\frac{2}{3}\pi a^3=2\pi a^3,$$

又

$$\Phi_{S_0}=\oiint_{S_0} \boldsymbol{r}\cdot \mathrm{d}\boldsymbol{S}=\iint_S \boldsymbol{r}\cdot \mathrm{d}\boldsymbol{S}+\iint_{S_1} \boldsymbol{r}\cdot \mathrm{d}\boldsymbol{S},$$

由于在 S_1 上 $\boldsymbol{r}$ 与 S_1 的法向量垂直, 故

$$\iint_{S_1} \boldsymbol{r}\cdot \mathrm{d}\boldsymbol{S}=0,$$

所以同样有

$$\Phi=\iint_S \boldsymbol{r}\cdot \mathrm{d}\boldsymbol{S}=\Phi_{S_0}-\iint_{S_1} \boldsymbol{r}\cdot \mathrm{d}\boldsymbol{S}=2\pi a^3-0=2\pi a^3.$$

(2) 由高斯定理, 有

$$\begin{aligned}\Phi&=\oiint_S \boldsymbol{F}\cdot \mathrm{d}\boldsymbol{S}=\iiint_V \mathrm{div}\boldsymbol{F}\mathrm{d}V\\&=\iiint_V\left(\frac{\partial}{\partial x}(4xz)+\frac{\partial}{\partial y}(-y^2)+\frac{\partial}{\partial z}(yz)\right)\mathrm{d}V\\&=\iiint_V(4z-y)\mathrm{d}V=\int_0^1\mathrm{d}x\int_0^1\mathrm{d}y\int_0^1(4z-y)\mathrm{d}z\\&=\int_0^1\mathrm{d}x\int_0^1(2z^2-yz)\big|_{z=0}^1\,\mathrm{d}y=\int_0^1\mathrm{d}x\int_0^1(2-y)\mathrm{d}y\\&=\int_0^1\left(2y-\frac{1}{2}y^2\right)\bigg|_{y=0}^1\mathrm{d}x=\int_0^1\frac{3}{2}\mathrm{d}x=\frac{3}{2}.\end{aligned}$$

(3) 由高斯定理, 有

$$\begin{aligned}\Phi&=\oiint_S \boldsymbol{F}\cdot \mathrm{d}\boldsymbol{S}=\iiint_V \mathrm{div}\boldsymbol{F}\mathrm{d}V\\&=\iiint_V\left(\frac{\partial}{\partial x}(x^3)+\frac{\partial}{\partial y}(y^3)+\frac{\partial}{\partial z}(z^3)\right)\mathrm{d}V\\&=\iiint_V 3(x^2+y^2+z^2)\mathrm{d}V,\end{aligned}$$

其中 V 为 S 所围成的球域: $x^2+y^2+z^2\leqslant a^2$. 化为球坐标计算, 令

$$x=r\sin\theta\cos\varphi,\quad y=r\sin\theta\sin\varphi,\quad z=r\cos\theta,$$

有

$$\Phi=3\iiint\limits_V r^2\cdot r^2\sin\theta\mathrm{d}r\mathrm{d}\theta\mathrm{d}\varphi=3\int_0^{2\pi}\mathrm{d}\varphi\int_0^{\pi}\sin\theta\mathrm{d}\theta\int_0^a r^4\mathrm{d}r=\frac{12}{5}\pi a^5.$$

例 3.3　求向量场 $\boldsymbol{F}(M)=-y\boldsymbol{i}+x\boldsymbol{j}+C\boldsymbol{k}$（$C$ 是常数）沿下列闭曲线的环量:

(1) 圆周 $x^2+y^2=R^2$, $z=0$;

(2) 圆周 $(x-2)^2+y^2=R^2$, $z=0$.

解　(1) 圆周 $l:x^2+y^2=R^2$, $z=0$ 的参数方程可取为

$$x=R\cos\theta,\quad y=R\sin\theta,\quad z=0\quad(0\leqslant\theta\leqslant 2\pi),$$

于是环量

$$\begin{aligned}\Gamma&=\oint_l \boldsymbol{F}\cdot\mathrm{d}\boldsymbol{l}=\oint_l -y\mathrm{d}x+x\mathrm{d}y+C\mathrm{d}z\\&=\int_0^{2\pi}(R^2\sin^2\theta+R^2\cos^2\theta)\mathrm{d}\theta=2\pi R^2.\end{aligned}$$

(2) 令 $x-2=R\cos\theta$, 则圆周 $l:(x-2)^2+y^2=R^2$, $z=0$ 的方程为

$$x=R\cos\theta+2,\quad y=R\sin\theta,\quad z=0\quad(0\leqslant\theta\leqslant 2\pi),$$

于是环量

$$\begin{aligned}\Gamma&=\oint_l \boldsymbol{F}\cdot\mathrm{d}\boldsymbol{l}=\oint_l -y\mathrm{d}x+x\mathrm{d}y+C\mathrm{d}z\\&=\int_0^{2\pi}[R^2\sin^2\theta+(R\cos\theta+2)R\cos\theta]\mathrm{d}\theta\\&=\int_0^{2\pi}(R^2+2R\cos\theta)\mathrm{d}\theta=2\pi R^2.\end{aligned}$$

例 3.4　求下列向量场在给定点处的散度值:

(1) $\boldsymbol{F}=x^3\boldsymbol{i}+y^3\boldsymbol{j}+z^3\boldsymbol{k}$ 在 $M(1,0,-1)$ 处;

(2) $\boldsymbol{F}=4x\boldsymbol{i}-2xy\boldsymbol{j}+z^2\boldsymbol{k}$ 在 $M(1,1,3)$ 处;

(3) $\boldsymbol{F}=xyz\boldsymbol{r}$（$\boldsymbol{r}=x\boldsymbol{i}+y\boldsymbol{j}+z\boldsymbol{k}$）在点 $M(1,3,2)$ 处.

解　(1) $\mathrm{div}\boldsymbol{F}|_M=(3x^2+3y^2+3z^2)|_M=6$;

(2) $\mathrm{div}\boldsymbol{F}|_M=(4-2x+2z)|_M=8$;

(3) 因为

$$\begin{aligned}\mathrm{div}\boldsymbol{F}&=xyz\mathrm{div}\boldsymbol{r}+\mathrm{grad}(xyz)\cdot\boldsymbol{r}\\&=3xyz+(yz\boldsymbol{i}+xz\boldsymbol{j}+xy\boldsymbol{k})\cdot(x\boldsymbol{i}+y\boldsymbol{j}+z\boldsymbol{k})\\&=6xyz,\end{aligned}$$

所以

$$\mathrm{div}\boldsymbol{F}|_M = 6xyz|_M = 36.$$

例 3.5　填空题:

(1) 已知整数 n 使得 $\mathrm{div}r^n\boldsymbol{r}=0$, 其中 $\boldsymbol{r}=x\boldsymbol{i}+y\boldsymbol{j}+z\boldsymbol{k}$, $r=|\boldsymbol{r}|$, 则 $n=$__________.

(2) 设 $\boldsymbol{a}$ 为常向量, $\boldsymbol{r}=x\boldsymbol{i}+y\boldsymbol{j}+z\boldsymbol{k}$, $r=|\boldsymbol{r}|$, 则 $\mathrm{div}(r\boldsymbol{a})=$__________.

解　(1) $n=-3$.

因为

$$\mathrm{div}r^n\boldsymbol{r}=r^n\mathrm{div}\boldsymbol{r}+\mathrm{grad}r^n\cdot\boldsymbol{r}=3r^n+nr^{n-1}\frac{1}{r}\boldsymbol{r}\cdot\boldsymbol{r}=3r^n+nr^n=(3+n)r^n,$$

故欲使 $\mathrm{div}r^n\boldsymbol{r}=0$, 必有 $3+n=0$, 即 $n=-3$.

(2) $\dfrac{\boldsymbol{r}\cdot\boldsymbol{a}}{r}$ 或者借助单位向量写为 $\boldsymbol{r}^0\cdot\boldsymbol{a}$.

因为 $\mathrm{div}(r\boldsymbol{a})=r\mathrm{div}\boldsymbol{a}+\mathrm{grad}r\cdot\boldsymbol{a}=0+\dfrac{1}{r}\boldsymbol{r}\cdot\boldsymbol{a}=\dfrac{\boldsymbol{r}\cdot\boldsymbol{a}}{r}=\boldsymbol{r}^0\cdot\boldsymbol{a}$.

例 3.6　填空题:

设有不可压缩的流体速度场 $\boldsymbol{v}=3x^2\boldsymbol{i}+5xy^2\boldsymbol{j}+xyz^3\boldsymbol{k}$, 考虑场内三个点 $M^1\left(1,-\dfrac{3}{5},0\right)$, $M^2(1,2,3)$ 和 $M^3(1,-1,1)$, 则场在点__________处有散发通量的正源; 场在点__________处有吸收通量的负源; 场在点__________处无源(从给定的三点中选填).

分析　在场内一点 M 处, 若 $\mathrm{div}\boldsymbol{F}(M)>0$, 则表示该点处有散发通量的正源; 若 $\mathrm{div}\boldsymbol{F}(M)<0$, 则表示该点处有吸收通量的负源; 若 $\mathrm{div}\boldsymbol{F}(M)=0$, 则表示该点处无源. 因此, 本题实际上转化为求流速场 $\boldsymbol{v}$ 在给定的三点处散度的符号问题.

解　$M^2(1,2,3)$; $M^3(1,-1,1)$; $M^1\left(1,-\dfrac{3}{5},0\right)$.

因为

$$\mathrm{div}\boldsymbol{v}=6x+10xy+3xyz^2,$$

所以

$$\mathrm{div}\boldsymbol{v}|_{M^2}=(6x+10xy+3xyz^2)|_{M^2}=80>0,$$

故场在点 $M^2(1,2,3)$ 处有散发通量的正源; 因为

$$\mathrm{div}\boldsymbol{v}|_{M^3}=(6x+10xy+3xyz^2)|_{M^3}=-7<0,$$

故场在点 $M^3(1,-1,1)$ 处有吸收通量的负源; 因为

$$\mathrm{div}\boldsymbol{v}|_{M^1}=(6x+10xy+3xyz^2)|_{M^1}=0,$$

故场在点 $M^1\left(1,-\dfrac{3}{5},0\right)$ 处无源.

例 3.7　求数量场 $u=x^3y^4z^2$ 的梯度场的散度.

解　因为

$$\mathrm{grad}u=\frac{\partial u}{\partial x}\boldsymbol{i}+\frac{\partial u}{\partial y}\boldsymbol{j}+\frac{\partial u}{\partial z}\boldsymbol{k}=3x^2y^4z^2\boldsymbol{i}+4x^3y^3z^2\boldsymbol{j}+2x^3y^4z\boldsymbol{k},$$

所以

$$\mathrm{div}(\mathrm{grad}u)=6xy^4z^2+12x^3y^2z^2+2x^3y^4.$$

例 3.8　证明向量场 $\boldsymbol{F}=(2x^2+8xy^2z)\boldsymbol{i}+(3x^3y-3xy)\boldsymbol{j}-(4y^2z^2+2x^3z)\boldsymbol{k}$ 不是无源场, 而向量场 $\boldsymbol{G}=xyz^2\boldsymbol{F}$ 是无源场.

证明　因为

$$\begin{aligned}\nabla\cdot\boldsymbol{F}&=\frac{\partial}{\partial x}(2x^2+8xy^2z)+\frac{\partial}{\partial y}(3x^3y-3xy)-\frac{\partial}{\partial z}(4y^2z^2+2x^3z)\\&=4x+8y^2z+3x^3-3x-8y^2z-2x^3\\&=x+x^3\neq 0,\end{aligned}$$

所以 $\boldsymbol{F}$ 不是无源场. 而

$$\begin{aligned}\nabla\cdot\boldsymbol{G}&=xyz^2\nabla\cdot\boldsymbol{F}+\nabla(xyz^2)\cdot\boldsymbol{F}\\&=xyz^2(x+x^3)+(yz^2\boldsymbol{i}+xz^2\boldsymbol{j}+2xyz\boldsymbol{k})\cdot\boldsymbol{F}\\&=x^2yz^2+x^4yz^2+(2x^2yz^2+8xy^3z^3+3x^4yz^2-3x^2yz^2-8xy^3z^3-4x^4yz^2)\\&=0,\end{aligned}$$

所以 $\boldsymbol{G}$ 是无源场.

例 3.9　用以下两种方法求向量场 $\boldsymbol{F}=xyz(\boldsymbol{i}+\boldsymbol{j}+\boldsymbol{k})$ 在点 $M(1,3,2)$ 处沿方向 $\boldsymbol{n}=\boldsymbol{i}+2\boldsymbol{j}+2\boldsymbol{k}$ 的环量面密度.

(1) 直接应用环量面密度的计算公式;

(2) 将环量面密度作为旋度在给定方向上的投影.

解　(1) $\boldsymbol{n}$ 方向的单位向量为

$$\boldsymbol{n}^0=\frac{\boldsymbol{n}}{|\boldsymbol{n}|}=\frac{1}{3}\boldsymbol{i}+\frac{2}{3}\boldsymbol{j}+\frac{2}{3}\boldsymbol{k},$$

故 $\boldsymbol{n}$ 的方向余弦为

$$\cos\alpha=\frac{1}{3},\quad\cos\beta=\frac{2}{3},\quad\cos\gamma=\frac{2}{3},$$

代入环量面密度计算公式

$$\mu_n(M)=\begin{vmatrix}\frac{1}{3} & \frac{2}{3} & \frac{2}{3}\\ \frac{\partial}{\partial x} & \frac{\partial}{\partial y} & \frac{\partial}{\partial z}\\ xyz & xyz & xyz\end{vmatrix}$$

$$=\frac{1}{3}(xz-xy)+\frac{2}{3}(xy-yz)+\frac{2}{3}(yz-xz)$$

$$=\frac{1}{3}(xy-xz),$$

代入点 M 的坐标, 得

$$\mu_n(M)=\frac{1}{3}.$$

(2) $\boldsymbol{F}$ 的旋度为

$$\mathrm{rot}\boldsymbol{F}=\nabla\times\boldsymbol{F}=\begin{vmatrix}\boldsymbol{i} & \boldsymbol{j} & \boldsymbol{k}\\ \frac{\partial}{\partial x} & \frac{\partial}{\partial y} & \frac{\partial}{\partial z}\\ xyz & xyz & xyz\end{vmatrix}$$

$$=(xz-xy)\boldsymbol{i}+(xy-yz)\boldsymbol{j}+(yz-xz)\boldsymbol{k},$$

代入点 M 的坐标, 得

$$\mathrm{rot}\boldsymbol{F}(M)=-\boldsymbol{i}-3\boldsymbol{j}+4\boldsymbol{k},$$

于是

$$\mu_n(M)=\mathrm{rot}\boldsymbol{F}(M)\cdot\boldsymbol{n}^0$$

$$=(-\boldsymbol{i}-3\boldsymbol{j}+4\boldsymbol{k})\cdot\left(\frac{1}{3}\boldsymbol{i}+\frac{2}{3}\boldsymbol{j}+\frac{2}{3}\boldsymbol{k}\right)$$

$$=-\frac{1}{3}-2+\frac{8}{3}=\frac{1}{3}.$$

例 3.10 设 $\boldsymbol{r}=x\boldsymbol{i}+y\boldsymbol{j}+z\boldsymbol{k}$, $r=|\boldsymbol{r}|$, $f(r)$ 是 r 的可微函数, $\boldsymbol{C}$ 为常向量, 求:

(1) $\nabla\times[f(r)\boldsymbol{r}]$;　　(2) $\nabla\times[f(r)\boldsymbol{C}]$;　　(3) $\nabla\times(\boldsymbol{C}\times\boldsymbol{r})$;

(4) $\nabla\cdot(\boldsymbol{C}\times\boldsymbol{r})$;　　(5) $\nabla\cdot[\boldsymbol{r}\times f(r)\boldsymbol{C}]$.

解 设 $\boldsymbol{C}=c_1\boldsymbol{i}+c_2\boldsymbol{j}+c_3\boldsymbol{k}$, 注意到

$$\nabla\cdot\boldsymbol{C}=0,\quad \nabla\times\boldsymbol{C}=\boldsymbol{0},$$

$$\nabla\times\boldsymbol{r}=\begin{vmatrix}\boldsymbol{i} & \boldsymbol{j} & \boldsymbol{k}\\ \frac{\partial}{\partial x} & \frac{\partial}{\partial y} & \frac{\partial}{\partial z}\\ x & y & z\end{vmatrix}=\boldsymbol{0},$$

因此有

(1) $\nabla\times[f(r)\boldsymbol{r}]=f(r)\nabla\times\boldsymbol{r}+\nabla f(r)\times\boldsymbol{r}=\mathbf{0}+f'(r)\frac{\boldsymbol{r}}{r}\times\boldsymbol{r}=\mathbf{0}$;

(2) $\nabla\times[f(r)\boldsymbol{C}]=f(r)\nabla\times\boldsymbol{C}+\nabla f(r)\times\boldsymbol{C}=\mathbf{0}+f'(r)\frac{\boldsymbol{r}}{r}\times\boldsymbol{C}=\frac{1}{r}f'(r)(\boldsymbol{r}\times\boldsymbol{C})$;

(3) 因

$$\boldsymbol{C}\times\boldsymbol{r}=\begin{vmatrix}\boldsymbol{i} & \boldsymbol{j} & \boldsymbol{k}\\ c_1 & c_2 & c_3\\ x & y & z\end{vmatrix}=(c_2z-c_3y)\boldsymbol{i}+(c_3x-c_1z)\boldsymbol{j}+(c_1y-c_2x)\boldsymbol{k},$$

故

$$\nabla\times(\boldsymbol{C}\times\boldsymbol{r})=\begin{vmatrix}\boldsymbol{i} & \boldsymbol{j} & \boldsymbol{k}\\ \frac{\partial}{\partial x} & \frac{\partial}{\partial y} & \frac{\partial}{\partial z}\\ c_2z-c_3y & c_3x-c_1z & c_1y-c_2x\end{vmatrix}=2c_1\boldsymbol{i}+2c_2\boldsymbol{j}+2c_3\boldsymbol{k}=2\boldsymbol{C};$$

(4) $\nabla\cdot(\boldsymbol{C}\times\boldsymbol{r})=\frac{\partial}{\partial x}(c_2z-c_3y)+\frac{\partial}{\partial y}(c_3x-c_1z)+\frac{\partial}{\partial z}(c_1y-c_2x)=0$;

(5) 利用教材第 66 页的定理 3.8, 有

$$\begin{aligned}\nabla\cdot[\boldsymbol{r}\times f(r)\boldsymbol{C}]&=\nabla\cdot[f(r)\boldsymbol{r}\times\boldsymbol{C}]\\&=\boldsymbol{C}\cdot[\nabla\times f(r)\boldsymbol{r}]-f(r)\boldsymbol{r}\cdot[\nabla\times\boldsymbol{C}]\\&=\boldsymbol{C}\cdot\mathbf{0}-f(r)\boldsymbol{r}\cdot\mathbf{0}=0-0=0.\end{aligned}$$

第四章　三种特殊形式的向量场

基本要求

1. 了解连通区域、一维单连通区域、二维单连通区域的概念.

2. 理解保守场的概念,掌握向量场为保守场的三个充要条件,熟练掌握求保守场的势函数的方法,掌握保守场的性质在求曲线积分和解微分方程中的应用.

3. 理解管形场的概念,了解管形场的性质,掌握向量场为管形场的充要条件,知道求管形场的向量势的方法.

4. 理解调和场的概念,了解调和方程和调和函数的定义,掌握调和场与调和函数的关系,熟练掌握求调和场的调和函数的方法.

5. 了解拉普拉斯算子 Δ 以及该算子与哈密顿算子 ∇ 的关系.

主要内容复习

一、空间区域的连通性

设 D 是一个空间区域,若对 D 内任意两点,都可以用属于 D 的一条曲线连接起来,则称 D 为连通区域.

D 是一个连通区域,若 D 内任何闭曲面 S 所围的立体都属于 D,则称 D 是二维单连通区域. 若 D 内任何闭曲线 C 都存在以 C 为边界曲线的曲面属于 D,则称 D 为一维单连通区域.

二、保守场

1. 保守场的定义

设 $\boldsymbol{F}(M)$ 是区域 D 内的向量场,若 $\boldsymbol{F}(M)$ 的各分量在 D 内连续,且对 D 内任一条分段光滑的简单曲线 l,积分 $\int_l \boldsymbol{F}(M)\cdot \mathrm{d}\boldsymbol{l}$ 只依赖于 l 的起点 A 和终点 B,而和 l 的形状无关,则称 $\boldsymbol{F}(M)$ 是 D 中的保守场.

2. 保守场的三个充要条件

(1) $\boldsymbol{F}(M)$ 是区域 D 内的保守场 $\Leftrightarrow$ 对 D 内任一条分段光滑的简单闭曲线 C 有

$$\oint_C \boldsymbol{F}(M)\cdot \mathrm{d}\boldsymbol{l}=0.$$

(2) 设 D 是一维单连通的区域, $\boldsymbol{F}(M)$ 是 D 内的向量场, 其分量在 D 内具有对各个变量的一阶连续偏导数, 则 $\boldsymbol{F}(M)$ 是 D 内的保守场 $\Leftrightarrow \nabla\times\boldsymbol{F}(M)=\boldsymbol{0}$, $M\in D$.

若在区域 D 内处处有 $\text{rot}\boldsymbol{F}(M)=\boldsymbol{0}$, 则称 $\boldsymbol{F}(M)$ 为无旋场.

保守场一定是无旋场, 但无旋场作为保守场, 要求 D 是一维单连通区域.

(3) 设 D 是一维单连通的区域, $\boldsymbol{F}(M)$ 是 D 内的向量场, 则 $\boldsymbol{F}(M)$ 是 D 内的保守场 $\Leftrightarrow$ 存在函数 u, 使 $\boldsymbol{F}(M)=\nabla u(M)$, $M\in D$.

3. 保守场的势函数

(1) 若 $\boldsymbol{F}(M)=\nabla u(M)$, 则 $u(M)$ 称为 $\boldsymbol{F}(M)$ 的势函数. 保守场一定存在势函数, 故保守场又称为有势场. 有势场的势函数不是唯一的.

(2) 在一维单连通区域内, "保守场""无旋场""有势场" 和 "表达式 $\boldsymbol{F}(M)\cdot\mathrm{d}\boldsymbol{l}=P\mathrm{d}x+Q\mathrm{d}y+R\mathrm{d}z$ 是某个函数的全微分" 这四者是彼此等价的.

(3) 设 $M^0(x_0,y_0,z_0)$ 为场中一点, 且 $\boldsymbol{F}(M)=P\boldsymbol{i}+Q\boldsymbol{j}+R\boldsymbol{k}$, 则 $\boldsymbol{F}(M)$ 的势函数

$$u=u(M)=\int_{x_0}^{x}P(x,y_0,z_0)\mathrm{d}x+\int_{y_0}^{y}Q(x,y,z_0)\mathrm{d}y+\int_{z_0}^{z}R(x,y,z)\mathrm{d}z.$$

为简单起见, 在可能的情况下, 可取 M^0 为坐标原点, 即 $(x_0,y_0,z_0)=(0,0,0)$, 则有

$$u=u(M)=\int_{0}^{x}P(x,0,0)\mathrm{d}x+\int_{0}^{y}Q(x,y,0)\mathrm{d}y+\int_{0}^{z}R(x,y,z)\mathrm{d}z.$$

(4) 若 $\boldsymbol{F}(M)$ 是保守场, $u(M)$ 是 $\boldsymbol{F}(M)$ 的势函数, l 是以 A 为起点, B 为终点的曲线, 则

$$\int_l \boldsymbol{F}(M)\cdot\mathrm{d}\boldsymbol{l}=u(B)-u(A).$$

(5) 对于给定的微分方程 $P\mathrm{d}x+Q\mathrm{d}y+R\mathrm{d}z=0$, 若 $\boldsymbol{F}(M)=P\boldsymbol{i}+Q\boldsymbol{j}+R\boldsymbol{k}$ 是保守场, 则其势函数 $u=u(M)$ 满足 $\mathrm{d}u=P\mathrm{d}x+Q\mathrm{d}y+R\mathrm{d}z$, 从而所给微分方程为 $\mathrm{d}u=0$, 故所给微分方程的解为 $u=C,C$ 为常数.

三、管形场

若 $\boldsymbol{F}(M)$ 是区域 D 中的向量场, 且在 D 内处处有 $\nabla\cdot\boldsymbol{F}(M)=0$, $M\in D$, 则称 $\boldsymbol{F}(M)$ 是 D 中的管形场.

设 D 是一个二维单连通区域, $\boldsymbol{F}(M)$ 是 D 中的一个管形场, 在场中任取一个向量管, 设 S_1 与 S_2 是其任意两个横截面, 其法线向量 $\boldsymbol{n}_1,\boldsymbol{n}_2$ 均指向 $\boldsymbol{F}(M)$ 所指的一侧, 则

$$\iint_{S_1}\boldsymbol{F}(M)\cdot\mathrm{d}\boldsymbol{S}=\iint_{S_2}\boldsymbol{F}(M)\cdot\mathrm{d}\boldsymbol{S}.$$

管形场 $\boldsymbol{F}(M)$ 穿过同一个向量管的所有横截面的通量都相等. 管形场 $\boldsymbol{F}(M)$ 穿过一个向量管的横截面的通量称为该向量管的强度, 它描述了场量 $\boldsymbol{F}(M)$ 的大小.

设 $\boldsymbol{F}(M)$ 是二维单连通区域 D 内的向量场, 则 $\boldsymbol{F}(M)$ 为 D 内的管形场 $\Leftrightarrow$ 存在另一个向量场 $\boldsymbol{G}(M)$, 使 $\boldsymbol{F}(M)=\nabla\times\boldsymbol{G}(M)$.

这里, $\boldsymbol{G}(M)$ 称为 $\boldsymbol{F}(M)$ 的向量势. 管形场 $\boldsymbol{F}(M)$ 的向量势不是唯一的.

设 $\boldsymbol{F}(M)=P\boldsymbol{i}+Q\boldsymbol{j}+R\boldsymbol{k}$ 是管形场, 则可由

$$U=\int_{z_0}^{z}Q(x,y,z)\mathrm{d}z,\quad V=-\int_{z_0}^{z}P(x,y,z)\mathrm{d}z+\int_{x_0}^{x}R(x,y,z_0)\mathrm{d}x,\quad W=C\quad (C\text{为常数})$$

求得 $\boldsymbol{F}(M)$ 的一个向量势 $\boldsymbol{G}(M)=U\boldsymbol{i}+V\boldsymbol{j}+W\boldsymbol{k}$.

四、调和场

若向量场 $\boldsymbol{F}(M)$ 在场中处处有 $\nabla\cdot\boldsymbol{F}(M)=0$, $\nabla\times\boldsymbol{F}(M)=\boldsymbol{0}$, 则称 $\boldsymbol{F}(M)$ 是调和场. 称 $\dfrac{\partial^2 u}{\partial x^2}+\dfrac{\partial^2 u}{\partial y^2}+\dfrac{\partial^2 u}{\partial z^2}=0$ 为拉普拉斯方程或调和方程, 满足调和方程的函数称为调和函数.

对于调和场 $\boldsymbol{F}(M)$, 存在 $\boldsymbol{F}(M)$ 的势函数 $u(M)$, 使 $\dfrac{\partial^2 u}{\partial x^2}+\dfrac{\partial^2 u}{\partial y^2}+\dfrac{\partial^2 u}{\partial z^2}=0$, 即 $u(M)$ 是调和函数. 调和场一定存在调和函数, 调和场由此而得名.

设 $\Delta=\nabla\cdot\nabla=\dfrac{\partial^2}{\partial x^2}+\dfrac{\partial^2}{\partial y^2}+\dfrac{\partial^2}{\partial z^2}$, Δ 称为拉普拉斯算子, 利用拉普拉斯算子, 调和方程 $\dfrac{\partial^2 u}{\partial x^2}+\dfrac{\partial^2 u}{\partial y^2}+\dfrac{\partial^2 u}{\partial z^2}=0$ 可以表示为 $\Delta u=0$.

例题分析

例 4.1　证明向量场 $\boldsymbol{F}(M)=2xyz^2\boldsymbol{i}+(x^2z^2+z\cos yz)\boldsymbol{j}+(2x^2yz+y\cos yz)\boldsymbol{k}$ 为有势场, 并用公式法和不定积分法求其势函数.

解　记

$$P=2xyz^2,\quad Q=x^2z^2+z\cos yz,\quad R=2x^2yz+y\cos yz,$$

则

$$\begin{aligned}\nabla\times\boldsymbol{F}&=\begin{vmatrix}\boldsymbol{i}&\boldsymbol{j}&\boldsymbol{k}\\ \dfrac{\partial}{\partial x}&\dfrac{\partial}{\partial y}&\dfrac{\partial}{\partial z}\\ P&Q&R\end{vmatrix}\\&=[(2x^2z+\cos yz-yz\sin yz)-(2x^2z+\cos yz-yz\sin yz)]\boldsymbol{i}\\&\quad+(4xyz-4xyz)\boldsymbol{j}+(2xz^2-2xz^2)\boldsymbol{k}\\&=\boldsymbol{0},\end{aligned}$$

故 $\boldsymbol{F}(M)$ 为有势场. 下求势函数.

方法 1　公式法.

取 $M^0(0,0,0)$, 则

$$\begin{aligned}u&=\int_0^x P(x,0,0)\mathrm{d}x+\int_0^y Q(x,y,0)\mathrm{d}y+\int_0^z R(x,y,z)\mathrm{d}z+c\\&=\int_0^x 0\mathrm{d}x+\int_0^y 0\mathrm{d}y+\int_0^z(2x^2yz+y\cos yz)\mathrm{d}z+c\\&=x^2yz^2+\sin yz+c\quad (c\text{为任意常数}).\end{aligned}$$

方法 2　不定积分法.

因为势函数 u 满足 $\boldsymbol{F}=\nabla u$, 即有

$$\begin{cases}\dfrac{\partial u}{\partial x}=2xyz^2,\\ \dfrac{\partial u}{\partial y}=x^2z^2+z\cos yz,\\ \dfrac{\partial u}{\partial z}=2x^2yz+y\cos yz.\end{cases}$$

将第一个方程两边对 x 积分, 得

$$u=x^2yz^2+\varphi(y,z),$$

其中 $\varphi(y,z)$ 是积分常数, 再将上式两端对 y 求导, 得

$$\frac{\partial u}{\partial y}=x^2z^2+\frac{\partial \varphi}{\partial y},$$

与第二个方程比较, 知

$$\frac{\partial \varphi}{\partial y}=z\cos yz,$$

两边对 y 积分, 得

$$\varphi(y,z)=\sin yz+\psi(z),$$

其中 $\psi(z)$ 是积分常数, 从而

$$u=x^2yz^2+\sin yz+\psi(z),$$

两边对 z 求导, 得

$$\frac{\partial u}{\partial z}=2x^2yz+y\cos yz+\psi'(z),$$

与第三个方程比较, 知 $\psi'(z)=0$, 从而 $\psi(z)=c$, 所以

$$u=x^2yz^2+\sin yz+c.$$

例 4.2　证明无论 C 为何种光滑的简单闭曲线都有

$$\oint_C 2xz\mathrm{d}x+2yz^2\mathrm{d}y+(x^2+2y^2z-1)\mathrm{d}z=0.$$

证明　令 $\boldsymbol{F}(M)=[2xz,2yz^2,x^2+2y^2z-1]^{\mathrm{T}}$, 由于

$$\begin{aligned}\nabla\times\boldsymbol{F}&=\begin{vmatrix}\boldsymbol{i} & \boldsymbol{j} & \boldsymbol{k}\\ \dfrac{\partial}{\partial x} & \dfrac{\partial}{\partial y} & \dfrac{\partial}{\partial z}\\ 2xz & 2yz^2 & x^2+2y^2z-1\end{vmatrix}\\ &=(4yz-4yz)\boldsymbol{i}+(2x-2x)\boldsymbol{j}+(0-0)\boldsymbol{k}\\ &=\boldsymbol{0},\end{aligned}$$

故向量场 $\boldsymbol{F}(M)$ 为保守场, 因此对场内光滑的简单闭曲线 C, 有

$$\oint_C \boldsymbol{F}\cdot\mathrm{d}\boldsymbol{l}=0,$$

而

$$\oint_C \boldsymbol{F}\cdot \mathrm{d}\boldsymbol{l}=\oint_C 2xz\mathrm{d}x+2yz^2\mathrm{d}y+(x^2+2y^2z-1)\mathrm{d}z,$$

即

$$\oint_C 2xz\mathrm{d}x+2yz^2\mathrm{d}y+(x^2+2y^2z-1)\mathrm{d}z=0.$$

例 4.3　设向量场 $\boldsymbol{F}(M)=yz(2x+y+z)\boldsymbol{i}+xz(x+2y+z)\boldsymbol{j}+xy(x+y+2z)\boldsymbol{k}$,

(1) 证明 $\boldsymbol{F}(M)$ 为保守场;

(2) 求函数 u, 使得 $\boldsymbol{F}=\nabla u$;

(3) 计算曲线积分 $\int_l \boldsymbol{F}\cdot \mathrm{d}\boldsymbol{l}, l$ 的起点为 $A(1,0,3)$, 终点为 $B(5,4,-2)$.

解　(1) 记

$$P=yz(2x+y+z),\quad Q=xz(x+2y+z),\quad R=xy(x+y+2z),$$

则 $\boldsymbol{F}(M)=[P,Q,R]^{\mathrm{T}}$, 因为

$$\begin{aligned}\nabla\times\boldsymbol{F}&=\begin{vmatrix}\boldsymbol{i}&\boldsymbol{j}&\boldsymbol{k}\\ \dfrac{\partial}{\partial x}&\dfrac{\partial}{\partial y}&\dfrac{\partial}{\partial z}\\ P&Q&R\end{vmatrix}\\&=[x(x+y+2z)+xy-x(x+2y+z)-xz]\boldsymbol{i}\\&\quad+[y(2x+y+z)+yz-y(x+y+2z)-xy]\boldsymbol{j}\\&\quad+[z(x+2y+z)+xz-z(2x+y+z)-yz]\boldsymbol{k}\\&=\boldsymbol{0},\end{aligned}$$

所以 $\boldsymbol{F}(M)$ 为保守场.

(2) 此处用公式法求势函数, 也可像例 4.1 一样用不定积分法求势函数(略).

取 $M^0(0,0,0)$, 则势函数

$$\begin{aligned}u&=\int_0^x P(x,0,0)\mathrm{d}x+\int_0^y Q(x,y,0)\mathrm{d}y+\int_0^z R(x,y,z)\mathrm{d}z+c\\&=\int_0^x 0\mathrm{d}x+\int_0^y 0\mathrm{d}y+\int_0^z xy(x+y+2z)\mathrm{d}z+c\\&=xyz(x+y+z)+c\quad(c\text{为任意常数}).\end{aligned}$$

(3) 因为 $\boldsymbol{F}(M)$ 为保守场, 故存在 $\boldsymbol{F}\cdot\mathrm{d}\boldsymbol{l}$ 的原函数 u, 即为 (2) 中所求, 满足曲线积分

$$\int_l \boldsymbol{F}\cdot\mathrm{d}\boldsymbol{l}=[xyz(x+y+z)+c]\Big|_{A(1,0,3)}^{B(5,4,-2)}=-280.$$

例 4.4　求微分方程 $(2xy+3)\mathrm{d}x+(x^2-4z)\mathrm{d}y-4y\mathrm{d}z=0$ 的解.

解　记

$$P(x,y,z)=2xy+3,\quad Q(x,y,z)=x^2-4z,\quad R(x,y,z)=-4y,$$

令 $\boldsymbol{F}(M)=[P,Q,R]^{\mathrm{T}}$, 因为

$$\nabla\times\boldsymbol{F}=\begin{vmatrix}\boldsymbol{i} & \boldsymbol{j} & \boldsymbol{k}\\ \dfrac{\partial}{\partial x} & \dfrac{\partial}{\partial y} & \dfrac{\partial}{\partial z}\\ 2xy+3 & x^2-4z & -4y\end{vmatrix}$$
$$=[-4-(-4)]\boldsymbol{i}+(0-0)\boldsymbol{j}+(2x-2x)\boldsymbol{k}=\boldsymbol{0},$$

故 $\boldsymbol{F}(M)$ 为保守场, 其势函数 u 满足 $\boldsymbol{F}=\nabla u$, 并且引入向量场 $\boldsymbol{F}(M)$ 后, 原微分方程即为

$$\boldsymbol{F}\cdot\mathrm{d}\boldsymbol{l}=0,$$

也即

$$\nabla u\cdot\mathrm{d}\boldsymbol{l}=0,$$

或者

$$\frac{\partial u}{\partial x}\mathrm{d}x+\frac{\partial u}{\partial y}\mathrm{d}y+\frac{\partial u}{\partial z}\mathrm{d}z=0,$$

于是所给的微分方程为

$$\mathrm{d}u=0,$$

从而其解为

$$u=c \quad (c\text{ 为任意常数}).$$

下求 u. 取 $M^0(0,0,0)$, 则有

$$u=\int_0^x P(x,0,0)\mathrm{d}x+\int_0^y Q(x,y,0)\mathrm{d}y+\int_0^z R(x,y,z)\mathrm{d}z$$
$$=\int_0^x 3\mathrm{d}x+\int_0^y x^2\mathrm{d}y+\int_0^z(-4y)\mathrm{d}z$$
$$=3x+x^2y-4yz,$$

于是所求微分方程的解为

$$3x+x^2y-4yz=c \quad (c\text{ 为任意常数}).$$

例 4.5　求下面全微分的原函数 u:

$$\mathrm{d}u=(x^2-2yz)\mathrm{d}x+(y^2-2xz)\mathrm{d}y+(z^2-2xy)\mathrm{d}z.$$

分析　在一维单连通区域内, 当向量场 $\boldsymbol{F}(M)$ 是数量场 u 的梯度场, 即 $\boldsymbol{F}=\nabla u$ 时, 有

$$\boldsymbol{F}\cdot\mathrm{d}\boldsymbol{l}=P\mathrm{d}x+Q\mathrm{d}y+R\mathrm{d}z=\frac{\partial u}{\partial x}\mathrm{d}x+\frac{\partial u}{\partial y}\mathrm{d}y+\frac{\partial u}{\partial z}\mathrm{d}z=\mathrm{d}u,$$

即表达式 $\boldsymbol{F}\cdot\mathrm{d}\boldsymbol{l}=P\mathrm{d}x+Q\mathrm{d}y+R\mathrm{d}z$ 是函数 u 的全微分, 也称函数 u 为表达式 $\boldsymbol{F}\cdot\mathrm{d}\boldsymbol{l}=P\mathrm{d}x+Q\mathrm{d}y+R\mathrm{d}z$ 的原函数. 因此本题中求全微分的原函数 u 即转化为证明以 $P(x,y,z)=x^2-2yz$, $Q(x,y,z)=y^2-2xz$, $R(x,y,z)=z^2-2xy$ 为分量的向量场 $\boldsymbol{F}(M)$ 是保守场, 并求出 $\boldsymbol{F}(M)$ 的势函数 u, 势函数 u 即为满足条件的全微分的原函数.

解　记

$$P(x,y,z)=x^2-2yz,\quad Q(x,y,z)=y^2-2xz,\quad R(x,y,z)=z^2-2xy.$$

令 $\boldsymbol{F}(M)=[P,Q,R]^{\mathrm{T}}$，因为

$$\nabla\times\boldsymbol{F}=\begin{vmatrix}\boldsymbol{i} & \boldsymbol{j} & \boldsymbol{k}\\ \dfrac{\partial}{\partial x} & \dfrac{\partial}{\partial y} & \dfrac{\partial}{\partial z}\\ x^2-2yz & y^2-2xz & z^2-2xy\end{vmatrix}$$

$$=[-2x-(-2x)]\boldsymbol{i}+[-2y-(-2y)]\boldsymbol{j}+[-2z-(-2z)]\boldsymbol{k}=\boldsymbol{0},$$

故 $\boldsymbol{F}(M)$ 为保守场，其势函数 u 满足 $\boldsymbol{F}=\nabla u$，并且根据上面的分析知道，势函数 u 就是所求满足条件的全微分的原函数. 下面求 u：

由公式

$$u=\int_0^x P(x,0,0)\mathrm{d}x+\int_0^y Q(x,y,0)\mathrm{d}y+\int_0^z R(x,y,z)\mathrm{d}z+c,$$

有

$$u=\int_0^x x^2\mathrm{d}x+\int_0^y y^2\mathrm{d}y+\int_0^z (z^2-2xy)\mathrm{d}z+c=\frac{1}{3}x^3+\frac{1}{3}y^3+\frac{1}{3}z^3-2xyz+c.$$

例 4.6　设向量场 $\boldsymbol{F}(M)=(x+3y)\boldsymbol{i}+(y-2z)\boldsymbol{j}+(x+az)\boldsymbol{k}$，

(1) 试确定常数 a，使 $\boldsymbol{F}(M)$ 为管形场；

(2) 求出上述管形场 $\boldsymbol{F}(M)$ 的一个向量势 $\boldsymbol{G}(M)$；

(3) 求出上述管形场 $\boldsymbol{F}(M)$ 的旋度，问 $\boldsymbol{F}(M)$ 是否为保守场.

解　(1) 因为

$$\nabla\cdot\boldsymbol{F}=\frac{\partial}{\partial x}(x+3y)+\frac{\partial}{\partial y}(y-2z)+\frac{\partial}{\partial z}(x+az)=1+1+a=2+a,$$

当 $a=-2$ 时，有 $\nabla\cdot\boldsymbol{F}=0$，从而 $\boldsymbol{F}(M)$ 为管形场.

(2) 取 $M^0(0,0,0)$，由教材 86 页向量势公式可求得 $\boldsymbol{F}(M)$ 的一个向量势 $\boldsymbol{G}(M)$ 为

$$\boldsymbol{G}(M)=\left(\int_{z_0}^z Q(x,y,z)\mathrm{d}z\right)\boldsymbol{i}+\left(-\int_{z_0}^z P(x,y,z)\mathrm{d}z+\int_{x_0}^x R(x,y,z_0)\mathrm{d}x\right)\boldsymbol{j}+C\boldsymbol{k}$$

$$=\left[\int_0^z (y-2z)\mathrm{d}z\right]\boldsymbol{i}+\left[-\int_0^z (x+3y)\mathrm{d}z+\int_0^x x\mathrm{d}x\right]\boldsymbol{j}+C\boldsymbol{k}$$

$$=(yz-z^2)\boldsymbol{i}+\left(\frac{1}{2}x^2-xz-3yz\right)\boldsymbol{j}+C\boldsymbol{k},$$

其中 C 为任意常数.

(3) 因为

$$\nabla\times\boldsymbol{F}=\begin{vmatrix}\boldsymbol{i} & \boldsymbol{j} & \boldsymbol{k}\\ \dfrac{\partial}{\partial x} & \dfrac{\partial}{\partial y} & \dfrac{\partial}{\partial z}\\ x+3y & y-2z & x-2z\end{vmatrix}=2\boldsymbol{i}-\boldsymbol{j}-3\boldsymbol{k}\neq\boldsymbol{0},$$

所以 $\boldsymbol{F}(M)$ 不是保守场.

例 4.7　设数量场 u,v 有二阶连续的偏导数，证明 $\nabla u\times\nabla v$ 为管形场.

证明　由定理 3.8 和定理 3.6, 有

$$\nabla\cdot(\nabla u\times\nabla v)=\nabla v\cdot[\nabla\times\nabla u]-\nabla u\cdot[\nabla\times\nabla v]=\nabla v\cdot\mathbf{0}-\nabla u\cdot\mathbf{0}=0,$$

所以 $\nabla u\times\nabla v$ 为管形场.

注　本题也可用偏导数运算, 但较为繁琐, 不再给出.

例 4.8　证明向量场 $\boldsymbol{F}(M)=yz\boldsymbol{i}+xz\boldsymbol{j}+xy\boldsymbol{k}$ 为调和场, 并求 $\boldsymbol{F}(M)$ 的调和函数.

证明　因为

$$\nabla\times\boldsymbol{F}=\begin{vmatrix}\boldsymbol{i} & \boldsymbol{j} & \boldsymbol{k}\\ \dfrac{\partial}{\partial x} & \dfrac{\partial}{\partial y} & \dfrac{\partial}{\partial z}\\ yz & xz & xy\end{vmatrix}=\mathbf{0},$$

$$\nabla\cdot\boldsymbol{F}=\frac{\partial}{\partial x}(yz)+\frac{\partial}{\partial y}(xz)+\frac{\partial}{\partial z}(xy)=0,$$

故 $\boldsymbol{F}(M)$ 为调和场. 取 $M^0(0,0,0)$, 由公式

$$u=\int_0^x P(x,0,0)\mathrm{d}x+\int_0^y Q(x,y,0)\mathrm{d}y+\int_0^z R(x,y,z)\mathrm{d}z+c,$$

有

$$u=\int_0^x 0\mathrm{d}x+\int_0^y 0\mathrm{d}y+\int_0^z xy\mathrm{d}z+c=xyz+c,$$

再由

$$\Delta u=\frac{\partial^2}{\partial x^2}(xyz+c)+\frac{\partial^2}{\partial y^2}(xyz+c)+\frac{\partial^2}{\partial z^2}(xyz+c)=0,$$

知 u 为 $\boldsymbol{F}(M)$ 的调和函数.

例 4.9　填空题:

设 $u=3x^2z-y^2z^3+4x^3y+2x-3y-5$, 则 $\Delta u=$__________.

解　$6z+24xy-2z^3-6y^2z$.

因为

$$\begin{aligned}\Delta u&=\nabla\cdot\nabla u\\&=\nabla\cdot[(6xz+12x^2y+2)\boldsymbol{i}+(-2yz^3+4x^3-3)\boldsymbol{j}+(3x^2-3y^2z^2)\boldsymbol{k}]\\&=6z+24xy-2z^3-6y^2z,\end{aligned}$$

或者直接由

$$\Delta u=\frac{\partial^2 u}{\partial x^2}+\frac{\partial^2 u}{\partial y^2}+\frac{\partial^2 u}{\partial z^2},$$

对数量场 u 关于各个自变量求二阶偏导, 同样有

$$\Delta u=6z+24xy-2z^3-6y^2z.$$

例 4.10　已知数量函数 $f(x,y,z)$ 满足 $\dfrac{\partial f}{\partial z}=0$, 且当 $x=y=0$ 时, $f=0$, 求 f 使得向量场 $\boldsymbol{F}(M)=[x^3+3y^2z,6xyz,f]^{\mathrm{T}}$ 具有势函数 u, 求出 u 并就所求的 f 证明 $\boldsymbol{F}$ 不是管形场.

解　由 $\dfrac{\partial f}{\partial z}=0$ 知 f 是 x,y 的函数, 记 $f=g(x,y)$, 于是

$$\boldsymbol{F}=[x^3+3y^2z,6xyz,g(x,y)]^{\mathrm{T}},$$

因 $\boldsymbol{F}(M)$ 有势函数, 故 $\nabla\times\boldsymbol{F}=\boldsymbol{0}$, 即

$$\begin{vmatrix} \boldsymbol{i} & \boldsymbol{j} & \boldsymbol{k} \\ \dfrac{\partial}{\partial x} & \dfrac{\partial}{\partial y} & \dfrac{\partial}{\partial z} \\ x^3+3y^2z & 6xyz & g(x,y) \end{vmatrix}=\boldsymbol{0},$$

即有

$$\begin{cases} \dfrac{\partial g}{\partial y}-6xy=0, \\ \dfrac{\partial g}{\partial x}-3y^2=0. \end{cases}$$

第一个方程两边积分, 得

$$g(x,y)=3xy^2+\varphi(x),$$

其中 $\varphi(x)$ 是积分常数, 两边再对 x 求导, 得

$$\frac{\partial g}{\partial x}=3y^2+\varphi'(x).$$

与第二个方程比较, 有

$$\varphi'(x)=0,$$

从而

$$\varphi(x)=c\quad（c\text{ 为任意常数}）,$$

故

$$f=g(x,y)=3xy^2+c.$$

又当 $x=y=0$ 时, $f=0$, 代入可知 $c=0$, 因此 $f=3xy^2$. 此时向量场

$$\boldsymbol{F}(M)=[x^3+3y^2z,6xyz,3xy^2]^{\mathrm{T}}.$$

取 $M^0(0,0,0)$, 由公式

$$u=\int_0^x P(x,0,0)\mathrm{d}x+\int_0^y Q(x,y,0)\mathrm{d}y+\int_0^z R(x,y,z)\mathrm{d}z+d,$$

其中 d 为任意常数, 可求得 $\boldsymbol{F}(M)$ 的势函数

$$u=\int_0^x x^3\mathrm{d}x+\int_0^y 0\mathrm{d}y+\int_0^z 3xy^2\mathrm{d}z+d=\frac{1}{4}x^4+3xy^2z+d.$$

下证向量场 $\boldsymbol{F}(M)$ 不是管形场. 因为

$$\nabla\cdot\boldsymbol{F}=\frac{\partial}{\partial x}(x^3+3y^2z)+\frac{\partial}{\partial y}(6xyz)+\frac{\partial}{\partial z}(3xy^2)=3x^2+6xz+0=3x^2+6xz\neq 0,$$

所以 $\boldsymbol{F}(M)$ 不是管形场.

向量分析与场论综合练习题

1. 填空题.

(1) 若曲线 l 的参数方程为 $x=x(s), y=y(s), z=y(s)$, 参数是弧长 s, 则 $x'(s), y'(s), z'(s)$ 是曲线 l 切线向量的__________.

(2) 数量场 $u=x+2y+z$ 过点(2, 1, 1)的等值面方程为__________.

(3) 旋度 $\mathrm{rot}\boldsymbol{F}(M)$ 在方向 $\boldsymbol{n}$ 上的投影是向量场 $\boldsymbol{F}(M)$ 在点 M 绕方向 $\boldsymbol{n}$ 的__________.

(4) $\nabla\cdot(r^{-2}\boldsymbol{r})=$ __________.

(5) 数量场 $u=u(x,y,z)$ 有二阶连续偏导数, 则 $\nabla\times(\nabla u)=$ __________.

(6) 以 $\boldsymbol{G}=\dfrac{1}{2}z^2\boldsymbol{i}+\left(\dfrac{1}{2}x^2-yz\right)\boldsymbol{j}$ 为向量势的管形场 $\boldsymbol{F}=$ __________.

(7) $u=x^2y+y^3z^2$, 则 $\Delta u=$ __________.

(8) 若向量场 $\boldsymbol{F}(M)$ 在场中处处有__________和__________, 则称 $\boldsymbol{F}(M)$ 是一个调和场.

2. 求曲线 $\boldsymbol{r}=t\boldsymbol{i}+t^2\boldsymbol{j}+t^3\boldsymbol{k}$ 上的点, 使该点的切线平行于平面 $x+2y+z=4$.

3. 设数量场 $u=xy+yz+xz$.

(1) 求 u 在点 $M(1,2,3)$ 处沿方向 $\boldsymbol{l}=[1,2,2]^{\mathrm{T}}$ 的方向导数;

(2) u 在点 $M(1,2,3)$ 处沿哪个方向的方向导数最大?方向导数的最大值是多少?

4. 求数量场 $u(x,y)=xy^2$ 的梯度场的向量线方程.

5. 已知向量场

$$\boldsymbol{F}(M)=y^2x\boldsymbol{i}+x^2y\boldsymbol{j}+\left(\frac{1}{3}z^3-a^2z\right)\boldsymbol{k},\quad a\text{ 为常数},$$

求:

(1) $\boldsymbol{F}(M)$ 穿出曲面 $\nabla\cdot\boldsymbol{F}(M)=0$ 的通量;

(2) $\nabla\cdot\boldsymbol{F}(M)$ 在 $M(2,-2,-1)$ 处的最大变化率.

6. 设向量场 $\boldsymbol{F}(M)=(axz+x^2)\boldsymbol{i}+(by+xy^2)\boldsymbol{j}+(z-z^2+cxz-2xyz)\boldsymbol{k}$, 试确定常数 a,b,c, 使 $\boldsymbol{F}(M)$ 为管形场, 并计算 $\boldsymbol{F}(M)$ 的旋度.

7. 判断下列向量场是否是保守场(要有判断过程), 若是保守场, 求出它的势函数.

(1) $\boldsymbol{F}=(2x+yz)\boldsymbol{i}+(4y+xz)\boldsymbol{j}+(6z+xy)\boldsymbol{k}$;

(2) $\boldsymbol{F}=(2x-yz)\boldsymbol{i}+(4y+xz)\boldsymbol{j}+(6z+xy)\boldsymbol{k}$.

向量分析与场论综合练习题答案与提示

1. (1) 方向余弦. (2) $x+2y+z=5$. (3) 环量面密度. (4) r^{-2}. (5) $\mathbf{0}$.

(6) $\boldsymbol{F}(M)=y\boldsymbol{i}+z\boldsymbol{j}+x\boldsymbol{k}$. (7) $2y+6yz^2+2y^3$. (8) $\nabla\cdot\boldsymbol{F}(M)=0,\nabla\times\boldsymbol{F}(M)=\mathbf{0}$.

2. 曲线的切线向量 $\boldsymbol{r}'=\boldsymbol{i}+2t\boldsymbol{j}+3t^2\boldsymbol{k}$ 与平面 $x+2y+z=4$ 的法线向量 $\boldsymbol{n}=\boldsymbol{i}+2\boldsymbol{j}+\boldsymbol{k}$ 垂直, 有 $\boldsymbol{r}'\cdot\boldsymbol{n}=0$, 即 $1+4t+3t^2=0$, 解出 $t=-1,t=-\dfrac{1}{3}$, 将此代入到 $\boldsymbol{r}$ 中, 得到所求点为 $(-1,1,-1)$ 和 $\left(-\dfrac{1}{3},\dfrac{1}{9},-\dfrac{1}{27}\right)$.

3. (1) $\dfrac{\partial u}{\partial x}=y+z,\dfrac{\partial u}{\partial y}=x+z,\dfrac{\partial u}{\partial z}=x+y$, 得 $\dfrac{\partial u(M)}{\partial x}=5,\dfrac{\partial u(M)}{\partial y}=4,\dfrac{\partial u(M)}{\partial z}=3$, 由 $\boldsymbol{l}^0=\dfrac{\boldsymbol{l}}{|\boldsymbol{l}|}=\left[\dfrac{1}{3},\dfrac{2}{3},\dfrac{2}{3}\right]^{\mathrm{T}}$, 得 $\cos\alpha=\dfrac{1}{3},\cos\beta=\dfrac{2}{3},\cos\gamma=\dfrac{2}{3}$. 故

$$\frac{\partial u(M)}{\partial \boldsymbol{l}}=\frac{\partial u(M)}{\partial x}\cos\alpha+\frac{\partial u(M)}{\partial y}\cos\beta+\frac{\partial u(M)}{\partial z}\cos\gamma=5\times\frac{1}{3}+4\times\frac{2}{3}+3\times\frac{2}{3}=\frac{19}{3}.$$

(2) 点 $M(1,2,3)$ 处沿 $\mathrm{grad}u(M)=[5,4,3]^{\mathrm{T}}$ 的方向导数最大. 最大值为 $|\mathrm{grad}u(M)|=5\sqrt{2}$.

4. $\mathrm{grad}u=y^2\boldsymbol{i}+2xy\boldsymbol{j}$, $\dfrac{\mathrm{d}x}{y^2}=\dfrac{\mathrm{d}y}{2xy}$, $2x\mathrm{d}x=y\mathrm{d}y$, $x^2=\dfrac{1}{2}y^2+c$ 或 $2x^2=y^2+2c$ 为所求.

5. (1) $\nabla\cdot\boldsymbol{F}(M)=y^2+x^2+z^2-a^2$, 故 $\nabla\cdot\boldsymbol{F}(M)=0$ 是曲面 $S:x^2+y^2+z^2=a^2$,

$$\varPhi=\oiint_S\boldsymbol{F}\cdot\mathrm{d}\boldsymbol{S}=\iiint_V(x^2+y^2+z^2-a^2)\mathrm{d}x\mathrm{d}y\mathrm{d}z=-\frac{8}{15}\pi a^5;$$

(2) $\nabla(\nabla\cdot\boldsymbol{F})=2x\boldsymbol{i}+2y\boldsymbol{j}+2z\boldsymbol{k}$, $\nabla(\nabla\cdot\boldsymbol{F})\big|_M=4\boldsymbol{i}-4\boldsymbol{j}-2\boldsymbol{k}$, 最大变化率为 6.

6. $\nabla\cdot\boldsymbol{F}=az+2x+b+2xy+1-2z+cx-2xy=(2+c)x+(a-2)z+b+1=0$, 由 $2+c=0,a-2=0,b+1=0$ 得到 $a=2,b=-1,c=-2$. 由此有

$$\boldsymbol{F}=(2xz+x^2)\boldsymbol{i}+(-y+xy^2)\boldsymbol{j}+(z-z^2-2xz-2xyz)\boldsymbol{k},$$

$$\nabla\times\boldsymbol{F}=\begin{vmatrix}\boldsymbol{i}&\boldsymbol{j}&\boldsymbol{k}\\ \dfrac{\partial}{\partial x}&\dfrac{\partial}{\partial y}&\dfrac{\partial}{\partial z}\\ 2xz+x^2&-y+xy^2&z-z^2-2xz-2xyz\end{vmatrix}=-2xz\boldsymbol{i}+2(x+z+yz)\boldsymbol{j}+y^2\boldsymbol{k}.$$

7. (1) $\mathrm{rot}\boldsymbol{F}=\begin{vmatrix}\boldsymbol{i}&\boldsymbol{j}&\boldsymbol{k}\\ \dfrac{\partial}{\partial x}&\dfrac{\partial}{\partial y}&\dfrac{\partial}{\partial z}\\ 2x+yz&4y+xz&6z+xy\end{vmatrix}=\mathbf{0}$, 是保守场, 其势函数为

$$u(x,y,z)=\int_0^x2x\mathrm{d}x+\int_0^y4y\mathrm{d}y+\int_0^z(6z+xy)\mathrm{d}z+c=x^2+2y^2+3z^2+xyz+c;$$

(2) $\mathrm{rot}\boldsymbol{F}=\begin{vmatrix}\boldsymbol{i}&\boldsymbol{j}&\boldsymbol{k}\\ \dfrac{\partial}{\partial x}&\dfrac{\partial}{\partial y}&\dfrac{\partial}{\partial z}\\ 2x-yz&4y+xz&6z+xy\end{vmatrix}=-2y\boldsymbol{j}+2z\boldsymbol{k}\neq\mathbf{0}$, 不是保守场.

复变函数与积分变换部分

第一章　复数及复变函数

基 本 要 求

1. 理解复数的模、辐角、共轭复数等相关概念，熟练掌握复数的代数表示式、三角表示式、指数表示式三种不同表示方法.

2. 熟练掌握复数加、减、乘、除、乘幂、开方运算.

3. 理解复平面上邻域、开集、连通集、区域、单连通区域和多连通区域的概念，了解聚点、边界点、边界、闭集、有界集、连续曲线、简单曲线和光滑曲线等概念.

4. 理解复变函数、复变函数的极限和连续的概念，熟练掌握复变函数的极限、连续与其实虚部的关系，掌握复变函数极限的四则运算定理等相关结论.

5. 知道无穷远点、扩充复平面的概念以及扩充复平面和复球面的对应关系.

主要内容复习

一、复数及其几何表示

设 x, y 是两个实数，$i^2=-1$，称形如 $x+iy$ 或 $x+yi$ 的数为一个复数，记为 z，即

$$z=x+iy \quad 或 \quad z=x+yi,$$

其中 i 称为虚数单位，x 称为复数 z 的实部，记为 $\mathrm{Re}\,z$；y 称为复数 z 的虚部，记为 $\mathrm{Im}\,z$.

设 $z_1=x_1+iy_1$，$z_2=x_2+iy_2$，则 $z_1=z_2 \Leftrightarrow x_1=x_2, y_1=y_2$.

复数 $z=x+iy$ 与平面上坐标为 (x, y) 的点构成一一对应，如果用平面上的点表示复数，那么这个平面就称为复平面.

复数 $z=x+iy$ 与平面上从原点出发到点 $z=x+iy$ 所引的向量构成一一对应. 向量 $z=x+iy$ 的长度称为复数 $z=x+iy$ 的模，记为 $|z|=\sqrt{x^2+y^2}$，显然有

$$|z| \geqslant |\mathrm{Re}\,z|, \quad |z| \geqslant |\mathrm{Im}\,z|,$$

且对任意两个复数 z_1 和 z_2，有

$$|z_1+z_2| \leqslant |z_1|+|z_2|, \quad |z_1+z_2| \geqslant \big||z_1|-|z_2|\big|;$$
$$|z_1-z_2| \leqslant |z_1|+|z_2|, \quad |z_1-z_2| \geqslant \big||z_1|-|z_2|\big|.$$

当 $z \neq 0$ 时，实轴的正向与向量 z 之间的夹角称为复数 z 的辐角，记为 $\mathrm{Arg}z$. 显然 $\mathrm{Arg}z$ 有无穷多个值，其中有一个值 α 满足条件 $-\pi<\alpha \leqslant \pi$，称为 z 的辐角主值，记为 $\arg z$. 显然，$\mathrm{Arg}\,z=\arg z+2k\pi(k=0, \pm 1, \cdots)$.

$\arg z$ 可由反正切 $\mathrm{Arctan}\dfrac{y}{x}$ 的主值 $\arctan\dfrac{y}{x}$ 表示（$\arg z$ 与 $\arctan\dfrac{y}{x}$ 的关系见教材）.

零没有确定的辐角,或说零没有辐角;零的模为零.

复数的表示方法:

(1)代数表示式 $z=x+\mathrm{i}y$;

(2)三角表示式 $z=|z|(\cos\theta+\mathrm{i}\sin\theta)$, 其中 $\theta=\mathrm{Arg}z$;

(3)指数表示式 $z=|z|\mathrm{e}^{\mathrm{i}\theta}$, 符号 $\mathrm{e}^{\mathrm{i}\theta}$ 表示 $\cos\theta+\mathrm{i}\sin\theta$, 其中 $\theta=\mathrm{Arg}z$.

称复数 $\overline{z}=x-\mathrm{i}y$ 为复数 $z=x+\mathrm{i}y$ 的共轭复数.

二、复数的运算

1. 代数表示式的运算

设 $z_1=x_1+\mathrm{i}y_1$, $z_2=x_2+\mathrm{i}y_2$, 则

$$z_1+z_2=(x_1+\mathrm{i}y_1)+(x_2+\mathrm{i}y_2)=(x_1+x_2)+\mathrm{i}(y_1+y_2),$$

$$z_1-z_2=(x_1+\mathrm{i}y_1)-(x_2+\mathrm{i}y_2)=(x_1-x_2)+\mathrm{i}(y_1-y_2),$$

$$z_1z_2=(x_1+\mathrm{i}y_1)(x_2+\mathrm{i}y_2)=(x_1x_2-y_1y_2)+\mathrm{i}(x_1y_2+x_2y_1),$$

$$\frac{z_1}{z_2}=\frac{x_1+\mathrm{i}y_1}{x_2+\mathrm{i}y_2}=\frac{x_1x_2+y_1y_2}{x_2^2+y_2^2}+\mathrm{i}\frac{x_2y_1-x_1y_2}{x_2^2+y_2^2},\quad x_2+\mathrm{i}y_2\neq 0.$$

复数的加、减、乘、除(除数不为零)运算满足交换律、结合律、分配律.

2. 共轭复数相关运算

$$z+\overline{z}=2\mathrm{Re}\,z,\qquad z-\overline{z}=2\mathrm{i}\,\mathrm{Im}\,z,\qquad |z|^2=z\overline{z},$$

$$\overline{z_1\pm z_2}=\overline{z}_1\pm\overline{z}_2,\qquad \overline{z_1z_2}=\overline{z}_1\overline{z}_2,\qquad \overline{\left(\frac{z_1}{z_2}\right)}=\frac{\overline{z_1}}{\overline{z_2}}\quad (z_2\neq 0).$$

3. 三角表示式的运算

设非零复数 z_1 及 z_2 的三角表示式分别为

$$z_1=|z_1|(\cos\mathrm{Arg}z_1+\mathrm{i}\sin\mathrm{Arg}z_1),\qquad z_2=|z_2|(\cos\mathrm{Arg}z_2+\mathrm{i}\sin\mathrm{Arg}z_2),$$

则

$$z_1z_2=|z_1||z_2|[\cos(\mathrm{Arg}z_1+\mathrm{Arg}z_2)+\mathrm{i}\sin(\mathrm{Arg}z_1+\mathrm{Arg}z_2)],$$

$$\frac{z_1}{z_2}=\frac{|z_1|}{|z_2|}[\cos(\mathrm{Arg}z_1-\mathrm{Arg}z_2)+\mathrm{i}\sin(\mathrm{Arg}z_1-\mathrm{Arg}z_2)].$$

设 $z=|z|(\cos\mathrm{Arg}z+\mathrm{i}\sin\mathrm{Arg}z)$, $z\neq 0$, 则

$$z^m=|z|^m[\cos(m\mathrm{Arg}z)+\mathrm{i}\sin(m\mathrm{Arg}z)],\quad m\text{ 是任意整数},$$

$$\sqrt[n]{z}=|z|^{\frac{1}{n}}\left(\cos\frac{\varphi+2k\pi}{n}+\mathrm{i}\sin\frac{\varphi+2k\pi}{n}\right),$$

这里 φ 是 $\mathrm{Arg}z$ 的某一值, $k=0,\pm1,\cdots,n(n\geqslant 2)$ 为正整数. 其中当 k 取 $0,1,2,\cdots,n-1$ 时, 可得

到 z 的 n 个相异的 n 次方根, 分别记为 $w_0, w_1, \cdots, w_{n-1}$.

三、复平面上的点集

1. 关于复平面上圆的方程

$|z-z_0|=r(r\geqslant 0)$ 表示到定点 z_0 的距离为 r 的点的集合, 即以 z_0 为中心, r 为半径的圆周, 显然, 上述圆周还可表示为 $z-z_0=re^{i\theta}(0\leqslant\theta\leqslant 2\pi)$.

2. 邻域

满足 $|z-z_0|<\delta(\delta>0)$ 点的全体, 称为点 z_0 的一个 δ 邻域, 记为 $N(z_0,\delta)$.
满足 $0<|z-z_0|<\delta$ 点的全体, 称为点 z_0 的去心邻域.

3. 关于点 z_0 和复平面上的点集 E 的关系

(1) 聚点: 若 z_0 的任一邻域中至少含有 E 的一个异于 z_0 的点, 则称 z_0 为 E 的一个聚点.

(2) 孤立点: E 中非聚点的点称为 E 的孤立点.

(3) 边界点: 若点 z_0 的任一邻域内, 既有 E 中的点, 又有不属于 E 的点, 则 z_0 称为 E 的边界点. 点集 E 的全部边界点所组成的集合, 称为 E 的边界.

(4) 内点: 若存在点 z_0 的某邻域含于 E 内, 则称 z_0 为 E 的内点.

4. 关于区域的定义

(1) 闭集: 若点集 E 的每个聚点都在 E 内, 则称 E 为闭集.

(2) 开集: 若点集 E 的每个点均是 E 的内点, 则称 E 为开集.

(3) 连通集: 对点集 E 中的任意两点, 总存在连接这两点的折线, 而折线上的点都属于 E, 则称 E 是连通集.

(4) 区域: 连通的开集称为区域; 区域 D 连同其边界称为闭区域, 记为 $\bar{D}$.

5. 关于有界集

若对点集 E, 存在实数 $M>0$, 使 E 中任一点 z 满足 $|z|<M$, 则称 E 为有界集. 非有界集称为无界集. 如果区域 D 是有界集, 那么称它为有界区域, 否则称它为无界区域.

6. 关于曲线的相关定义

若曲线 C 的参数方程为 $\begin{cases}x=x(t),\\ y=y(t)\end{cases}(\alpha\leqslant t\leqslant\beta)$, 则 C 在复平面上的方程为

$$z=x(t)+iy(t)\quad(\alpha\leqslant t\leqslant\beta),$$

简记为 $z=z(t)$, $z(\alpha)$ 及 $z(\beta)$ 分别称为 C 的起点和终点.

(1) 连续曲线: 若在 $\alpha \leqslant t \leqslant \beta$ 上 $x(t)$ 及 $y(t)$ 连续, 则称曲线 C 为 z 平面上的一条连续曲线.

(2) 简单曲线: 满足 $\alpha < t_1 < \beta$, $\alpha \leqslant t_2 \leqslant \beta$, $t_1 \neq t_2$ 的 t_1 及 t_2, 当 $z(t_1)=z(t_2)$ 成立时, 点 $z(t_1)$ 称为重点, 称无重点的连续曲线为简单曲线.

(3) 简单闭曲线: $z(\alpha)=z(\beta)$ 的简单曲线称为简单闭曲线.

任一简单闭曲线 C 将整个复平面唯一地分成三个互不相交的点集, 即 C 的内部、外部和 C 本身. 其中 C 的内部是有界区域, C 的外部是无界的区域, 而 C 是内部和外部两个区域的公共边界.

(4) 光滑曲线: 对于简单曲线 C, 若在 $\alpha \leqslant t \leqslant \beta$ 上 $x'(t)$ 及 $y'(t)$ 连续且不全为 0, 则 C 称为光滑曲线.

7. 区域的分类

单连通区域和多连通区域: 设 D 为复平面上的一个区域, 若 D 内任一简单闭曲线的内部仍含于 D, 则称 D 为单连通区域; 非单连通区域称为多连通区域.

四、复变函数的定义

设 E,F 为两个非空复数集, 若有一个法则 f, 对每个复数 $z \in E$, 在 F 中都有确定的复数 w 与之对应, 则称 f 为定义在 E 上的复变函数, 记为 $w=f(z)$.

复变函数有单值函数、多值函数和单叶函数(定义见教材). 今后如无特殊说明, 所讨论的函数均指单值函数.

一个复变函数 $w=f(z)$ 等价于两个二元实变函数 $u(x,y)$ 和 $v(x,y)$, 分别记为

$$\operatorname{Re} f(z)=u(x,y), \quad \operatorname{Im} f(z)=v(x,y).$$

五、复变函数的极限和连续性

1. 复数列的极限

(1) 给定复数列 $\{z_n\}$, A 为复常数, 若对任意给定的 $\varepsilon>0$, 存在自然数 N, 使得当 $n>N$ 时, 恒有 $|z_n - A|<\varepsilon$, 则称 A 为 $\{z_n\}$ 当 n 无限变大时的极限, 记为

$$\lim_{n\to\infty} z_n = A \quad 或 \quad z_n \to A\ (n\to\infty).$$

(2) 复数列 $\{z_n\}$ 有极限 A 的充分必要条件是 $\{\overline{z}_n\}$ 有极限 $\overline{A}$.

(3) 设 $z_n = x_n + \mathrm{i}y_n, n=1,2,\cdots, A=a+\mathrm{i}b$, 则 $\{z_n\}$ 有极限 A 的充要条件是 $\{x_n\}$ 以 a 为极限, 同时 $\{y_n\}$ 以 b 为极限.

2. 复变函数的极限

(1) 给定定义在点集 E 上的函数 $w=f(z)$, z_0 是 E 的一个聚点, A 是一个复常数. 若对任

意给定的$\varepsilon>0$, 存在$\delta>0$, 使得当$z\in E$且$0<|z-z_0|<\delta$时, 恒有$|f(z)-A|<\varepsilon$, 则称A是z趋于z_0时$f(z)$的极限, 记为$\lim\limits_{z\to z_0}f(z)=A$.

(2) 复变函数极限四则运算定理: 若$\lim\limits_{z\to z_0}f(z)=A$, $\lim\limits_{z\to z_0}g(z)=B$, 则

$$\lim_{z\to z_0}[f(z)\pm g(z)]=\lim_{z\to z_0}f(z)\pm\lim_{z\to z_0}g(z)=A\pm B;$$

$$\lim_{z\to z_0}f(z)g(z)=\lim_{z\to z_0}f(z)\cdot\lim_{z\to z_0}g(z)=A\cdot B;$$

$$\lim_{z\to z_0}\frac{f(z)}{g(z)}=\frac{\lim\limits_{z\to z_0}f(z)}{\lim\limits_{z\to z_0}g(z)}=\frac{A}{B}\quad(B\neq 0,g(z)\neq 0).$$

(3) $\lim\limits_{z\to z_0}f(z)=A\Leftrightarrow\lim\limits_{z\to z_0}\overline{f(z)}=\overline{A}$.

(4) $\lim\limits_{z\to z_0}f(z)=A\Leftrightarrow\lim\limits_{z\to z_0}\operatorname{Re}f(z)=\operatorname{Re}A,\quad\lim\limits_{z\to z_0}\operatorname{Im}f(z)=\operatorname{Im}A$.

设$f(z)=u(x,y)+\mathrm{i}v(x,y)$, $z=x+\mathrm{i}y$, $z_0=x_0+\mathrm{i}y_0$, $A=a+\mathrm{i}b$, 则

$$\lim_{z\to z_0}f(z)=A\Leftrightarrow\lim_{\substack{x\to x_0\\y\to y_0}}u(x,y)=a,\lim_{\substack{x\to x_0\\y\to y_0}}v(x,y)=b.$$

显然, 复变函数的极限等价于两个二元实变函数的极限, 因此求复变函数$f(z)$极限的问题转化为求两个二元实变函数$u(x,y),v(x,y)$的极限问题.

3. 复变函数的连续性

(1) 设z_0为集合E的聚点且$z_0\in E$, 若$\lim\limits_{z\to z_0}f(z)=f(z_0)$, 即对任意给定的$\varepsilon>0$, 存在$\delta>0$, 使得当$z\in E$且$|z-z_0|<\delta$时, 恒有$|f(z)-f(z_0)|<\varepsilon$, 则称$f(z)$在$z_0$点连续.

(2) $f(z)$在$z_0=x_0+\mathrm{i}y_0$处连续的充要条件是$\operatorname{Re}f(z)$及$\operatorname{Im}f(z)$在点z_0处都连续, 即$u(x,y),v(x,y)$在(x_0,y_0)处连续.

显然, 复变函数$f(z)=u(x,y)+\mathrm{i}v(x,y)$的连续性等价于两个二元实变函数$u(x,y),v(x,y)$的连续性.

(3) 两个连续函数的和、差、积、商和复合都是连续函数(商的情况, 使分母等于 0 的点除外).

(4) $f(z)$连续$\Leftrightarrow\overline{f(z)}$连续.

六、扩充复平面

取一个与复平面相切于原点$z=0$的球面, 球面上的一点S与原点重合, 过S作垂直于复平面的直线与球面交于另一点N, 称N为北极, S为南极. 球面上的点, 除北极N外, 与复平面上的点有着一一对应的关系. 为了使复平面上的点与球面上的所有点都能一一对应起来, 在复平面上引入唯一的模为无穷大的假想点, 称之为无穷远点, 使它与球面上的点N相对应. 相应地, 在复数集中引入唯一的一个模为正无穷大的复数无穷大, 记为∞, 使它与复平面上的无穷远点相对应, 由此对球面上的每个点, 都有唯一的一个复数与之对应.

包括无穷远点∞在内的复平面称为扩充复平面，它对应的球面称为复球面，复球面是扩充复平面的一个几何模型. 不包括无穷远点∞在内的复平面就称为复平面.

例 题 分 析

例 1.1　若 $(3+6\mathrm{i})x+(5-9\mathrm{i})y=6-7\mathrm{i}$，求实数 x 和 y 的值.

分析　等式左端是含有未知数 x,y 的复数，但未化简，而右端是已知复数. 为此，先化简左端，再比较两端实、虚部就将已给复数等式转化为二元实方程组.

解　原式化简为 $(3x+5y)+(6x-9y)\mathrm{i}=6-7\mathrm{i}$，由复数相等的定义有

$$\begin{cases}3x+5y=6,\\6x-9y=-7,\end{cases}$$

解此二元实方程组得 $x=\dfrac{1}{3},y=1$.

例 1.2　写出复数 $z=\dfrac{(\sqrt{3}+\mathrm{i})(2-2\mathrm{i})}{(\sqrt{3}-\mathrm{i})(2+2\mathrm{i})}$ 的三角表示式和指数表示式.

解　**方法 1**　化简

$$z=\frac{(\sqrt{3}+\mathrm{i})(2-2\mathrm{i})}{(\sqrt{3}-\mathrm{i})(2+2\mathrm{i})}=\frac{(\sqrt{3}+\mathrm{i})^2(2-2\mathrm{i})^2}{(3+1)(4+4)}=\frac{16(\sqrt{3}-\mathrm{i})}{32}=\frac{\sqrt{3}}{2}-\frac{1}{2}\mathrm{i},$$

则 $|z|=1$. 因为 z 在第四象限，故

$$\arg z=\arctan\left(\frac{-\frac{1}{2}}{\frac{\sqrt{3}}{2}}\right)=\arctan\left(-\frac{\sqrt{3}}{3}\right)=-\frac{\pi}{6},$$

因此，z 的三角表示式为

$$z=\cos\left(-\frac{\pi}{6}\right)+\mathrm{i}\sin\left(-\frac{\pi}{6}\right).$$

z 的指数表示式为

$$z=\mathrm{e}^{-\frac{\pi}{6}\mathrm{i}}.$$

方法 2　因为 $z=\dfrac{(\sqrt{3}+\mathrm{i})(2-2\mathrm{i})}{(\sqrt{3}-\mathrm{i})(2+2\mathrm{i})}$，所以

$$|z|=\left|\frac{(\sqrt{3}+\mathrm{i})(2-2\mathrm{i})}{(\sqrt{3}-\mathrm{i})(2+2\mathrm{i})}\right|=\frac{|\sqrt{3}+\mathrm{i}||2-2\mathrm{i}|}{|\sqrt{3}-\mathrm{i}||2+2\mathrm{i}|}=1,$$

$$\begin{aligned}\mathrm{Arg}z&=\mathrm{Arg}\frac{\sqrt{3}+\mathrm{i}}{\sqrt{3}-\mathrm{i}}+\mathrm{Arg}\frac{2-2\mathrm{i}}{2+2\mathrm{i}}\\&=\mathrm{Arg}(\sqrt{3}+\mathrm{i})-\mathrm{Arg}(\sqrt{3}-\mathrm{i})+\mathrm{Arg}(2-2\mathrm{i})-\mathrm{Arg}(2+2\mathrm{i})\\&=\frac{\pi}{6}-\left(-\frac{\pi}{6}\right)+\left(-\frac{\pi}{4}\right)-\frac{\pi}{4}+2k\pi=-\frac{\pi}{6}+2k\pi\quad(k=0,\pm1,\pm2,\cdots),\end{aligned}$$

由上可得 $z=\cos\left(-\dfrac{\pi}{6}\right)+\mathrm{i}\sin\left(-\dfrac{\pi}{6}\right)=\mathrm{e}^{-\frac{\pi}{6}\mathrm{i}}$.

例 1.3　设 $z=x+\mathrm{i}y$, 证明

$$\frac{|x|+|y|}{\sqrt{2}}\leqslant|z|\leqslant|x|+|y|.$$

证明　显然 $|z|=|x+\mathrm{i}y|\leqslant|x|+|y|$. 故只需证 $\dfrac{|x|+|y|}{\sqrt{2}}\leqslant|z|$, 即 $|x|+|y|\leqslant\sqrt{2}|z|$. 因为

$$2|x||y|\leqslant|x|^2+|y|^2,$$

故

$$|x|^2+|y|^2+2|x||y|\leqslant 2(|x|^2+|y|^2),$$

从而

$$(|x|+|y|)^2\leqslant 2(|x|^2+|y|^2),\quad |x|+|y|\leqslant\sqrt{2}\sqrt{|x|^2+|y|^2}=\sqrt{2}|z|.$$

例 1.4　计算下列各式的值:

(1) $(1+\mathrm{i})^{4000}+(1-\mathrm{i})^{4000}$;　　(2) $(\sqrt{3}+\sqrt{3}\mathrm{i})^{\frac{1}{2}}$.

分析　先将上述各式化为三角表示式, 再利用相应的公式求解.

解　(1) 因为

$$1+\mathrm{i}=\sqrt{2}\left(\cos\frac{\pi}{4}+\mathrm{i}\sin\frac{\pi}{4}\right),\quad 1-\mathrm{i}=\sqrt{2}\left(\cos\frac{\pi}{4}-\mathrm{i}\sin\frac{\pi}{4}\right),$$

于是

$$\begin{aligned}&(1+\mathrm{i})^{4000}+(1-\mathrm{i})^{4000}\\&=(\sqrt{2})^{4000}\left[\cos\left(4000\cdot\frac{\pi}{4}\right)+\mathrm{i}\sin\left(4000\cdot\frac{\pi}{4}\right)\right]+(\sqrt{2})^{4000}\left[\cos\left(4000\cdot\frac{\pi}{4}\right)-\mathrm{i}\sin\left(4000\cdot\frac{\pi}{4}\right)\right]\\&=2^{2000}\left[\cos\left(4000\cdot\frac{\pi}{4}\right)+\mathrm{i}\sin\left(4000\cdot\frac{\pi}{4}\right)+\cos\left(4000\cdot\frac{\pi}{4}\right)-\mathrm{i}\sin\left(4000\cdot\frac{\pi}{4}\right)\right]\\&=2^{2000}[2\cos(1000\pi)]=2^{2001}\cos[500(2\pi)]=2^{2001}.\end{aligned}$$

(2) 因为

$$\sqrt{3}+\sqrt{3}\mathrm{i}=\sqrt{6}\left(\cos\frac{\pi}{4}+\mathrm{i}\sin\frac{\pi}{4}\right),$$

于是

$$(\sqrt{3}+\sqrt{3}\mathrm{i})^{\frac{1}{2}}=\sqrt[4]{6}\left(\cos\frac{\frac{\pi}{4}+2k\pi}{2}+\mathrm{i}\sin\frac{\frac{\pi}{4}+2k\pi}{2}\right),\quad k=0,1,$$

即

$$w_0=\sqrt[4]{6}\left(\cos\frac{\pi}{8}+\mathrm{i}\sin\frac{\pi}{8}\right),\quad w_1=\sqrt[4]{6}\left(\cos\frac{9\pi}{8}+\mathrm{i}\sin\frac{9\pi}{8}\right).$$

例 1.5　解方程 $(1+z)^5=(1-z)^5$.

解　由直接验证可知原方程的根 $z\neq 1$，所以原方程可改写为 $\left(\dfrac{1+z}{1-z}\right)^5=1$.

令 $w=\dfrac{1+z}{1-z}$，则 $w^5=1$. 从而 $w=\sqrt[5]{1}$，即

$$w=e^{i\frac{2k\pi}{5}},\quad k=0,1,2,3,4.$$

令 $w=e^{i\alpha}$，其中 $\alpha=0,\dfrac{2\pi}{5},\dfrac{4\pi}{5},\dfrac{6\pi}{5},\dfrac{8\pi}{5}$. 再由 $w=\dfrac{1+z}{1-z}$，可得

$$z=\frac{w-1}{w+1}=\frac{e^{i\alpha}-1}{e^{i\alpha}+1}=\frac{\cos\alpha+i\sin\alpha-1}{\cos\alpha+i\sin\alpha+1}$$
$$=\frac{2\sin\frac{\alpha}{2}\left(-\sin\frac{\alpha}{2}+i\cos\frac{\alpha}{2}\right)}{2\cos\frac{\alpha}{2}\left(\cos\frac{\alpha}{2}+i\sin\frac{\alpha}{2}\right)}=i\tan\frac{\alpha}{2}.$$

故原方程的解为 $z=i\tan\dfrac{\alpha}{2}$，其中 $\alpha=0,\dfrac{2\pi}{5},\dfrac{4\pi}{5},\dfrac{6\pi}{5},\dfrac{8\pi}{5}$.

例 1.6　指出下列各式中点 z 所确定的平面图形. 如果是区域，指出它是有界的还是无界的，单连通的还是多连通的:

(1) $1<|z-i|<2$;　　(2) $\mathrm{Re}z>\mathrm{Im}z$;

(3) $\left|\dfrac{z-2}{z+2}\right|<3$;　　(4) $0<\arg(z+1+i)<\dfrac{\pi}{3}$ 且 $3\leqslant \mathrm{Re}z<5$.

分析　先由已给复数关系(等式或不等式)直接看它表示什么图形. 如果看不出，就将复数关系转换成 x,y 间的关系后再判断.

解　(1) $1<|z-i|<2$ 表示以 i 为圆心，以 1 和 2 为半径的圆周所围成的圆环域，是有界多连通区域(图 1-1).

(2) $\mathrm{Re}z>\mathrm{Im}z$ 表示直线 $y=x$ 的右下半平面，是无界单连通区域(图 1-2).

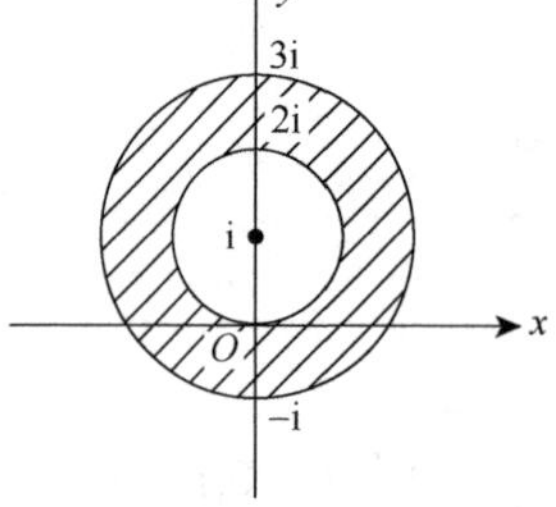

图 1-1

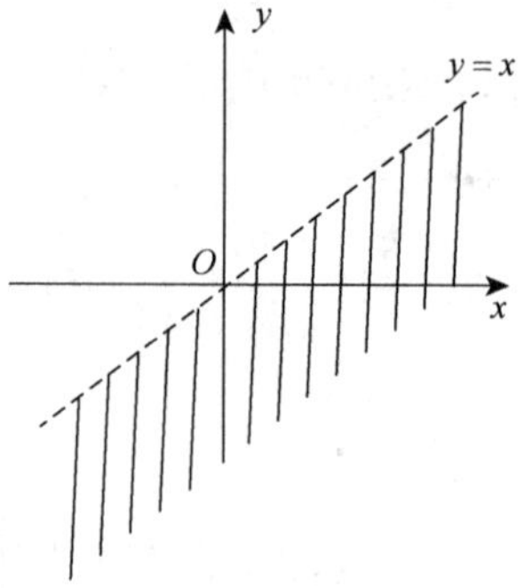

图 1-2

(3) $\left|\dfrac{z-2}{z+2}\right|<3\Leftrightarrow|z-2|<3|z+2|$（显然 $z\neq 2$）. 记 $z=x+iy$，得

$$\sqrt{(x-2)^2+y^2}<3\sqrt{(x+2)^2+y^2},$$

两边平方，整理得

$$\left(x+\frac{5}{2}\right)^2+y^2>\left(\frac{3}{2}\right)^2.$$

故$\left|\dfrac{z-2}{z+2}\right|<3$表示以$z=-\dfrac{5}{2}$为圆心，$\dfrac{3}{2}$为半径的圆周外部，是无界多连通区域(图 1-3)．

(4) 因为不等式$0<\arg(z+1+\mathrm{i})<\dfrac{\pi}{3}$表示从$-1-\mathrm{i}$到$z$的向量的辐角介于 0 和$\dfrac{\pi}{3}$之间，又$3\leqslant \mathrm{Re}\,z<5$．故所求图形为图 1-4 中阴影部分所示，包括左边平行于y轴的线段在内，不是区域．

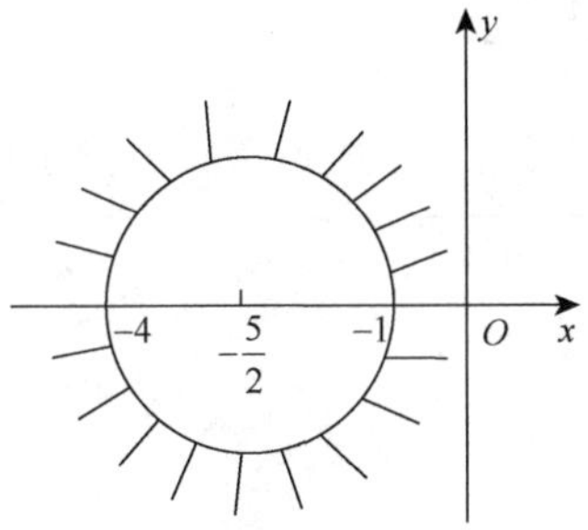

图 1-3

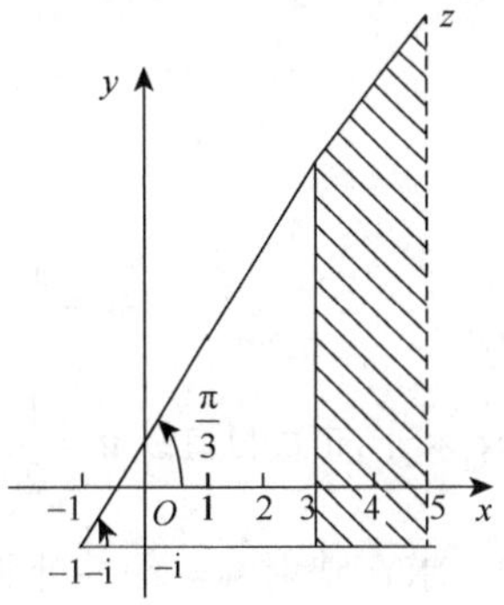

图 1-4

例 1.7　求下列方程(t是实参数)给出的曲线：

(1) $z=(1+\mathrm{i})t$；　(2) $z=a\cos t+\mathrm{i}b\sin t$；　(3) $z=t+\dfrac{\mathrm{i}}{t}$；　(4) $z=t^2+\dfrac{\mathrm{i}}{t^2}$.

解　(1) 令$z=x+\mathrm{i}y$，得$\begin{cases}x=t,\\ y=t,\end{cases}$消去参数，得$y=x$. 从而曲线为第一、三象限角平分线.

(2) 令$z=x+\mathrm{i}y$，得$\begin{cases}x=a\cos t,\\ y=b\sin t,\end{cases}$消去参数，得$\dfrac{x^2}{a^2}+\dfrac{y^2}{b^2}=1$，故曲线为椭圆.

(3) 令$z=x+\mathrm{i}y$，得$\begin{cases}x=t,\\ y=\dfrac{1}{t},\end{cases}$消去参数，得$y=\dfrac{1}{x}$，故曲线为双曲线.

(4) 令$z=x+\mathrm{i}y$，得$\begin{cases}x=t^2,\\ y=\dfrac{1}{t^2},\end{cases}$消去参数，得$y=\dfrac{1}{x}$，注意到$x=t^2>0$，从而曲线为双曲线$y=\dfrac{1}{x}$在第一象限的一支.

例 1.8　函数$w=\dfrac{1}{z}$将z平面上的下列曲线变成w平面上的什么曲线($z=x+\mathrm{i}y, w=u+\mathrm{i}v$)？

(1) $y=x$；　　(2) $(x-1)^2+y^2=1$.

解　(1) 由$w=\dfrac{1}{x+\mathrm{i}y}$，得

$$u+\mathrm{i}v=\frac{x}{x^2+y^2}-\mathrm{i}\frac{y}{x^2+y^2},$$

从而

$$\begin{cases} u=\dfrac{x}{x^2+y^2}, \\ v=\dfrac{-y}{x^2+y^2}, \end{cases}$$

将 $y=x$ 代入上式, 并消去参数, 得 $v=-u$, 从而曲线变成 w 平面上第二、四象限的角平分线.

(2) 由 $(x-1)^2+y^2=1$ 可得

$$x^2-2x+y^2=0\Rightarrow\frac{x}{x^2+y^2}=\frac{1}{2},$$

而由于

$$w=\frac{1}{z}\Leftrightarrow u=\frac{x}{x^2+y^2},\quad v=\frac{-y}{x^2+y^2},$$

故曲线变成 w 平面上的直线 $u=\dfrac{1}{2}$.

例 1.9 求在映射 $w=z+\dfrac{1}{z}$ 下圆周 $|z|=2$ 的像.

解 设 $z=x+\mathrm{i}y, w=u+\mathrm{i}v$, 则

$$u+\mathrm{i}v=x+\mathrm{i}y+\frac{1}{x+\mathrm{i}y}=x+\mathrm{i}y+\frac{x-\mathrm{i}y}{x^2+y^2}=x+\frac{x}{x^2+y^2}+\mathrm{i}\left(y-\frac{y}{x^2+y^2}\right),$$

由此得

$$\begin{cases} u=x+\dfrac{x}{x^2+y^2}, \\ v=y-\dfrac{y}{x^2+y^2}, \end{cases}$$

代入 $|z|=2$, 即 $x^2+y^2=4$, 得

$$\begin{cases} u=\dfrac{5}{4}x, \\ v=\dfrac{3}{4}y, \end{cases}$$

反解出 x,y 得

$$\begin{cases} x=\dfrac{4}{5}u, \\ y=\dfrac{4}{3}v, \end{cases}$$

从而, 有

$$\left(\frac{4}{5}u\right)^2+\left(\frac{4}{3}v\right)^2=4.$$

故圆周$|z|=2$变成w平面上的椭圆

$$\frac{u^2}{\left(\frac{5}{2}\right)^2}+\frac{v^2}{\left(\frac{3}{2}\right)^2}=1.$$

例 1.10　求下列极限:

(1) $\lim\limits_{z\to 0}\frac{\operatorname{Re}z}{z}$;　　(2) $\lim\limits_{z\to \mathrm{i}}\frac{z-\mathrm{i}}{z(1+z^2)}$;　　(3) $\lim\limits_{x+\mathrm{i}y\to 1+\mathrm{i}}\left[\frac{y\ln(2-x)}{x-1}+\mathrm{i}xy\right]$.

分析　(1) 证明复函数的极限不存在可利用沿不同路径时极限值不同来证明.

(2) 求复函数的极限等价于求两个二元实变函数的二重极限, 可通过求实变函数的极限来求极限.

(3) 可利用复函数极限的四则运算法则来求极限.

解　(1) 设$z=x+\mathrm{i}y$, 则$\frac{\operatorname{Re}z}{z}=\frac{x}{x+\mathrm{i}y}$. 取$y=kx$, 有

$$\lim_{z\to 0}\frac{\operatorname{Re}z}{z}=\lim_{\substack{x\to 0\\ y=kx\to 0}}\frac{x}{x+\mathrm{i}kx}=\frac{1}{1+\mathrm{i}k},$$

显然当k取不同的值时上式右端的值不同, 所以极限不存在.

(2) $\lim\limits_{z\to \mathrm{i}}\frac{z-\mathrm{i}}{z(1+z^2)}=\lim\limits_{z\to \mathrm{i}}\frac{z-\mathrm{i}}{z(\mathrm{i}+z)(z-\mathrm{i})}=\lim\limits_{z\to \mathrm{i}}\frac{1}{z(\mathrm{i}+z)}=-\frac{1}{2}$.

(3) 由于

$$\lim_{(x,y)\to(1,1)}\frac{y\ln(2-x)}{x-1}=-1,\quad \lim_{(x,y)\to(1,1)}xy=1,$$

从而

$$\lim_{x+\mathrm{i}y\to 1+\mathrm{i}}\left[\frac{y\ln(2-x)}{x-1}+\mathrm{i}xy\right]=-1+\mathrm{i}.$$

例 1.11　讨论下列函数的连续性.

(1) $f(z)=\frac{z}{|z|}$;　　(2) $f(z)=\frac{z}{(z-1)(z^2+1)}$.

解　(1) 由于

$$f(z)=\frac{z}{|z|}=\frac{x}{\sqrt{x^2+y^2}}+\mathrm{i}\frac{y}{\sqrt{x^2+y^2}},$$

又$\frac{x}{\sqrt{x^2+y^2}}$与$\frac{y}{\sqrt{x^2+y^2}}$在(0, 0)处不连续, 其他点处都连续, 故$f(z)=\frac{z}{|z|}$除了$z=0$外处处连续.

(2) $f(z)=\frac{z}{(z-1)(z^2+1)}$是有理分式函数, 从而在分母不为零的点处是连续的. 而分母为零的点为$z=1,\mathrm{i},-\mathrm{i}$, 故除了点$z=1,\mathrm{i},-\mathrm{i}$外函数在复平面处处连续.

例 1.12　设函数$f(z)$在点z_0处连续, 且$f(z_0)\neq 0$, 证明存在z_0的邻域使$f(z)\neq 0$.

证明　由 $f(z)$ 在点 z_0 处连续知道, 对任意 $\varepsilon>0$, 存在 $\delta>0$, 当 $|z-z_0|<\delta$ 时, $|f(z)-f(z_0)|<\varepsilon$ 恒成立. 因而

$$||f(z)|-|f(z_0)||\leqslant|f(z)-f(z_0)|<\varepsilon,$$

于是

$$|f(z)|-|f(z_0)|>-\varepsilon,$$

从而 $|f(z)|>|f(z_0)|-\varepsilon$. 由此, 只要取 $0<\varepsilon<|f(z_0)|$, 则存在 $\delta>0$, 当 $|z-z_0|<\delta$ 时, $|f(z)|>|f(z_0)|-\varepsilon\geqslant 0$, 于是 $f(z)\neq 0$.

第二章 解析函数

基本要求

1. 理解复变函数的导数、微分和解析的概念，掌握求导法则，理解可导与解析二者之间的关系.

2. 熟悉复变函数可导和解析的充要条件(特别是柯西-黎曼条件)，并熟练运用复变函数可导和解析的充要条件以及解析的定义讨论和判定函数的可导性和解析性.

3. 掌握复变初等函数(指数函数，对数函数，一般幂函数与一般指数函数，三角函数)的定义和基本性质，了解反三角函数的定义和基本性质.

主要内容复习

一、复变函数的导数与微分

给定在区域 D 有定义的复变函数 $w=f(z)$，取 D 中一点 z，任意取定 $\Delta z\neq 0$，且使 $z+\Delta z\in D$，设 $\Delta w=\Delta f=f(z+\Delta z)-f(z)$，若极限

$$\lim_{\Delta z\to 0}\frac{\Delta w}{\Delta z}=\lim_{\Delta z\to 0}\frac{f(z+\Delta z)-f(z)}{\Delta z}$$

为一个有限复数，则称此极限为函数 $f(z)$ 在点 z 的导数，记为 $f'(z)$，即

$$f'(z)=\lim_{\Delta z\to 0}\frac{f(z+\Delta z)-f(z)}{\Delta z}.$$

若函数 $f(z)$ 在点 z 可导，则 $f(z)$ 在点 z 连续；反之未必成立.

求导法则:

(1) 复常数 c 的导数为 0，即 $c'=0$.

(2) $(z^n)'=nz^{n-1}$，n 为正整数.

(3) 可导函数的和、差、积、商仍可导，即有

$$[f(z)\pm g(z)]'=f'(z)\pm g'(z),$$

$$[f(z)\cdot g(z)]'=f'(z)g(z)+f(z)g'(z),$$

$$\left[\frac{f(z)}{g(z)}\right]'=\frac{f'(z)g(z)-f(z)g'(z)}{g^2(z)}.$$

(4) 可导函数的复合函数仍可导，有 $F'[f(z)]=F'(w)f'(z)$，其中 $w=f(z)$.

(5) 反函数求导法则，$f'(z)=\dfrac{1}{\varphi'(w)}$，其中 $f(z)$ 与 $\varphi(w)$ 是互为反函数的单值函数，且 $\varphi'(w)\neq 0$.

$\lim\limits_{\Delta z \to 0} \dfrac{\Delta w}{\Delta z} = f'(z)$, 即 $\Delta w = f'(z)\Delta z + \alpha \Delta z$, 其中 $\lim\limits_{\Delta z \to 0} \alpha = 0$, $|\alpha \Delta z|$ 为比 $|\Delta z|$ 高阶的无穷小, 称 $f'(z)\Delta z$ 为 $w = f(z)$ 在点 z 的微分, 记为 $\mathrm{d}w$. 同时也称 $w = f(z)$ 在点 z 可微. 由 $\mathrm{d}z = \Delta z$, 知 $\mathrm{d}w = f'(z)\mathrm{d}z$, 即有 $f'(z) = \dfrac{\mathrm{d}w}{\mathrm{d}z}$, 因此 $f(z)$ 在点 z 可导与 $f(z)$ 在点 z 可微是等价的.

设 $f(z) = u(x,y) + \mathrm{i}v(x,y)$ 是定义在区域 D 上的函数, 那么 $f(z)$ 在 D 内一点 $z = x + \mathrm{i}y$ 可导的充要条件是: 在点 (x,y) 处, u,v 皆可微, 并且满足条件

$$\begin{cases} \dfrac{\partial u}{\partial x} = \dfrac{\partial v}{\partial y}, \\ \dfrac{\partial u}{\partial y} = -\dfrac{\partial v}{\partial x}. \end{cases} \tag{2.1}$$

(2.1) 式称为柯西-黎曼条件, 简称 C-R 条件, 反映了可导函数的实部与虚部有着特别的联系.

当 $f(z) = u + \mathrm{i}v$ 在 $z = x + \mathrm{i}y$ 可导时, 有

$$f'(z) = \frac{\partial u}{\partial x} + \mathrm{i}\frac{\partial v}{\partial x} = \frac{\partial v}{\partial y} - \mathrm{i}\frac{\partial u}{\partial y} = \frac{\partial u}{\partial x} - \mathrm{i}\frac{\partial u}{\partial y} = \frac{\partial v}{\partial y} + \mathrm{i}\frac{\partial v}{\partial x}.$$

设函数 $f(z) = u + \mathrm{i}v$, 若 u,v 在点 (x,y) 的四个一阶偏导数都连续且满足 C-R 条件, 则 $f(z)$ 在点 $z = x + \mathrm{i}y$ 处可导.

二、解析函数

若函数 $f(z)$ 在点 z_0 的某个邻域内可导, 则称 $f(z)$ 在点 z_0 解析. 若函数 $f(z)$ 在区域 D 内的每一点都解析, 则称 $f(z)$ 在区域 D 内解析. 在区域 D 内, 除了可能有某些例外点外, $f(z)$ 在 D 内各点解析, 则称这些例外点为 $f(z)$ 的奇点.

$f(z)$ 在点 z_0 处解析, 则 $f(z)$ 在点 z_0 处一定可导; 反之未必成立. 但 $f(z)$ 在区域 D 内解析与 $f(z)$ 在区域 D 内可导是等价的(由于区域内的点都是内点).

区域 D 内解析函数的和、差、积、商、复合仍是区域 D 内的解析函数.

函数 $f(z) = u(x,y) + \mathrm{i}v(x,y)$ 在区域 D 内解析的充要条件是: $u(x,y)$ 与 $v(x,y)$ 在区域 D 内皆可微且满足 C-R 条件.

若 $u(x,y)$ 与 $v(x,y)$ 在区域 D 内具有一阶连续偏导数, 且满足 C-R 条件, 则函数 $f(z) = u(x,y) + \mathrm{i}v(x,y)$ 在区域 D 内解析.

三、初等函数

1. 指数函数

(1) 对于复数 $z = x + \mathrm{i}y$, 定义指数函数为 $w = \mathrm{e}^z = \mathrm{e}^{x+\mathrm{i}y} = \mathrm{e}^x(\cos y + \mathrm{i}\sin y)$.

(2) 对任何复数 z, $\mathrm{e}^z \neq 0$.

(3) z 为实数 x 时, $w = \mathrm{e}^z = \mathrm{e}^x$.

(4) $e^{-z}=\dfrac{1}{e^z}$.

(5) 对任何复数 z_1 和 z_2, 有 $e^{z_1}\cdot e^{z_2}=e^{z_1+z_2}$, $\dfrac{e^{z_1}}{e^{z_2}}=e^{z_1-z_2}$.

(6) $w=e^z$ 是周期函数, 周期为 $2k\pi i$.

(7) $w=e^z$ 在整个 z 平面上解析, 且有 $(e^z)'=e^z$.

2. 对数函数

(1) 若 $z=e^w$ $(z\neq 0)$, 则称复数 w 为复数 z 的对数, 记为 $w=\mathrm{Ln}z$.

(2) $w=\mathrm{Ln}z=\ln|z|+i\mathrm{Arg}z=\ln|z|+i\arg z+2k\pi i$, $k=0,\pm1,\pm2,\cdots$, 对于每一个固定的 k, 便得到一个单值函数, 称为 $\mathrm{Ln}z$ 的一个分支. 称

$$\ln z=\ln|z|+i\arg z\quad(-\pi<\arg z\leqslant\pi)$$

为 $w=\mathrm{Ln}z$ 的主值. 这样便有 $w=\mathrm{Ln}z=\ln z+2k\pi i$, $k=0,\pm1,\pm2,\cdots$.

(3) 设两个复数 z_1,z_2 满足 $z_1\cdot z_2\neq 0$, 则有

$$\mathrm{Ln}(z_1z_2)=\mathrm{Ln}z_1+\mathrm{Ln}z_2,\qquad \mathrm{Ln}\frac{z_1}{z_2}=\mathrm{Ln}z_1-\mathrm{Ln}z_2.$$

(4) $w=\mathrm{Ln}z$ 的每一个分支在去掉原点和负实轴得到的区域上解析, 且导数为

$$(\mathrm{Ln}z)'=\frac{1}{z}.$$

3. 一般幂函数与一般指数函数

(1) 若 α,β 是复数, $\alpha\neq 0$, 则定义 $\alpha^\beta=e^{\beta\mathrm{Ln}\alpha}$.

(2) 称 $w=z^\alpha=e^{\alpha\mathrm{Ln}z}$ ($z\neq 0$, α 为复常数) 为 z 的一般幂函数.

当 α 为整数时, $w=z^\alpha$ 是单值函数.

当 α 为无理数或虚部不等于 0 的复数 $(\mathrm{Im}\alpha\neq 0)$ 时, $w=z^\alpha$ 是无穷多值函数.

当 α 为有理数 $\dfrac{m}{n}$ (既约分数) 时, $w=z^\alpha$ 是 n 值函数, 此时有

$$w=z^{\frac{m}{n}}=\sqrt[n]{|z|^m}\left[\cos\frac{m(\arg z+2k\pi)}{n}+i\sin\frac{m(\arg z+2k\pi)}{n}\right],$$

这里当 $k=0,1,2,\cdots,n-1$ 时得到 n 个不同的值, 当 k 取其他值时, 得不到新的不同值.

(3) 当 α 为正整数 n 时, $w=z^n$ 在整个 z 平面上单值解析, 且有 $(z^n)'=nz^{n-1}$; 除去 α 为正整数 n 的情况, 一般情况下 $w=z^\alpha$ 的每一个分支在去掉原点和负实轴得到的区域内也是解析的, 且导数为

$$(z^\alpha)'=(e^{\alpha\mathrm{Ln}z})'=e^{\alpha\ln z}\alpha\frac{1}{z}=z^\alpha\alpha\frac{1}{z}=\alpha z^{\alpha-1}.$$

(4) 称 $w=\alpha^z=e^{z\mathrm{Ln}\alpha}$ ($\alpha\neq 0$, α 为复常数) 为一般指数函数. 这是无穷多个在 z 平面上单值解析的函数, 对 α^z 每个单值解析分支, 有 $(\alpha^z)'=(e^{z\mathrm{Ln}\alpha})'=a^z\mathrm{Ln}a$.

4. 三角函数

(1) 称 $\sin z=\frac{1}{2\mathrm{i}}(\mathrm{e}^{\mathrm{i}z}-\mathrm{e}^{-\mathrm{i}z})$ 和 $\cos z=\frac{1}{2}(\mathrm{e}^{\mathrm{i}z}+\mathrm{e}^{-\mathrm{i}z})$ 分别为正弦函数和余弦函数.

(2) 对任何复数 z 有 $\mathrm{e}^{\mathrm{i}z}=\cos z+\mathrm{i}\sin z$, 该式称为欧拉公式.

(3) $\sin z$, $\cos z$ 都是周期函数, 其周期为 2π.

(4) $\sin z$ 是奇函数, $\cos z$ 是偶函数.

(5) $\cos(z_1+z_2)=\cos z_1\cos z_2-\sin z_1\sin z_2$,

$\sin(z_1+z_2)=\sin z_1\cos z_2+\cos z_1\sin z_2$.

(6) $\cos^2 z+\sin^2 z=1$.

(7) $\sin z=0\Leftrightarrow z=k\pi$, $\cos z=0\Leftrightarrow z=\frac{\pi}{2}+k\pi$, 其中 k 是任意整数.

(8) $\sin z$, $\cos z$ 都在 z 平面上解析, 并且有

$$(\sin z)'=\cos z,\quad (\cos z)'=-\sin z.$$

(9) 在复数域内不能再断言 $|\sin z|\leqslant 1$, $|\cos z|\leqslant 1$.

其他三角函数: 正切函数、余切函数、正割函数、余割函数、双曲正弦函数、双曲余弦函数和双曲正切函数, 分别有

$$\tan z=\frac{\sin z}{\cos z},\quad \cot z=\frac{\cos z}{\sin z},\quad \sec z=\frac{1}{\cos z},\quad \csc z=\frac{1}{\sin z},$$

$$\sinh z=\frac{1}{2}(\mathrm{e}^{z}-\mathrm{e}^{-z}),\quad \cosh z=\frac{1}{2}(\mathrm{e}^{z}+\mathrm{e}^{-z}),\quad \tanh z=\frac{\mathrm{e}^{z}-\mathrm{e}^{-z}}{\mathrm{e}^{z}+\mathrm{e}^{-z}}.$$

5. 反三角函数

(1) 若 $z=\sin w$, 则称 w 为 z 的反正弦函数, 记为 $w=\mathrm{Arcsin}z$. 类似地, 可定义反余弦函数 $w=\mathrm{Arccos}z$ 及反正切函数 $w=\mathrm{Arctan}z$.

(2) $w=\mathrm{Arcsin}z=\frac{1}{\mathrm{i}}\mathrm{Ln}(\mathrm{i}z+\sqrt{1-z^2})$;

$w=\mathrm{Arccos}z=\frac{1}{\mathrm{i}}\mathrm{Ln}(z+\sqrt{z^2-1})$;

$w=\mathrm{Arctan}z=-\frac{\mathrm{i}}{2}\mathrm{Ln}\frac{1+\mathrm{i}z}{1-\mathrm{i}z}$.

(3) 上述反三角函数均是多值函数, 它们的每个分支在适当割破 z 平面的区域内解析. 例如, 设 D 是从 z 平面去掉线段: $x=0, |y|\leqslant 1$ 后得到的区域, 那么 $w=\mathrm{Arctan}z$ 的每个分支在 D 内解析, 有 $\frac{\mathrm{d}w}{\mathrm{d}z}=\frac{1}{1+z^2}$.

例题分析

例 2.1 利用导数的定义证明函数 $f(z)=|z|^2$ 在 $z=0$ 点可导, 且导数为 0.

证明 因为

$$\lim_{z\to 0}\frac{f(z)-f(0)}{z-0}=\lim_{z\to 0}\frac{|z|^2}{z}=\lim_{z\to 0}\overline{z}=0,$$

故函数 $f(z)=|z|^2$ 在 $z=0$ 可导, 且导数为 0.

例 2.2 利用导数的定义讨论函数 $f(z)=x+\mathrm{i}2y$ 的可导性.

解 因为

$$\begin{aligned}\lim_{\Delta z\to 0}\frac{f(z+\Delta z)-f(z)}{\Delta z}&=\lim_{\Delta z\to 0}\frac{x+\Delta x+\mathrm{i}2(y+\Delta y)-x-\mathrm{i}2y}{\Delta z}\\&=\lim_{\Delta z\to 0}\frac{\Delta x+\mathrm{i}2\Delta y}{\Delta x+\mathrm{i}\Delta y},\end{aligned}$$

若令 $z+\Delta z$ 沿平行于 x 轴方向趋近于 z, 此时有 $\Delta y=0$, 从而

$$\lim_{\Delta z\to 0}\frac{\Delta x+\mathrm{i}2\Delta y}{\Delta x+\mathrm{i}\Delta y}=\lim_{\Delta x\to 0}\frac{\Delta x}{\Delta x}=1.$$

若令 $z+\Delta z$ 沿平行于 y 轴方向趋近于 z, 此时有 $\Delta x=0$, 从而

$$\lim_{\Delta z\to 0}\frac{\Delta x+\mathrm{i}2\Delta y}{\Delta x+\mathrm{i}\Delta y}=\lim_{\Delta y\to 0}\frac{\mathrm{i}2\Delta y}{\mathrm{i}\Delta y}=2.$$

所以函数 $f(z)=x+\mathrm{i}2y$ 在复平面上处处不可导.

例 2.3 设函数 $f(z)=(x^2+axy+by^2)+\mathrm{i}(cx^2+dxy+y^2)$, 问 a,b,c,d 为何值时, $f(z)$ 在复平面上处处解析.

解

$$u(x,y)=x^2+axy+by^2,\qquad v(x,y)=cx^2+dxy+y^2.$$

$$\frac{\partial u}{\partial x}=2x+ay,\qquad \frac{\partial u}{\partial y}=ax+2by,$$

$$\frac{\partial v}{\partial x}=2cx+dy,\qquad \frac{\partial v}{\partial y}=dx+2y.$$

要使满足 C-R 条件 $\dfrac{\partial u}{\partial x}=\dfrac{\partial v}{\partial y},\ \dfrac{\partial u}{\partial y}=-\dfrac{\partial v}{\partial x}$, 只需要

$$\begin{cases}2x+ay=dx+2y,\\2cx+dy=-(ax+2by).\end{cases}$$

因此, 当 $a=2,\ b=-1,\ c=-1,\ d=2$ 时, 函数在复平面处处解析.

例 2.4 讨论下列函数在复平面上何处可导, 何处解析.

(1) $f(z)=(x^2-y^2-x)+\mathrm{i}(2xy-y^2)$; (2) $f(z)=z(\mathrm{Im}\,z)$.

分析　利用教材定义 2.2, 如只在孤立点或仅在直线上可导, 则均未形成可导点构成的圆邻域, 故在其上不解析. 利用教材定理 2.2, 可讨论可导性, 利用教材第二章推论 1, 可求出可导点的导数.

解　(1)

$$u(x,y)=x^2-y^2-x,\quad v(x,y)=2xy-y^2.$$

$$\frac{\partial u}{\partial x}=2x-1,\quad \frac{\partial u}{\partial y}=-2y,$$

$$\frac{\partial v}{\partial x}=2y,\quad \frac{\partial v}{\partial y}=2x-2y.$$

这四个偏导数处处连续, 所以 $u(x,y),v(x,y)$ 处处可微.

要使 C-R 条件成立, 必须满足 $2x-1=2x-2y$, 从而 $y=\dfrac{1}{2}$. 所以 $f(z)=(x^2-y^2-x)+\mathrm{i}(2xy-y^2)$ 仅在直线 $y=\dfrac{1}{2}$ 上可导, 而在复平面上处处不解析.

(2)

$$f(z)=z(\mathrm{Im}\,z)=(x+\mathrm{i}y)y=xy+\mathrm{i}y^2.$$

$$u(x,y)=xy,\quad v(x,y)=y^2,$$

$$\frac{\partial u}{\partial x}=y,\quad \frac{\partial u}{\partial y}=x,$$

$$\frac{\partial v}{\partial x}=0,\quad \frac{\partial v}{\partial y}=2y.$$

这四个偏导数处处连续, 当 $x=y=0$ 时, C-R 条件成立. 所以 $f(z)=z(\mathrm{Im}\,z)$ 仅在 $(0,0)$ 上可导, 且 $f'(z)=0$, 而在复平面上处处不解析.

例 2.5　证明下列函数在复平面上不解析:

(1) $\bar{z}^2$;　　(2) $\mathrm{e}^{\bar{z}}$;　　(3) $\sin\bar{z}$.

分析　一般证明函数在复平面处处不可导或不解析多用函数不满足 C-R 条件来证明.

证明　(1) 因为 $\bar{z}^2=x^2-y^2-\mathrm{i}2xy$, 所以

$$u(x,y)=x^2-y^2,\quad v(x,y)=-2xy.$$

$$\frac{\partial u}{\partial x}=2x,\quad \frac{\partial u}{\partial y}=-2y,$$

$$\frac{\partial v}{\partial x}=-2y,\quad \frac{\partial v}{\partial y}=-2x.$$

由此可知, $w=\bar{z}^2$ 仅在点 $(0,0)$ 处 C-R 条件成立, 所以 $w=\bar{z}^2$ 仅在点 $(0,0)$ 处可导, 而在整个复平面上不解析.

(2) 因为 $\mathrm{e}^{\bar{z}}=\mathrm{e}^x(\cos y-\mathrm{i}\sin y)$, 所以

$$u(x,y)=\mathrm{e}^x\cos y,\quad v(x,y)=-\mathrm{e}^x\sin y.$$

$$\frac{\partial u}{\partial x}=\mathrm{e}^x\cos y,\quad \frac{\partial u}{\partial y}=-\mathrm{e}^x\sin y,$$

$$\frac{\partial v}{\partial x}=-\mathrm{e}^x\sin y,\quad \frac{\partial v}{\partial y}=-\mathrm{e}^x\cos y.$$

由此可知,

$$w=\mathrm{e}^{\bar{z}} \text{ 只有在 } y=k\pi\pm\frac{\pi}{2}(k=0,\pm1,\pm2,\cdots) \text{ 时才有 } \frac{\partial u}{\partial x}=\frac{\partial v}{\partial y} \text{ 成立;}$$

$$w=\mathrm{e}^{\bar{z}} \text{ 只有在 } y=k\pi(k=0,\pm1,\pm2,\cdots) \text{ 时才有 } \frac{\partial u}{\partial y}=-\frac{\partial v}{\partial x} \text{ 成立,}$$

所以 $w=\mathrm{e}^{\bar{z}}$ 在整个复平面上不解析.

(3) 因为 $\sin\bar{z}=\sin x\operatorname{ch}y-\mathrm{i}\cos x\operatorname{sh}y$, 所以

$$u(x,y)=\sin x\operatorname{ch}y,\quad v(x,y)=-\cos x\operatorname{sh}y.$$

$$\frac{\partial u}{\partial x}=\cos x\operatorname{ch}y,\qquad \frac{\partial v}{\partial y}=-\cos x\operatorname{ch}y.$$

由此可知, $w=\sin\bar{z}$ 只有在 $x=k\pi\pm\frac{\pi}{2}(k=0,\pm1,\pm2,\cdots)$ 时才有 $\frac{\partial u}{\partial x}=\frac{\partial v}{\partial y}$ 成立, 所以 $w=\sin\bar{z}$ 在整个复平面上不解析.

例 2.6 指出下列各函数的解析区域, 并求出其导数.

(1) $f(z)=\dfrac{z^2}{z^2+1}$; (2) $f(z)=\dfrac{2z^5-z+3}{4z^2+1}$.

分析 利用可导与解析的判别方法找出解析区域, 然后用求导公式求出其导数.

解 (1) 函数 $f(z)=\dfrac{z^2}{z^2+1}$ 的分子与分母均为解析函数, 由 $z^2+1=0$ 得 $z=\pm\mathrm{i}$, 又分子在 $z=\pm\mathrm{i}$ 处不为零, 故 $f(z)=\dfrac{z^2}{z^2+1}$ 在复平面除去 $z=\pm\mathrm{i}$ 两点的区域内解析, 而且

$$f'(z)=\left(\frac{z^2}{z^2+1}\right)'=\frac{2z(z^2+1)-2z^3}{(z^2+1)^2}=\frac{2z}{(z^2+1)^2}.$$

(2) 由 $4z^2+1=0$ 得 $z=\pm\dfrac{\mathrm{i}}{2}$, 又分子在 $z=\pm\dfrac{\mathrm{i}}{2}$ 处不为零, 故 $f(z)=\dfrac{2z^5-z+3}{4z^2+1}$ 在复平面除去 $z=\pm\dfrac{\mathrm{i}}{2}$ 两点的区域内解析, 而且

$$\begin{aligned}f'(z)&=\left(\frac{2z^5-z+3}{4z^2+1}\right)'\\&=\frac{(4z^2+1)(10z^4-1)-(2z^5-z+3)(8z)}{(4z^2+1)^2}\\&=\frac{24z^6+10z^4+4z^2-24z-1}{(4z^2+1)^2}.\end{aligned}$$

例 2.7 证明函数 $f(z)=\begin{cases}\dfrac{\bar{z}^2}{z}, & z\neq0,\\ 0, & z=0\end{cases}$ 在 $z=0$ 处不可导.

证明 因为

$$\lim_{z\to 0}\frac{f(z)-f(0)}{z-0}=\lim_{z\to 0}\frac{\overline{z}^2}{z^2}=\lim_{z\to 0}\left(\frac{\overline{z}}{z}\right)^2,$$

当 z 沿 $y=kx$ 趋于 0 时, 有

$$\lim_{z\to 0}\left(\frac{\overline{z}}{z}\right)^2=\left(\frac{1-\mathrm{i}k}{1+\mathrm{i}k}\right)^2.$$

所以极限 $\lim\limits_{z\to 0}\dfrac{f(z)-f(0)}{z-0}$ 不存在, 在原点不可导.

例 2.8　设函数 $f(z)=\begin{cases}\dfrac{x^3-y^3+\mathrm{i}(x^3+y^3)}{x^2+y^2}, & z\neq 0,\\ 0, & z=0.\end{cases}$ 证明 $f(z)$ 在原点满足 C-R 条件, 但却不可导.

证明　因为

$$u(x,y)=\begin{cases}\dfrac{x^3-y^3}{x^2+y^2}, & (x,y)\neq(0,0),\\ 0, & (x,y)=(0,0),\end{cases}\qquad v(x,y)=\begin{cases}\dfrac{x^3+y^3}{x^2+y^2}, & (x,y)\neq(0,0),\\ 0, & (x,y)=(0,0),\end{cases}$$

$$\left.\frac{\partial u}{\partial x}\right|_{(0,0)}=\lim_{x\to 0}\frac{u(x,0)-u(0,0)}{x}=\lim_{x\to 0}\frac{x}{x}=1,$$

$$\left.\frac{\partial u}{\partial y}\right|_{(0,0)}=\lim_{y\to 0}\frac{u(0,y)-u(0,0)}{y}=\lim_{x\to 0}\frac{-y}{y}=-1,$$

$$\left.\frac{\partial v}{\partial x}\right|_{(0,0)}=\lim_{x\to 0}\frac{v(x,0)-v(0,0)}{x}=\lim_{x\to 0}\frac{x}{x}=1,$$

$$\left.\frac{\partial v}{\partial y}\right|_{(0,0)}=\lim_{y\to 0}\frac{v(0,y)-v(0,0)}{y}=\lim_{x\to 0}\frac{y}{y}=1,$$

所以在 $z=0$ 在处满足 C-R 条件: $\dfrac{\partial u}{\partial x}=\dfrac{\partial v}{\partial y},\dfrac{\partial u}{\partial y}=-\dfrac{\partial v}{\partial x}$.

接下来利用定义讨论 $f(z)$ 在 $z=0$ 的可导性.

若沿 $y=x$:

$$\lim_{\substack{z\to 0\\ y=x}}\frac{f(z)-f(0)}{z}=\lim_{\substack{z\to 0\\ y=x}}\frac{f(z)}{z}=\lim_{\substack{z\to 0\\ y=x}}\frac{\mathrm{i}2x^3}{2x^2(x+\mathrm{i}x)}=\frac{\mathrm{i}}{1+\mathrm{i}}.$$

若沿实轴:

$$\lim_{\substack{z\to 0\\ y=0}}\frac{f(z)-f(0)}{z}=\lim_{\substack{z\to 0\\ y=0}}\frac{f(z)}{z}=\lim_{\substack{z\to 0\\ y=0}}\frac{x^3(1+\mathrm{i})}{x^3}=1+\mathrm{i}.$$

从而得证 $f(z)$ 在原点满足 C-R 条件, 但却不可导.

注　此题说明 C-R 条件是可导的必要条件, 而不是充分必要条件.

例 2.9　设 D 是关于实轴对称的区域, 证明函数 $f(z)$ 与 $\overline{f(\overline{z})}$ 在 D 内是同时解析的.

分析　由于区域 D 是关于实轴对称的, 则 $z\in D\Leftrightarrow \overline{z}\in D$.

参考教材定义 2.2 和定理 2.5, 利用函数解析的充要条件(函数 $f(z)=u(x,y)+\mathrm{i}v(x,y)$ 在

区域 D 内解析的充要条件是: $u(x,y)$ 与 $v(x,y)$ 在区域 D 内皆可微且满足 C-R 条件)给出证明.

证明 设 $f(z)=u(x,y)+\mathrm{i}v(x,y)$, 则 $\overline{f(\overline{z})}=u(x,-y)-\mathrm{i}v(x,-y)$, 记

$$\varphi(x,y)=u(x,-y),\quad \psi(x,y)=-v(x,-y),$$

即

$$\overline{f(\overline{z})}=\varphi(x,y)+\mathrm{i}\psi(x,y).$$

因为, 函数 $f(z)$ 在 D 内解析 $\Leftrightarrow u(x,y),v(x,y)$ 在 D 内可微且 $\dfrac{\partial u}{\partial x}=\dfrac{\partial v}{\partial y},\dfrac{\partial u}{\partial y}=-\dfrac{\partial v}{\partial x}$, 所以, 由

$$\varphi(x,y)=u(x,-y),\quad \psi(x,y)=-v(x,-y),$$

并且

$$\frac{\partial\varphi}{\partial x}=\frac{\partial u(x,-y)}{\partial x},\qquad \frac{\partial\varphi}{\partial y}=-\frac{\partial u(x,-y)}{\partial y},$$

$$\frac{\partial\psi}{\partial x}=-\frac{\partial v(x,-y)}{\partial x},\quad \frac{\partial\psi}{\partial y}=\frac{\partial v(x,-y)}{\partial y},$$

很容易推出, 函数 $f(z)$ 在 D 内解析时, $\varphi(x,y),\psi(x,y)$ 在 D 内可微且有

$$\frac{\partial\varphi}{\partial x}=\frac{\partial\psi}{\partial y},\quad \frac{\partial\varphi}{\partial y}=-\frac{\partial\psi}{\partial x},$$

即 $\overline{f(\overline{z})}$ 在 D 内解析. 反之亦然.

例 2.10 设函数 $f(z)=u(x,y)+\mathrm{i}v(x,y)$ 在区域 D 内解析, 而且满足下列条件之一, 则 $f(z)$ 在 D 内为常数.

(1) 在 D 内成立 $\mathrm{Re}\,f(z)$ 为常数; (2) 在 D 内成立 $\mathrm{Im}\,f(z)$ 为常数.

证明 (1) 由于 $\mathrm{Re}\,f(z)=C$ (常数), 即 $u=C$, 则

$$\frac{\partial u}{\partial x}=\frac{\partial u}{\partial y}=0.$$

又 $f(z)$ 在 D 解析, 故 $\dfrac{\partial u}{\partial x}=\dfrac{\partial v}{\partial y},\dfrac{\partial u}{\partial y}=-\dfrac{\partial v}{\partial x}$, 得

$$\frac{\partial v}{\partial x}=0,\quad \frac{\partial v}{\partial y}=0.$$

从而得到 $\mathrm{Im}\,f(z)$ 为常数, 即 $f(z)$ 在 D 内为常数.

可仿照(1)的证明对(2)进行证明.

例 2.11 计算 $\mathrm{e}^{-3+\frac{\pi}{4}\mathrm{i}}$ 的值, 并求它的模、辐角、实部和虚部.

解 根据指数的定义可以计算出:

$$\mathrm{e}^{-3+\frac{\pi}{4}\mathrm{i}}=\mathrm{e}^{-3}\left(\cos\frac{\pi}{4}+\mathrm{i}\sin\frac{\pi}{4}\right)=\mathrm{e}^{-3}\left(\frac{\sqrt{2}}{2}+\frac{\sqrt{2}}{2}\mathrm{i}\right)=\frac{\sqrt{2}\mathrm{e}^{-3}}{2}+\frac{\sqrt{2}\mathrm{e}^{-3}}{2}\mathrm{i},$$

所以

$$\left|e^{-3+\frac{\pi}{4}i}\right| = e^{-3},\quad \operatorname{Arg}\left(e^{-3+\frac{\pi}{4}i}\right) = 2k\pi + \frac{\pi}{4}\ (k = 0, \pm 1, \pm 2, \cdots),$$

$$\operatorname{Re}\left(e^{-3+\frac{\pi}{4}i}\right) = \frac{\sqrt{2}e^{-3}}{2},\quad \operatorname{Im}\left(e^{-3+\frac{\pi}{4}i}\right) = \frac{\sqrt{2}e^{-3}}{2}.$$

例 2.12　计算下列函数值, 并指出它们的主值.

(1) $\operatorname{Ln}(2-3i)$;　　　(2) $\operatorname{Ln}(-2+3i)$.

解　(1) 因为

$$|2-3i| = \sqrt{13},\quad \arg(2-3i) = -\arctan\frac{3}{2},$$

所以 $\operatorname{Ln}(2-3i)$ 的主值为

$$\ln(2-3i) = \frac{1}{2}\ln 13 - i\arctan\frac{3}{2},$$

于是

$$\begin{aligned}\operatorname{Ln}(2-3i) &= \ln(2-3i) + 2k\pi i \\ &= \frac{1}{2}\ln 13 - i\arctan\frac{3}{2} + 2k\pi i \quad (k = 0, \pm 1, \pm 2, \cdots).\end{aligned}$$

(2) 因为

$$|-2+3i| = \sqrt{13},\quad \arg(-2+3i) = \pi - \arctan\frac{3}{2},$$

所以 $\operatorname{Ln}(-2+3i)$ 的主值为

$$\ln(-2+3i) = \frac{1}{2}\ln 13 + i\left(\pi - \arctan\frac{3}{2}\right),$$

于是

$$\begin{aligned}\operatorname{Ln}(-2+3i) &= \ln(-2+3i) + 2k\pi i \\ &= \frac{1}{2}\ln 13 + i\left(\pi - \arctan\frac{3}{2} + 2k\pi\right) \quad (k = 0, \pm 1, \pm 2, \cdots).\end{aligned}$$

例 2.13　计算下列函数值:

(1) $\cos(1+i)$;　　　(2) $(-3)^{\sqrt{5}}$.

解　(1)
$$\begin{aligned}\cos(1+i) &= \frac{e^{i(1+i)} + e^{-i(1+i)}}{2} = \frac{e^{-1+i} + e^{1-i}}{2} \\ &= \frac{1}{2}[e^{-1}(\cos 1 + i\sin 1) + e(\cos 1 - i\sin 1)] \\ &= \frac{1}{2}(e^{-1} + e)\cos 1 + \frac{i}{2}(e^{-1} - e)\sin 1 \\ &= \operatorname{ch}1\cos 1 - i\operatorname{sh}1\sin 1.\end{aligned}$$

(2) $(-3)^{\sqrt{5}}=e^{\sqrt{5}\mathrm{Ln}(-3)}=e^{\sqrt{5}(\ln 3+i(\pi+2k\pi))}=e^{\sqrt{5}\ln 3}e^{\sqrt{5}i(\pi+2k\pi)}$

$$=3^{\sqrt{5}}(\cos(\sqrt{5}(\pi+2k\pi))+i\sin(\sqrt{5}(\pi+2k\pi))).$$

例 2.14 解方程 $\sin z+i\cos z=4i$.

解 因为 $\sin z=\frac{1}{2i}(e^{iz}-e^{-iz}),\cos z=\frac{1}{2}(e^{iz}+e^{-iz})$, 得

$$\frac{1}{2i}(e^{iz}-e^{-iz})+\frac{i}{2}(e^{iz}+e^{-iz})=4i,$$

即

$$\frac{1}{2i}(e^{iz}-e^{-iz})-\frac{1}{2i}(e^{iz}+e^{-iz})=4i,$$

整理得

$$e^{-iz}=4,\qquad -iz=\mathrm{Ln}4=\ln 4+2k\pi i,$$

从而得到此方程的解为

$$z=-2k\pi+i\ln 4\quad (k=0,\pm 1,\pm 2,\cdots).$$

第一、二章综合练习题

1. 判断正误.

(1) $\frac{1}{\mathrm{i}}\overline{z}=\overline{\mathrm{i}z}$; ( )

(2) $\overline{\sin z}=\sin\overline{z}$; ( )

(3) 若 $f'(z_0)$ 存在, 则 $f(z)$ 在 z_0 解析; ( )

(4) 若 $u(x,y),v(x,y)$ 对 x,y 的偏导数存在, 则函数 $f(z)=u(x,y)+\mathrm{i}v(x,y)$ 可导; ( )

(5) 若 z_0 是 $f(z)$ 和 $g(z)$ 的奇点, 那么 z_0 也是 $f(z)+g(z)$ 的奇点; ( )

(6) $f(z)$ 在区域 D 内解析, 其实部 $u(x,y)$ 在 D 内是实常数, 则 $f(z)$ 在 D 内恒为常数. ( )

2. 填空题.

(1) 若 $z=\frac{2+\mathrm{i}}{\mathrm{i}}-\frac{2\mathrm{i}}{1-\mathrm{i}}$, 则 $\mathrm{Re}\,z=$________, $\mathrm{Im}\,z=$________, $z\overline{z}=$________.

(2) 设 $f(z)=\frac{x+y}{x^2+y^2}+\mathrm{i}\frac{x-y}{x^2+y^2}$, 则 $f(z)$ 的解析区域是__________, $f'(z)=$__________.

(3) 设 $\ln z=1+\mathrm{i}\pi$, 则 $z=$______________.

3. 设 $f(z)=z\,\mathrm{Re}\,z$, 此函数在何处可导? 在何处解析? 并求出 $f'(0)$.

4. 设函数 $f(z)=x^2+\mathrm{i}y^2$, 讨论此函数的可导性和解析性, 求出在可导点处的导数.

5. $f(z)=u(x,y)+\mathrm{i}v(x,y)$ 在区域 D 内解析, 且 $u=v^2$, 试证 $f(z)$ 在 D 内是常数.

6. 计算: (1) $\mathrm{e}^{\frac{2-\pi\mathrm{i}}{3}}$;　(2) $\sin(\mathrm{i}\ln 5)$.

7. 下列不等式所确定的点集是否为有界集? 是否为区域或闭区域? 若是区域请指出是单连通区域还是多连通区域.

(1) $|z|<2, \mathrm{Im}\,z>1$;　　(2) $0<|z+1|<2$;

(3) $0<\arg(z-1)<\frac{\pi}{4}, \mathrm{Re}\,z\geqslant 2$;　　(4) $z\overline{z}-(2+\mathrm{i})z-(2-\mathrm{i})\overline{z}\leqslant 4$.

第一、二章综合练习题答案与提示

1. (1) 对; (2) 对; (3) 不对; (4) 不对; (5) 不对; (6) 对.

2. (1) $\operatorname{Re} z = 2$, $\operatorname{Im} z = -3$, $z\overline{z} = 13$.

(2) $z \neq 0$, 整个平面去掉 $z = 0$ 后的区域, $f'(z) = \dfrac{y^2 - x^2 - 2xy}{(x^2 + y^2)^2} + \mathrm{i}\dfrac{y^2 - x^2 + 2xy}{(x^2 + y^2)^2}$.　(3) $-\mathrm{e}$.

3. 在 $z = 0$ 点可导, 无解析点, $f'(0) = 0$.

4. 在直线 $y = x$ 上可导, 无解析点, 在可导点处有 $f'(z) = 2x$.

5. 提示: 证出 u, v 的 4 个偏导均为零. 在 $u = v^2$ 两端对 x 和 y 分别求偏导, 得到以 4 个偏导为未知元的两个方程, 再利用 C-R 条件, 将这两个方程变为以两个偏导为未知元的二元齐次线性方程组, 解出这两个偏导为零, 从而 u, v 的 4 个偏导均为零.

6. (1) $\mathrm{e}^{\frac{2-\pi\mathrm{i}}{3}} = \dfrac{1}{2}\mathrm{e}^{\frac{2}{3}}(1 - \sqrt{3}\mathrm{i})$;　(2) $\sin(\mathrm{i}\ln 5) = \dfrac{12}{5}\mathrm{i}$.

7. (1) 有界单连通区域; (2) 有界多连通区域; (3) 无界集, 非区域或闭域; (4) 有界闭区域, 圆 $(x-2)^2 + (y+1)^2 = 9$ 及其内部区域.

第三章　复变函数的积分

基本要求

1. 理解复变函数积分的定义, 了解积分的性质, 掌握复积分的一般计算方法.

2. 熟悉单连通区域和多连通区域的柯西定理、柯西积分公式和高阶导数公式, 并熟练掌握利用这些相关结论计算复变函数积分的方法.

3. 了解原函数的概念, 并能运用其计算复变函数的积分.

4. 知道和了解莫勒尔定理、柯西不等式、刘维尔定理等与复积分相关的若干结论.

5*. 了解调和函数、共轭调和函数的概念以及共轭调和函数与解析函数的关系, 掌握从解析函数的实部(虚部)求其虚部(实部)的方法.

主要内容复习

一、积分的定义和性质

复变函数的积分是沿复平面上曲线的积分, 曲线是有向光滑或逐段光滑曲线. 简单光滑或逐段光滑的闭曲线, 称为闭路. 逆时针方向为闭路 C 的正向, 记为 C^+; 顺时针方向为闭路 C 的负向, 记为 C^-.

设函数 $f(z)$ 在曲线 C: $\widehat{z_0z}$ 上有定义, 在 C 上自 z_0 到 z 的方向依次取点 $z_0,z_1,\cdots,z_n$(z_n 合于 z), 将 C 分为 n 个小弧段 $\widehat{z_{k-1}z_k}$, 其长为 ΔS_k, 任取点 $\zeta_k\in\widehat{z_{k-1}z_k}(k=1,2,\cdots,n)$, 记 $\Delta z_k=z_k-z_{k-1}$, $\lambda=\max\{\Delta S_k,k=1,2,\cdots,n\}$, 若 $\lim\limits_{\lambda\to 0}\sum\limits_{k=1}^{n}f(\zeta_k)\Delta z_k=I$ (I 为有限复常数), 便称 $f(z)$ 沿 C 可积, I 称为 $f(z)$ 沿 C 的积分, 记为 $\int_C f(z)\mathrm{d}z$, 即 $\int_C f(z)\mathrm{d}z=\lim\limits_{\lambda\to 0}\sum\limits_{k=1}^{n}f(\zeta_k)\Delta z_k$.

积分的性质: 设 $f(z),g(z)$ 在曲线 C,C_1,C_2 上连续, 则有

(1) $\int_C kf(z)\mathrm{d}z=k\int_C f(z)\mathrm{d}z$ (k 为复常数);

(2) $\int_C[f(z)+g(z)]\mathrm{d}z=\int_C f(z)\mathrm{d}z+\int_C g(z)\mathrm{d}z$;

(3) $\int_{C^-}f(z)\mathrm{d}z=-\int_C f(z)\mathrm{d}z$;

(4) $\int_{C_1+C_2}f(z)\mathrm{d}z=\int_{C_1}f(z)\mathrm{d}z+\int_{C_2}f(z)\mathrm{d}z$, 其中 C_1+C_2 表示由 C_1 与 C_2 衔接起来的曲线;

(5) $\left|\int_C f(z)\mathrm{d}z\right|\leqslant\int_C|f(z)|\mathrm{d}s$;

(6)若 $f(z)$ 沿曲线 C 满足 $|f(z)|\leqslant M$ （$M>0$），l 为 C 的弧长，则 $\left|\int_C f(z)\mathrm{d}z\right|\leqslant Ml$.

二、复变函数积分的一般计算方法

1. 将复积分化为两个实积分

若函数 $f(z)=u(x,y)+\mathrm{i}v(x,y)$ 沿曲线 C 连续，则

$$\int_C f(z)\mathrm{d}z=\int_C u\mathrm{d}x-v\mathrm{d}y+\mathrm{i}\int_C v\mathrm{d}x+u\mathrm{d}y,$$

可形式地记为 $\int_C f(z)\mathrm{d}z=\int_C (u+\mathrm{i}v)(\mathrm{d}x+\mathrm{i}\mathrm{d}y)$.

2. 利用曲线的参数方程化复积分为定积分

若 $f(z)$ 在曲线 C：

$$z=z(t)=x(t)+\mathrm{i}y(t)\quad \alpha\leqslant t\leqslant\beta$$

上连续时，则

$$\int_C f(z)\mathrm{d}z=\int_\alpha^\beta f[z(t)]z'(t)\mathrm{d}t.$$

3. 一个重要结论

设曲线 $C:|z-z_0|=R$，则 $\int_C \dfrac{\mathrm{d}z}{(z-z_0)^n}=\begin{cases}2\pi\mathrm{i}, & n=1,\\ 0, & n\neq 1.\end{cases}$

三、解析函数积分的基本理论和方法

1. 单连通区域的柯西定理

(1)若函数 $f(z)$ 在闭路 C 的内部 D 内解析，在闭域 $\overline{D}=D+C$ 上连续，则 $\int_C f(z)\mathrm{d}z=0$.

(2)设函数 $f(z)$ 在 z 平面上的单连通区域 D 内解析. C 为 D 内的任一闭曲线(不必是简单的)，则 $\int_C f(z)\mathrm{d}z=0$.

2. 解析函数的原函数

(1)设函数 $f(z)$ 在单连通区域 D 内连续，且沿 D 内任一闭曲线的积分等于 0，则函数 $F(z)=\int_{z_0}^z f(\zeta)\mathrm{d}\zeta$ $(z_0,z\in D)$ 在 D 内解析，并且有 $F'(z)=f(z),z\in D$.

显然当 $f(z)$ 在单连通区域 D 内解析时，上述结论的前提条件满足，则定义在 D 内的

函数 $F(z)=\int_{z_0}^{z} f(\zeta)\mathrm{d}\zeta\ (z_0,z\in D)$ 在 D 内解析, 并且有 $F'(z)=f(z), z\in D$.

(2) 如果在区域 D 内恒有 $\Phi'(z)=f(z)$, 那么就称 $\Phi(z)$ 是 $f(z)$ 在 D 内的一个原函数或不定积分.

(3) 在单连通区域内解析的函数必有原函数. 设 $f(z)$ 在单连通区域 D 内解析, $\Phi(z)$ 是 $f(z)$ 的任意一个原函数, 即 $\Phi'(z)=f(z)$, 则

$$\int_{z_0}^{z} f(\zeta)\mathrm{d}\zeta=\Phi(z)\Big|_{z_0}^{z}=\Phi(z)-\Phi(z_0)\quad (z_0,z\in D).$$

3. 多连通区域的柯西定理

(1) $C_0,C_1,\cdots,C_n$ 是 $n+1$ 条闭路, 其中 $C_1,\cdots,C_n$ 都在 C_0 的内部且两两外离. 由同时属于 C_0 的内部和 $C_1,\cdots,C_n$ 外部的点构成多连通区域 D, D 的边界是一条复合闭路 $C=C_0+C_1^-+C_2^-+\cdots+C_n^-$, 这样沿复合闭路 C 的正向行走时, 区域 D 总在观察者的左侧.

(2) 设 D 是由复合闭路 $C=C_0+C_1^-+C_2^-+\cdots+C_n^-$ 所围成的多连通区域, $f(z)$ 在 D 内解析, 在 $\bar{D}=D+C$ 上连续, 则 $\int_C f(z)\mathrm{d}z=0$, 即有 $\int_{C_0} f(z)\mathrm{d}z=\sum_{k=1}^{n}\int_{C_k} f(z)\mathrm{d}z$.

4. 柯西公式

(1) 设区域 D 的边界是闭路(或复合闭路) C, $f(z)$ 在 D 内解析, 在 $\bar{D}=D+C$ 上连续, 则对 $\forall z_0\in D$ 有 $f(z_0)=\dfrac{1}{2\pi\mathrm{i}}\int_C \dfrac{f(z)}{z-z_0}\mathrm{d}z$.

(2) 上述柯西公式的结论也可写成 $\forall z\in D$, 有 $f(z)=\dfrac{1}{2\pi\mathrm{i}}\int_C \dfrac{f(\zeta)}{\zeta-z}\mathrm{d}\zeta$, 这表明解析函数 $f(z)$ 在 D 内的值可由它在边界上的值通过积分而得到, 只要 $f(z)$ 在 C 上的值已确定, $f(z)$ 在 D 内的值也就随之确定.

(3) 利用 $\int_C \dfrac{f(z)}{z-z_0}\mathrm{d}z=2\pi\mathrm{i}f(z_0)$ 计算积分时, 应注意柯西公式的两个前提条件, 即 $f(z)$ 在以 C 为边界的区域 D 内解析且 $z_0\in D$.

5. 解析函数的高阶导数公式

(1) 设区域 D 的边界是闭路(或复闭路) C, $f(z)$ 在 D 内解析, 在 $\bar{D}=D+C$ 上连续, 则 $f(z)$ 在 D 内有任意阶导数, 且对 $\forall z\in D$ 有

$$f^{(n)}(z)=\frac{n!}{2\pi\mathrm{i}}\int_C \frac{f(\zeta)}{(\zeta-z)^{n+1}}\mathrm{d}\zeta,\quad n=1,2,\cdots.$$

(2) 根据上述高阶导数公式以及函数在区域内解析和可导的关系知, 若 $f(z)$ 在区域 D 内解析, 则 $f'(z)$ 也在区域 D 内解析.

(3) 利用 $\int_C \frac{f(z)}{(z-z_0)^{n+1}}\mathrm{d}z = \frac{2\pi\mathrm{i}}{n!}f^{(n)}(z_0)$ 计算积分时，应注意高阶导数公式的两个前提条件，即 $f(z)$ 在以 C 为边界的区域 D 内解析且 $z_0 \in D$.

(4) 设 $f(z)$, $g(z)$ 是 z_0 处解析的函数，且 $f(z_0)=g(z_0)=0, g'(z_0)\neq 0$，则

$$\lim_{z\to z_0}\frac{f(z)}{g(z)} = \lim_{z\to z_0}\frac{f'(z)}{g'(z)}.$$

(5) 设 $f(z)$, $g(z)$ 在单连通区域 D 内都是解析函数，α, β 是 D 内两点，则

$$\int_\alpha^\beta f(z)g'(z)\mathrm{d}z = f(z)g(z)\Big|_\alpha^\beta - \int_\alpha^\beta f'(z)g(z)\mathrm{d}z.$$

四、与复积分相关的几个结论

函数 $f(z)=u(x,y)+\mathrm{i}v(x,y)$ 在区域 D 内解析 $\Leftrightarrow \frac{\partial u}{\partial x},\frac{\partial u}{\partial y},\frac{\partial v}{\partial x},\frac{\partial v}{\partial y}$ 在 D 内连续且 $u(x,y), v(x,y)$ 在 D 内满足 C-R 条件.

莫勒尔定理　若函数 $f(z)$ 在单连通区域 D 内连续，且对 D 内任一闭路 C，有 $\int_C f(z)\mathrm{d}z=0$，则 $f(z)$ 在单连通区域 D 内解析.

$f(z)$ 在单连通区域 D 内解析 $\Leftrightarrow f(z)$ 在单连通区域 D 内连续，且对 D 内任一闭路 C，有 $\int_C f(z)\mathrm{d}z=0$.

$f(z)$ 在区域 D 内解析 $\Leftrightarrow f(z)$ 在 D 内连续且对任一闭路 C，只要 C 及其内部全含于 D 内，就有 $\int_C f(z)\mathrm{d}z=0$.

柯西不等式　设 $f(z)$ 在区域 D 内解析，$C_R: |z-z_0|=R, C_R$ 及其内部完全属于 D，若 $f(z)$ 在 C_R 上有 $|f(z)|\leqslant M_R$，则 $|f^{(n)}(z_0)|\leqslant \frac{n!}{R^n}M_R$.

刘维尔定理　若 $f(z)$ 在 z 平面上解析且有界，则 $f(z)$ 必为常数.

代数学基本定理　在 z 平面上的 n 次多项式

$$p(z)=a_0z^n+a_1z^{n-1}+\cdots+a_n \quad (a_0\neq 0)$$

至少有一个零点.

五*、调和函数

若二元实函数 $T(x,y)$ 在区域 D 内有连续的二阶偏导数，且满足拉普拉斯方程 $\frac{\partial^2 T}{\partial x^2}+\frac{\partial^2 T}{\partial y^2}=0$，则称 $T(x,y)$ 为 D 内的调和函数.

若函数 $f(z)=u(x,y)+\mathrm{i}v(x,y)$ 在区域 D 内解析，则 $u(x,y)$ 与 $v(x,y)$ 均为 D 内的调和函数.

若在区域 D 内，$u(x,y)$ 与 $v(x,y)$ 均为调和函数，且 u,v 在 D 内满足 C-R 条件，则称 v 是 u 在 D 内的共轭调和函数.

$f(z)=u+\mathrm{i}v$ 在区域 D 内解析 $\Leftrightarrow$ 在 D 内 $v=\mathrm{Im}\,f(z)$ 是 $u=\mathrm{Re}\,f(z)$ 的共轭调和函数.

函数 $f(z)=u(x,y)+\mathrm{i}v(x,y)$ 在单连通区域 D 内解析，已知 $f(z)$ 的实部 $u(x,y)$（或虚部 $v(x,y)$）可以由下式求出其虚部 $v(x,y)$（或实部 $u(x,y)$）：

$$v=\int_{(x_0,y_0)}^{(x,y)}-\frac{\partial u}{\partial y}\mathrm{d}x+\frac{\partial u}{\partial x}\mathrm{d}y+C,\quad u=\int_{(x_0,y_0)}^{(x,y)}\frac{\partial v}{\partial y}\mathrm{d}x-\frac{\partial v}{\partial x}\mathrm{d}y+C,$$

其中 $(x_0,y_0)\in D$, C 是任意实常数.

例 题 分 析

例 3.1　计算积分 $\int_C |z|\,\mathrm{d}z$, 其中积分路径 C 为(图 3-1)：

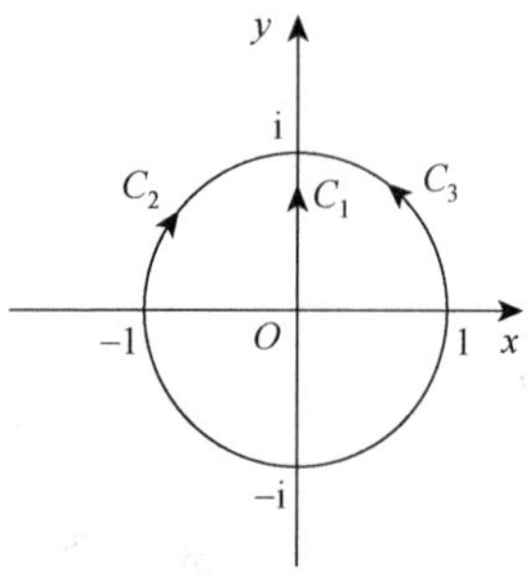

图 3-1

(1) 从点 $-\mathrm{i}$ 到点 i 的直线段;

(2) 沿单位圆周 $|z|=1$ 的左半圆周, 从点 $-\mathrm{i}$ 到点 i;

(3) 沿单位圆周 $|z|=1$ 的右半圆周, 从点 $-\mathrm{i}$ 到点 i.

解　(1) 设 $C=C_1: z=\mathrm{i}y, -1\leqslant y\leqslant 1$, 则

$$\int_C |z|\,\mathrm{d}z=\int_{-1}^{1}|y|\,\mathrm{d}(\mathrm{i}y)=\mathrm{i}\int_{-1}^{1}|y|\,\mathrm{d}y=\mathrm{i}.$$

(2) 设 $C=C_2: z=\mathrm{e}^{\mathrm{i}\theta}$, θ从$\frac{3\pi}{2}$到$\frac{\pi}{2}$, 则

$$\int_C |z|\,\mathrm{d}z=\int_{\frac{3\pi}{2}}^{\frac{\pi}{2}}1\mathrm{d}(\mathrm{e}^{\mathrm{i}\theta})=2\mathrm{i}.$$

(3) 设 $C=C_3: z=\mathrm{e}^{\mathrm{i}\theta}$, θ从$-\frac{\pi}{2}$到$\frac{\pi}{2}$, 则

$$\int_C |z|\,\mathrm{d}z=\int_{-\frac{\pi}{2}}^{\frac{\pi}{2}}1\mathrm{d}(\mathrm{e}^{\mathrm{i}\theta})=2\mathrm{i}.$$

例 3.2　计算积分 $\int_C \frac{z}{\bar{z}}\mathrm{d}z$, 其中 C 是闭圆环 $1\leqslant|z|\leqslant 2$ 上半部分的边界, 其方向如图 3-2 所示.

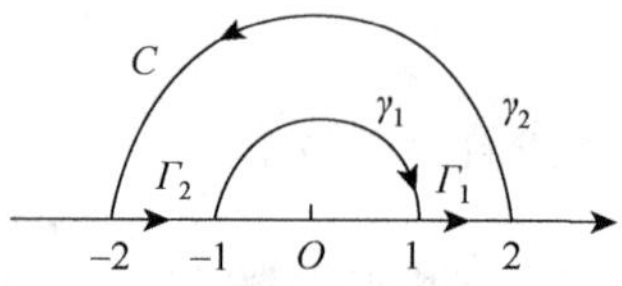

图 3-2

分析　只需写出路线各部分的参数方程, 并利用参数方程法.

解　设 γ_1,γ_2 为两个上半圆周, 则路径各部分的参数方程为(图 3-2)：

$$\Gamma_1: z=r\mathrm{e}^{\mathrm{i}\cdot 0}=r, 1\leqslant r\leqslant 2;\quad \Gamma_2: z=r\mathrm{e}^{\mathrm{i}\cdot\pi}=-r, 1\leqslant r\leqslant 2;$$
$$\gamma_1: z=\mathrm{e}^{\mathrm{i}\cdot\theta}, 0\leqslant\theta\leqslant\pi;\qquad \gamma_2: z=2\mathrm{e}^{\mathrm{i}\cdot\theta}, 0\leqslant\theta\leqslant\pi,$$

而

$$\frac{z}{\bar{z}}=\frac{z^2}{\bar{z}z}=\frac{r^2\mathrm{e}^{\mathrm{i}2\theta}}{r^2}=\mathrm{e}^{2\mathrm{i}\theta},\quad \mathrm{d}z=\mathrm{i}r\mathrm{e}^{\mathrm{i}\theta}\mathrm{d}\theta,$$

所以

$$\begin{aligned}\int_C \frac{z}{\bar z}\mathrm{d}z &= \int_{\Gamma_1}\frac{z}{\bar z}\mathrm{d}z+\int_{\Gamma_2}\frac{z}{\bar z}\mathrm{d}z+\int_{\gamma_1}\frac{z}{\bar z}\mathrm{d}z+\int_{\gamma_2}\frac{z}{\bar z}\mathrm{d}z\\ &= \int_1^2 \mathrm{d}r-\int_2^1 \mathrm{d}r+\int_0^{\pi} 2\mathrm{i}\mathrm{e}^{\mathrm{i}\theta}\mathrm{e}^{\mathrm{i}2\theta}\mathrm{d}\theta+\int_{\pi}^{0}\mathrm{i}\mathrm{e}^{\mathrm{i}\theta}\mathrm{e}^{\mathrm{i}2\theta}\mathrm{d}\theta\\ &= 2+2\mathrm{i}\int_0^{\pi}\mathrm{e}^{\mathrm{i}3\theta}\mathrm{d}\theta-\mathrm{i}\int_0^{\pi}\mathrm{e}^{\mathrm{i}3\theta}\mathrm{d}\theta=\frac{4}{3}.\end{aligned}$$

例 3.3　计算下列积分:

(1) $\displaystyle\int_{|z|=1}\frac{\mathrm{d}z}{z}$;　　(2) $\displaystyle\int_{|z|=1}\frac{\mathrm{d}z}{|z|}$;　　(3) $\displaystyle\int_{|z|=1}\frac{|\mathrm{d}z|}{z}$;　　(4) $\displaystyle\int_{|z|=1}\left|\frac{\mathrm{d}z}{z}\right|$.

分析　单位圆周 $|z|=1$ 的参数方程为 $z=\mathrm{e}^{\mathrm{i}\theta},0\leqslant\theta\leqslant 2\pi$.

解　$\mathrm{d}z=\mathrm{i}\mathrm{e}^{\mathrm{i}\theta}\mathrm{d}\theta$, 则

(1) $\displaystyle\int_{|z|=1}\frac{\mathrm{d}z}{z}=2\pi\mathrm{i}$ (重要积分);

(2) $\displaystyle\int_{|z|=1}\frac{\mathrm{d}z}{|z|}=\int_0^{2\pi}\mathrm{i}\mathrm{e}^{\mathrm{i}\theta}\mathrm{d}\theta=0$;

(3) $\displaystyle\int_{|z|=1}\frac{|\mathrm{d}z|}{z}=\int_0^{2\pi}\frac{|\mathrm{i}\mathrm{e}^{\mathrm{i}\theta}\mathrm{d}\theta|}{\mathrm{e}^{\mathrm{i}\theta}}=\int_0^{2\pi}\frac{\mathrm{d}\theta}{\mathrm{e}^{\mathrm{i}\theta}}=0$;

(4) $\displaystyle\int_{|z|=1}\left|\frac{\mathrm{d}z}{z}\right|=\int_0^{2\pi}\left|\frac{\mathrm{i}\mathrm{e}^{\mathrm{i}\theta}\mathrm{d}\theta}{\mathrm{e}^{\mathrm{i}\theta}}\right|=\int_0^{2\pi}\mathrm{d}\theta=2\pi$.

例 3.4　试证明:

(1) $\displaystyle\left|\int_C\frac{\sin z}{z^2}\mathrm{d}z\right|\leqslant 2\pi\mathrm{e}$, 其中 C 为单位圆周;

(2) $\displaystyle\left|\int_C\frac{\mathrm{d}z}{z^2}\right|\leqslant 1$, 其中 C 为连接 i 到 i + 1 的线段.

证明　(1) C 的参数方程: $z=\mathrm{e}^{\mathrm{i}\theta},0\leqslant\theta\leqslant 2\pi$; $\mathrm{d}z=\mathrm{i}\mathrm{e}^{\mathrm{i}\theta}\mathrm{d}\theta$. 在 C 上,

$$\left|\frac{\sin z}{z^2}\right|=\left|\frac{\mathrm{e}^{\mathrm{i}z}-\mathrm{e}^{-\mathrm{i}z}}{2\mathrm{i}z^2}\right|\leqslant\frac{1}{2}(|\mathrm{e}^{\mathrm{i}z}|+|\mathrm{e}^{-\mathrm{i}z}|)\leqslant\frac{1}{2}(\mathrm{e}^{|\mathrm{i}z|}+\mathrm{e}^{|-\mathrm{i}z|})=\mathrm{e}^{|z|}=\mathrm{e},$$

因为

$$|\mathrm{e}^z|=\mathrm{e}^{\mathrm{Re}\,z}\leqslant\mathrm{e}^{|z|},$$

所以

$$\left|\int_C\frac{\sin z}{z^2}\mathrm{d}z\right|\leqslant\int_C\left|\frac{\sin z}{z^2}\right||\mathrm{d}z|\leqslant\mathrm{e}\int_C|\mathrm{d}z|=2\pi\mathrm{e}.$$

(2) 在 C 上, 令 $z=x+\mathrm{i}$, $0\leqslant x\leqslant 1$, 则 $\mathrm{d}z=\mathrm{d}x$, 于是

$$\left|\int_C\frac{\mathrm{d}z}{z^2}\right|=\left|\int_0^1\frac{\mathrm{d}x}{(x+\mathrm{i})^2}\right|\leqslant\int_0^1\frac{\mathrm{d}x}{|x+\mathrm{i}|^2}\leqslant\int_0^1\frac{\mathrm{d}x}{1+x^2}=\frac{\pi}{4}<1.$$

例 3.5　求积分 $\int_C (2z^2+8z+1)\mathrm{d}z$ 的值, 其中积分路径 C 是连接 0 到 $2\pi a$ 的摆线:

$$x=a(\theta-\sin\theta),\qquad y=a(1-\cos\theta).$$

分析　若用复积分计算公式求积分的值, 则应先写出 C 的参数方程:

$$z=z(\theta)=a(\theta-\sin\theta)+\mathrm{i}a(1-\cos\theta),$$

确定起点参数 $\theta=0$, 终点参数 $\theta=2\pi$, 然后用公式:

$$\int_C f(z)\mathrm{d}z=\int_0^{2\pi} f[z(\theta)]z'(\theta)\mathrm{d}\theta$$

计算定积分即可. 但是, 只要注意到被积函数 $f(z)=2z^2+8z+1$ 在复平面内处处解析, 积分与路径无关, 就可用复积分的牛顿-莱布尼茨公式计算.

解　$\int_C (2z^2+8z+1)\mathrm{d}z=\int_0^{2\pi a}(2z^2+8z+1)\mathrm{d}z$

$$=\left(\frac{2}{3}z^3+4z^2+z\right)\bigg|_0^{2\pi a}=\frac{16}{3}\pi^3a^3+16\pi^2a^2+2\pi a.$$

例 3.6　计算积分 $\int_C (|z|-\mathrm{e}^z\sin z)\mathrm{d}z$, 其中 C 为正向圆周 $|z|=a>0$.

解　$\int_C (|z|-\mathrm{e}^z\sin z)\mathrm{d}z=\int_C |z|\mathrm{d}z-\int_C \mathrm{e}^z\sin z\mathrm{d}z$. 因函数 $\mathrm{e}^z\sin z$ 在复平面内处处解析, 由柯西积分定理, 有

$$\int_C \mathrm{e}^z\sin z\mathrm{d}z=0.$$

另外,

$$\int_C |z|\mathrm{d}z=\int_C a\mathrm{d}z=a\int_C \mathrm{d}z=0,$$

故

$$\int_C (|z|-\mathrm{e}^z\sin z)\mathrm{d}z=0.$$

例 3.7　计算积分 $\int_C \dfrac{\sin\frac{\pi}{4}z}{z^2-1}\mathrm{d}z$, 其中

(1) $C:|z+1|=\dfrac{1}{2}$;　　(2) $C:|z-1|=\dfrac{1}{2}$;　　(3) $C:|z|=2$.

解　(1) $\displaystyle\int_{|z+1|=\frac{1}{2}}\frac{\sin\frac{\pi}{4}z}{z^2-1}\mathrm{d}z=\int_{|z+1|=\frac{1}{2}}\frac{\dfrac{\sin\frac{\pi}{4}z}{z-1}}{z+1}\mathrm{d}z=2\pi\mathrm{i}\frac{\sin\frac{\pi}{4}z}{z-1}\bigg|_{z=-1}=2\pi\mathrm{i}\frac{\sqrt{2}}{4}=\frac{\sqrt{2}}{2}\pi\mathrm{i}.$

(2) $\displaystyle\int_{|z-1|=\frac{1}{2}}\frac{\sin\frac{\pi}{4}z}{z^2-1}\mathrm{d}z=\int_{|z-1|=\frac{1}{2}}\frac{\dfrac{\sin\frac{\pi}{4}z}{z+1}}{z-1}\mathrm{d}z=2\pi\mathrm{i}\frac{\sin\frac{\pi}{4}z}{z+1}\bigg|_{z=1}=2\pi\mathrm{i}\frac{\sqrt{2}}{4}=\frac{\sqrt{2}}{2}\pi\mathrm{i}.$

(3) 由复合闭路定理, 再利用 (1), (2) 中所得结果, 有

$$\int_{|z|=2}\frac{\sin\frac{\pi}{4}z}{z^2-1}\mathrm{d}z=\int_{|z+1|=\frac{1}{2}}\frac{\sin\frac{\pi}{4}z}{z^2-1}\mathrm{d}z+\int_{|z-1|=\frac{1}{2}}\frac{\sin\frac{\pi}{4}z}{z^2-1}\mathrm{d}z$$
$$=\frac{\sqrt{2}}{2}\pi\mathrm{i}+\frac{\sqrt{2}}{2}\pi\mathrm{i}=\sqrt{2}\pi\mathrm{i}.$$

例 3.8 计算积分 $\int_{|z|=3}\frac{\mathrm{e}^z}{z(z^2-1)}\mathrm{d}z$.

解 **方法 1** 在积分闭路内有三个奇点 $z=0,z=1,z=-1$, 利用部分分式分成三个积分之和, 再应用柯西积分公式求解. 因为

$$\frac{\mathrm{e}^z}{z(z^2-1)}=\frac{-\mathrm{e}^z}{z}+\frac{1}{2}\cdot\frac{\mathrm{e}^z}{z-1}+\frac{1}{2}\cdot\frac{\mathrm{e}^z}{z+1},$$

所以

$$\int_{|z|=3}\frac{\mathrm{e}^z}{z(z^2-1)}\mathrm{d}z=\int_{|z|=3}\frac{-\mathrm{e}^z}{z}\mathrm{d}z+\frac{1}{2}\int_{|z|=3}\frac{\mathrm{e}^z}{z-1}\mathrm{d}z+\frac{1}{2}\int_{|z|=3}\frac{\mathrm{e}^z}{z+1}\mathrm{d}z$$
$$=-2\pi\mathrm{i}\mathrm{e}^0+\frac{1}{2}\cdot2\pi\mathrm{i}\mathrm{e}^1+\frac{1}{2}\cdot2\pi\mathrm{i}\mathrm{e}^{-1}$$
$$=\pi\mathrm{i}\left(\mathrm{e}+\frac{1}{\mathrm{e}}-2\right).$$

方法 2 在 $|z|=3$ 内作三条简单闭曲线 C_0,C_1 和 C_2 (图 3-3), 分别包围 0, 1 和 −1, 但 C_0,C_1 和 C_2 互不包含且互不相交, 根据复合闭路定理, 有

$$\int_{|z|=3}\frac{\mathrm{e}^z}{z(z^2-1)}\mathrm{d}z=\int_{C_0}\frac{\mathrm{e}^z}{z(z^2-1)}\mathrm{d}z+\int_{C_1}\frac{\mathrm{e}^z}{z(z^2-1)}\mathrm{d}z+\int_{C_2}\frac{\mathrm{e}^z}{z(z^2-1)}\mathrm{d}z$$
$$=\int_{C_0}\frac{\frac{\mathrm{e}^z}{z^2-1}}{z}\mathrm{d}z+\int_{C_1}\frac{\frac{\mathrm{e}^z}{z(z+1)}}{z-1}\mathrm{d}z+\int_{C_2}\frac{\frac{\mathrm{e}^z}{z(z-1)}}{z+1}\mathrm{d}z$$
$$=2\pi\mathrm{i}\frac{\mathrm{e}^0}{0-1}+2\pi\mathrm{i}\frac{\mathrm{e}^1}{1(1+1)}+2\pi\mathrm{i}\frac{\mathrm{e}^{-1}}{-1(-1-1)}$$
$$=\pi\mathrm{i}\left(-2+\mathrm{e}+\frac{1}{\mathrm{e}}\right).$$

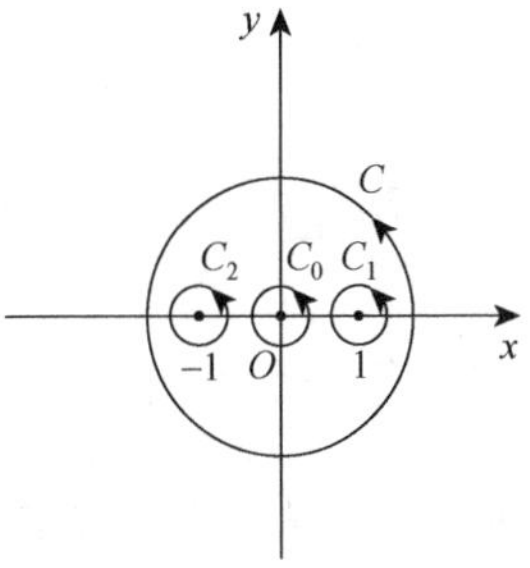

图 3-3

例 3.9 计算积分 $\int_C\frac{\sin z}{z^2+9}\mathrm{d}z, C:|z-2\mathrm{i}|=2$.

解 被积函数 $\frac{\sin z}{z^2+9}$ 有两个奇点 $z=\pm3\mathrm{i}$, 但只有 $3\mathrm{i}$ 在积分闭路内, 故

$$\int_C\frac{\sin z}{z^2+9}\mathrm{d}z=\int_C\frac{1}{6\mathrm{i}}\left(\frac{\sin z}{z-3\mathrm{i}}-\frac{\sin z}{z+3\mathrm{i}}\right)\mathrm{d}z$$
$$=\frac{1}{6\mathrm{i}}\int_C\frac{\sin z}{z-3\mathrm{i}}\mathrm{d}z-\frac{1}{6\mathrm{i}}\int_C\frac{\sin z}{z+3\mathrm{i}}\mathrm{d}z$$
$$=\frac{2\pi\mathrm{i}}{6\mathrm{i}}\cdot\sin3\mathrm{i}=\frac{\pi}{3}\sin3\mathrm{i}=\frac{\pi\mathrm{i}}{3}\mathrm{sh}3.$$

例 3.10　设 C 表示圆周 $x^2+y^2=3$,

$$f(z)=\int_C \frac{3\zeta^2+7\zeta+1}{\zeta-z}\mathrm{d}\zeta,$$

求 $f'(1+\mathrm{i})$.

解　令 $\varphi(\zeta)=3\zeta^2+7\zeta+1$, 则它在 z 平面上解析, 由柯西积分公式, 在 $|z|<\sqrt{3}$ 内,

$$f(z)=\int_{|z|=\sqrt{3}} \frac{\varphi(\zeta)}{\zeta-z}\mathrm{d}\zeta=2\pi\mathrm{i}\varphi(z)=2\pi\mathrm{i}(3z^2+7z+1),$$

所以

$$f'(z)=2\pi\mathrm{i}(6z+7),$$

而点 $1+\mathrm{i}\in|z|<\sqrt{3}$, 故

$$f'(1+\mathrm{i})=2\pi\mathrm{i}[6(1+\mathrm{i})+7]=2\pi(-6+13\mathrm{i}).$$

例 3.11　求下列积分值, 其中 C 为正向圆周: $|z|=r>1$.

(1) $\displaystyle\int_C \frac{\cos\pi z}{(z-1)^5}\mathrm{d}z$;　　　(2) $\displaystyle\int_C \frac{\mathrm{e}^z}{(z^2+1)^2}\mathrm{d}z$.

解　(1) 函数 $\dfrac{\cos\pi z}{(z-1)^5}$ 在 C 内的 $z=1$ 处不解析, 但 $\cos\pi z$ 在 C 内处处解析, 所以由解析函数高阶导数公式, 有

$$\int_C \frac{\cos\pi z}{(z-1)^5}\mathrm{d}z=\frac{2\pi\mathrm{i}}{(5-1)!}(\cos\pi z)^{(4)}\bigg|_{z=1}=-\frac{\pi^5\mathrm{i}}{12}.$$

(2) 函数 $\dfrac{\mathrm{e}^z}{(z^2+1)^2}$ 在 C 内有奇点 $z=\pm\mathrm{i}$. 在 C 内以 i 为圆心作一个正向圆周 C_1, 以 $-\mathrm{i}$ 为圆心作一个正向圆周 C_2, 并设 C_1 和 C_2 互不相交, 互不包含, 那么函数 $\dfrac{\mathrm{e}^z}{(z^2+1)^2}$ 在由 C, C_1 和 C_2 所围成的区域中是解析的, 根据复合闭路定理, 有

$$\int_C \frac{\mathrm{e}^z}{(z^2+1)^2}\mathrm{d}z=\int_{C_1} \frac{\mathrm{e}^z}{(z^2+1)^2}\mathrm{d}z+\int_{C_2} \frac{\mathrm{e}^z}{(z^2+1)^2}\mathrm{d}z,$$

而

$$\int_{C_1} \frac{\mathrm{e}^z}{(z^2+1)^2}\mathrm{d}z=\int_{C_1} \frac{\frac{\mathrm{e}^z}{(z+\mathrm{i})^2}}{(z-\mathrm{i})^2}\mathrm{d}z=\frac{2\pi\mathrm{i}}{1!}\left[\frac{\mathrm{e}^z}{(z+\mathrm{i})^2}\right]'\Bigg|_{z=\mathrm{i}}=\frac{(1-\mathrm{i})\mathrm{e}^{\mathrm{i}}}{2}\pi,$$

同样可得

$$\int_{C_2} \frac{\mathrm{e}^z}{(z^2+1)^2}\mathrm{d}z=\int_{C_1} \frac{\frac{\mathrm{e}^z}{(z-\mathrm{i})^2}}{(z+\mathrm{i})^2}\mathrm{d}z=\frac{2\pi\mathrm{i}}{1!}\left[\frac{\mathrm{e}^z}{(z-\mathrm{i})^2}\right]'\Bigg|_{z=-\mathrm{i}}=\frac{-(1+\mathrm{i})\mathrm{e}^{-\mathrm{i}}}{2}\pi.$$

所以

$$\int_C \frac{e^z}{(z^2+1)^2}dz = \frac{\pi}{2}(1-i)(e^i - ie^{-i}) = \frac{\pi}{2}(1-i)^2(\cos 1 - \sin 1) = \sqrt{2}i\pi\sin\left(1-\frac{\pi}{4}\right).$$

例 3.12　计算积分 $\int_{|z|=\rho}\frac{|dz|}{|z-a|^2}$,其中$a\neq 0, a\neq\rho, \rho>0$.

分析　若令 $z=x+iy$, 则此积分实际上是二元实函数

$$\frac{1}{|z-a|^2}=\frac{1}{(x-\mathrm{Re}\,a)^2+(y-\mathrm{Im}\,a)^2}$$

沿圆周 $x^2+y^2=\rho^2$ 对弧长 $|dz|=\sqrt{(dx)^2+(dy)^2}=ds$ 的曲线积分, 可用其公式计算. 但是, 注意到若令 $z=\rho e^{i\theta}$, 则 $z\overline{z}=\rho^2$, $|dz|=ds=\rho d\theta=-i\rho\frac{dz}{z}$, 此积分也可用柯西积分公式计算.

解　$\int_{|z|=\rho}\frac{|dz|}{|z-a|^2}=\int_{|z|=\rho}\frac{-i\rho}{(z-a)(\overline{z}-\overline{a})}\frac{dz}{z}=-i\rho\int_{|z|=\rho}\frac{dz}{(z-a)(\rho^2-\overline{a}z)}$.

若 $|a|<\rho$, 则 $\frac{1}{\rho^2-\overline{a}z}$ 在 $|z|\leqslant\rho$ 上解析. 由柯西积分公式,

$$\int_{|z|=\rho}\frac{|dz|}{|z-a|^2}=-i\rho\int_{|z|=\rho}\frac{\frac{1}{\rho^2-\overline{a}z}}{z-a}dz=-i\rho\cdot 2\pi i\left.\frac{1}{\rho^2-\overline{a}z}\right|_{z=a}=\frac{2\pi\rho}{\rho^2-|a|^2}.$$

若 $|a|>\rho$, 则

$$\int_{|z|=\rho}\frac{|dz|}{|z-a|^2}=\frac{i\rho}{\overline{a}}\int_{|z|=\rho}\frac{\frac{1}{z-a}}{z-\frac{\rho^2}{\overline{a}}}dz=\frac{i\rho}{\overline{a}}\cdot 2\pi i\left.\frac{1}{z-a}\right|_{z=\frac{\rho^2}{\overline{a}}}=\frac{2\pi\rho}{|a|^2-\rho^2},$$

故

$$\int_{|z|=\rho}\frac{|dz|}{|z-a|^2}=\begin{cases}\dfrac{2\pi\rho}{\rho^2-|a|^2}, & |a|<\rho,\\[2ex] \dfrac{2\pi\rho}{|a|^2-\rho^2}, & |a|>\rho.\end{cases}$$

例 3.13　设 n 是自然数, 试证:

$$\int_0^{2\pi}e^{r\cos\varphi}\cos(r\sin\varphi-n\varphi)d\varphi=\frac{2\pi}{n!}r^n,$$
$$\int_0^{2\pi}e^{r\cos\varphi}\sin(r\sin\varphi-n\varphi)d\varphi=0.$$

分析　观察上面两个定积分的被积函数, 注意到利用欧拉公式 $e^{i\theta}=\cos\theta+i\sin\theta$, 有

$$\begin{aligned}&\int_0^{2\pi}e^{r\cos\varphi}\cos(r\sin\varphi-n\varphi)d\varphi+i\int_0^{2\pi}e^{r\cos\varphi}\sin(r\sin\varphi-n\varphi)d\varphi\\=&\int_0^{2\pi}e^{r\cos\varphi}e^{i(r\sin\varphi-n\varphi)}d\varphi\\=&\int_0^{2\pi}e^{re^{i\varphi}}\cdot e^{-in\varphi}d\varphi\\=&\int_0^{2\pi}\frac{e^{re^{i\varphi}}}{(e^{i\varphi})^n}d\varphi.\end{aligned}$$

令 $z=e^{i\varphi}$, 用复积分计算公式可将此积分化为沿单位圆周 $|z|=1$ 上的复积分, 然后利用柯西积分公式计算积分值即可得所要证结论.

证明　令

$$I_1=\int_0^{2\pi}e^{r\cos\varphi}\cos(r\sin\varphi-n\varphi)d\varphi,\quad I_2=\int_0^{2\pi}e^{r\cos\varphi}\sin(r\sin\varphi-n\varphi)d\varphi.$$

运用复数的指数表示式计算积分

$$\begin{aligned}I_1+iI_2&=\int_0^{2\pi}e^{r\cos\varphi}\cos(r\sin\varphi-n\varphi)d\varphi+i\int_0^{2\pi}e^{r\cos\varphi}\sin(r\sin\varphi-n\varphi)d\varphi\\&=\int_0^{2\pi}e^{r\cos\varphi}e^{i(r\sin\varphi-n\varphi)}d\varphi\\&=\int_0^{2\pi}e^{re^{i\varphi}}\cdot e^{-in\varphi}d\varphi\\&=\int_0^{2\pi}\frac{e^{re^{i\varphi}}}{(e^{i\varphi})^n}d\varphi.\end{aligned}$$

令 $z=e^{i\varphi}$, 则当 φ 由 0 变到 2π 时, z 的轨迹是逆时针走向的单位圆周 $|z|=1$, 且 $dz=ie^{i\varphi}d\varphi$, 所以, 由高阶导数公式, 有

$$I_1+iI_2=\int_{|z|=1}e^{rz}\frac{dz}{iz^{n+1}}=\frac{1}{i}\int_{|z|=1}\frac{e^{rz}}{(z-0)^{n+1}}dz=\frac{1}{i}\frac{2\pi i}{n!}\left[\frac{d^n}{dz^n}(e^{rz})\right]\bigg|_{z=0}=\frac{2\pi}{n!}r^n,$$

比较等式两端实部与虚部即得所要证明的两个等式.

例 3.14　如果在 $|z|<1$ 内 $f(z)$ 解析且 $|f(z)|\leqslant\dfrac{1}{1-|z|}$, 证明:

$$|f^{(n)}(0)|\leqslant(n+1)!\left(1+\frac{1}{n}\right)^n<e(n+1)!\quad(n=1,2,\cdots).$$

证　由高阶导数公式, 有

$$f^{(n)}(0)=\frac{n!}{2\pi i}\int_{|z|=r}\frac{f(z)}{z^{n+1}}dz,\quad 0<r<1.$$

于是利用积分不等式得

$$|f^{(n)}(0)|\leqslant\frac{n!}{2\pi\mathrm{i}}\int_{|z|=r}\frac{|f(z)|}{|z|^{n+1}}|\mathrm{d}z|\leqslant\frac{n!}{2\pi}\int_{|z|=r}\frac{|\mathrm{d}z|}{(1-|z|)|z|^{n+1}}=\frac{n!}{(1-r)r^{n}},$$

与要证明的结论作比较, 可取 $r=\dfrac{n}{n+1}$, 于是有

$$|f^{(n)}(0)|\leqslant(n+1)!\left(1+\frac{1}{n}\right)^{n}<\mathrm{e}(n+1)!\quad(n=1,2,\cdots).$$

例 3.15　试证 xy^2 不能成为一个解析函数的实部.

分析　由于一个解析函数的实部是调和函数, 故只需证函数 $u=xy^2$ 不是调和函数即可.

证明　令 $u=xy^2$, 因为 $\dfrac{\partial u}{\partial x}=y^2,\dfrac{\partial^2 u}{\partial x^2}=0,\dfrac{\partial u}{\partial y}=2xy,\dfrac{\partial^2 u}{\partial y^2}=2x$, 故当 $x\neq 0$ 时, $u=xy^2$ 不是一个调和函数. 而在直线 $x=0$ 上, 虽然满足拉普拉斯方程, 但是直线不是区域. 因此, 在 z 平面上任何区域内, xy^2 不能成为一个解析函数的实部.

例 3.16　由下列各已知调和函数求解析函数 $f(z)=u+\mathrm{i}v$:

(1) $u=(x-y)(x^2+4xy+y^2)$;　　(2) $v=\dfrac{y}{x^2+y^2},f(2)=0$.

解　(1) $\dfrac{\partial u}{\partial x}=3x^2+6xy-3y^2,\ \dfrac{\partial u}{\partial y}=3x^2-6xy-3y^2$, 则

$$f'(z)=\frac{\partial u}{\partial x}-\mathrm{i}\frac{\partial u}{\partial y}=3x^2+6xy-3y^2-\mathrm{i}(3x^2-6xy-3y^2)=3(1-\mathrm{i})z^2,$$

故 $f(z)=(1-\mathrm{i})z^3+\mathrm{i}C,C\in\mathbf{R}$.

(2) $\dfrac{\partial v}{\partial y}=\dfrac{x^2-y^2}{(x^2+y^2)^2},\dfrac{\partial v}{\partial x}=\dfrac{-2xy}{(x^2+y^2)^2}$, 则

$$f'(z)=\frac{\partial v}{\partial y}+\mathrm{i}\frac{\partial v}{\partial x}=\frac{x^2-y^2}{(x^2+y^2)^2}+\mathrm{i}\frac{-2xy}{(x^2+y^2)^2}=\frac{x^2-y^2-2\mathrm{i}xy}{(x^2+y^2)^2}=\frac{\overline{z}^2}{(z\overline{z})^2}=\frac{1}{z^2},$$

故 $f(z)=-\dfrac{1}{z}+C$. 又由 $f(2)=0$, 有 $f(z)=\dfrac{1}{2}-\dfrac{1}{z}$.

综合练习题

1. 设 C 是 $|z|=1$ 上由 1 到 -1 的上半圆周, 试证: $\left|\int_C \frac{e^z}{z}dz\right| \leqslant \pi e$.

2. 计算下列积分:

(1) $\int_C \bar{z}dz, C$: 沿 $y=x^2$ 从 0 到 $1+i$;

(2) $\int_C (z-1)dz, C$: 上半单位圆周, 由 $z=1$ 到 $z=-1$;

(3) $\int_{1+i}^{2+4i} z^2 dz$;

(4) $\int_C \frac{z-2}{z^2-z}dz, C: |z|=2$;

(5) $\int_C \frac{1}{z^2+4}dz$, C 分别是: $|z-i|=2, |z+i|=2, |z|=8$;

(6) $\int_C \frac{z^2+1}{z^2-1}dz$, $C: |z-z_0|=1$, 分别设 $z_0=1$, $z_0=-1$, $z_0=i$;

(7) $\int_C \frac{z}{(2z+1)(z-1)}dz, C$ 是环域 $\frac{3}{4}<|z|<2$ 的边界, 取正向;

(8) $\int_C \frac{e^z}{\left(z-\frac{\pi}{2}\right)^2}dz$, $C: |z|=2$;

(9) $\int_C \frac{e^z}{z(1-z)^3}dz, C$ 为不经过但包含 0 与 1 的正向简单闭曲线.

3. 设 C: $|z-z_0|=R, R>0$, 分别给出当 $n\leqslant 0$ 时和当 $n\geqslant 1$ 时积分 $\int_C \frac{e^z}{(z-z_0)^n}dz$ 的值, 说明理由.

综合练习题答案与提示

1. 提示: 设 $z=\cos\theta+\mathrm{i}\sin\theta$, $|\mathrm{e}^z|=\mathrm{e}^{\cos\theta}\leqslant \mathrm{e}$, 应用积分的性质可证.

2. (1) 设 $z(t)=t+\mathrm{i}t^2, 0\leqslant t\leqslant 1, \int_C \bar{z}\mathrm{d}z=\int_0^1(t-\mathrm{i}t^2)\mathrm{d}(t+\mathrm{i}t^2)=\int_0^1(t-\mathrm{i}t^2)(1+2\mathrm{i}t)\mathrm{d}t=1+\frac{\mathrm{i}}{3}$;

(2) $\int_C(z-1)\mathrm{d}z=\left(\frac{z^2}{2}-z\right)\Big|_1^{-1}=2$, 或令 $z=\mathrm{e}^{\mathrm{i}\theta}$ 代入, $0\leqslant\theta\leqslant\pi$;

(3) $\int_{1+\mathrm{i}}^{2+4\mathrm{i}} z^2\mathrm{d}z=\frac{1}{3}z^3\Big|_{1+\mathrm{i}}^{2+4\mathrm{i}}=-\frac{86}{3}-6\mathrm{i}$;

(4) $2\pi\mathrm{i}$; (5) $\frac{\pi}{2}, -\frac{\pi}{2}, 0$; (6) $2\pi\mathrm{i}, -2\pi\mathrm{i}, 0$;

(7) $\int_C\frac{z}{(2z+1)(z-1)}\mathrm{d}z=\int_C\frac{\frac{z}{2z+1}}{z-1}\mathrm{d}z=2\pi\mathrm{i}\frac{z}{2z+1}\Big|_{z=1}=\frac{2}{3}\pi\mathrm{i}$, 注意! $-\frac{1}{2}$ 没在环域内;

(8) $2\pi\mathrm{i}\mathrm{e}^{\frac{\pi}{2}}$; (9) $(2-\mathrm{e})\pi\mathrm{i}$.

3. 当 $n\leqslant 0$ 时, 积分值为 0. 当 $n\geqslant 1$ 时, $\int_C\frac{\mathrm{e}^z}{(z-z_0)^n}\mathrm{d}z=\frac{2\pi\mathrm{i}}{(n-1)!}(\mathrm{e}^z)^{(n-1)}\Big|_{z=z_0}=\frac{2\pi\mathrm{i}}{(n-1)!}\mathrm{e}^{z_0}$.

第四章　复变函数的级数表示

基 本 要 求

1. 理解复数项级数收敛、发散和绝对收敛的概念，了解复数项级数收敛和绝对收敛的充要条件，能判定复数项级数是否收敛、是否绝对收敛.

2. 知道函数项级数以及其和函数的概念，理解幂级数收敛圆和收敛半径的概念，熟悉幂级数在收敛圆内的性质.

3. 理解泰勒级数的概念，熟练掌握一些常见函数的泰勒展开式和将一些解析函数展开成泰勒级数的方法.

4. 理解解析函数的零点的概念，掌握判断零点阶数的方法，知道零点的孤立性和解析函数唯一性定理.

5. 理解洛朗级数的概念，熟练掌握把一些不同圆环内解析的函数展开成洛朗级数的方法.

6. 理解孤立奇点的概念及其分类的定义，掌握可去奇点、m 阶极点、本性奇点的特征，能运用相关结论对孤立奇点的类型进行判定.

主要内容复习

一、复数项级数和函数项级数

复数项级数 $\sum\limits_{n=1}^{\infty}C_n$，设 $S_n=\sum\limits_{k=1}^{n}C_k$，若 $\lim\limits_{n\to\infty}S_n=S$（$S$ 为有限复数），则称级数 $\sum\limits_{n=1}^{\infty}C_n$ 收敛于 S，记为 $\sum\limits_{n=1}^{\infty}C_n=S$，且称 S 为 $\sum\limits_{n=1}^{\infty}C_n$ 的和；否则复数列 S_n 无极限，则称级数 $\sum\limits_{n=1}^{\infty}C_n$ 发散. 若 $\sum\limits_{n=1}^{\infty}|C_n|$ 收敛，则称 $\sum\limits_{n=1}^{\infty}C_n$ 绝对收敛.

复数项级数的主要性质:

(1) 若 $\sum\limits_{n=1}^{\infty}C_n$ 收敛，则 $\lim\limits_{n\to\infty}C_n=0$.

(2) 若 k 为常数，且 $\sum\limits_{n=1}^{\infty}C_n=S$，则 $\sum\limits_{n=1}^{\infty}kC_n=k\sum\limits_{n=1}^{\infty}C_n$.

(3) 若 $\sum\limits_{n=1}^{\infty}C_n=S$，$\sum\limits_{n=1}^{\infty}C_n'=S'$，则 $\sum\limits_{n=1}^{\infty}(C_n+C_n')=S+S'$.

(4) 设 $C_n=a_n+\mathrm{i}b_n$，$S=a+\mathrm{i}b$（a_n,b_n,a,b 均为实常数），则

$$\sum_{n=1}^{\infty}C_n=S\Leftrightarrow\sum_{n=1}^{\infty}a_n=a \text{ 且 } \sum_{n=1}^{\infty}b_n=b;$$

(5) 设 $C_n=a_n+\mathrm{i}b_n$（a_n,b_n 为实常数），则 $\sum\limits_{n=1}^{\infty}C_n$ 绝对收敛 $\Leftrightarrow\sum\limits_{n=1}^{\infty}a_n$ 与 $\sum\limits_{n=1}^{\infty}b_n$ 都绝对收敛，即有 $\sum\limits_{n=1}^{\infty}|C_n|$ 收敛 $\Leftrightarrow\sum\limits_{n=1}^{\infty}|a_n|$ 与 $\sum\limits_{n=1}^{\infty}|b_n|$ 都收敛.

显然，若 $\sum\limits_{n=1}^{\infty}C_n$ 绝对收敛，则 $\sum\limits_{n=1}^{\infty}C_n$ 必收敛；反之未必成立.

(6) 绝对收敛级数 $\sum\limits_{n=1}^{\infty}C_n$ 的各项可以重排，即若级数

$$\sum_{n=1}^{\infty}C_n=C_1+C_2+\cdots+C_n+\cdots$$

绝对收敛，则调换级数的各项顺序后所得之级数仍绝对收敛且其和不变.

(7) 两个绝对收敛级数

$$S=C_1+C_2+\cdots+C_n+\cdots,\quad S'=C_1'+C_2'+\cdots+C_n'+\cdots$$

的乘积级数

$$C_1C_1'+(C_1C_2'+C_2C_1')+(C_1C_3'+C_2C_2'+C_3C_1')+\cdots$$

收敛于 SS'.

设函数 $f_n(z)(n=1,2,\cdots)$ 在集合 E 上有定义，称 $\sum\limits_{n=1}^{\infty}f_n(z)$ 为 E 上的函数项级数. 若对 $\forall z\in E$，$\sum\limits_{n=1}^{\infty}f_n(z)$ 收敛于函数 $f(z)$，则称函数项级数 $\sum\limits_{n=1}^{\infty}f_n(z)$ 在 E 上收敛于 $f(z)$，记为 $\sum\limits_{n=1}^{\infty}f_n(z)=f(z)$，$f(z)$ 称为 $\sum\limits_{n=1}^{\infty}f_n(z)$ 的和函数.

二、幂级数 $\sum\limits_{n=0}^{\infty}C_n(z-z_0)^n$ 的相关结论

幂级数 $\sum\limits_{n=0}^{\infty}C_n(z-z_0)^n$ 是一类特殊的函数项级数，其中 C_n,z_0 是复常数，z 是复变数.

若幂级数 $\sum\limits_{n=0}^{\infty}C_n(z-z_0)^n$ 在点 $z_1(z_1\neq z_0)$ 处收敛，则当 $|z-z_0|<|z_1-z_0|$ 时，幂级数 $\sum\limits_{n=0}^{\infty}C_n(z-z_0)^n$ 不仅收敛而且绝对收敛；若幂级数 $\sum\limits_{n=0}^{\infty}C_n(z-z_0)^n$ 在点 z_2 处发散，则当 $|z-z_0|>|z_2-z_0|$ 时，幂级数 $\sum\limits_{n=0}^{\infty}C_n(z-z_0)^n$ 发散.

幂级数 $\sum_{n=0}^{\infty}C_n(z-z_0)^n$ 的收敛范围是一个圆域 $|z-z_0|<R$, $|z-z_0|<R$ 称为它的收敛圆, R 称为它的收敛半径, $|z-z_0|=R$ 称为它的收敛圆周.

(1) 如果 $R=+\infty$, 那么级数 $\sum_{n=0}^{\infty}C_n(z-z_0)^n$ 在复平面上每一点都绝对收敛.

(2) 如果 $R=0$, 那么级数 $\sum_{n=0}^{\infty}C_n(z-z_0)^n$ 在复平面上除 $z=z_0$ 外, 每一点都发散.

(3) 如果 $0<R<+\infty$, 那么当 $|z-z_0|<R$ 时, 级数 $\sum_{n=0}^{\infty}C_n(z-z_0)^n$ 绝对收敛; 当 $|z-z_0|>R$ 时, 级数 $\sum_{n=0}^{\infty}C_n(z-z_0)^n$ 发散; 当 $|z-z_0|=R$ 时, 级数的敛散性不能确定.

若 $\lim\limits_{n\to\infty}\left|\dfrac{C_{n+1}}{C_n}\right|=l$ 或 $\lim\limits_{n\to\infty}\sqrt[n]{|C_n|}=l$, 其中 l 为有限常数或无穷大, 则幂级数 $\sum_{n=0}^{\infty}C_n(z-z_0)^n$ 的收敛半径 $R=\dfrac{1}{l}$. 特别地, 当 $l=+\infty$ 或 $l=0$ 时, R 分别为 0 和 $+\infty$.

若幂级数 $\sum_{n=0}^{\infty}C_n(z-z_0)^n$ 的和函数是 $f(z)$, 其收敛圆为 $|z-z_0|<R$, 则

(1) 和函数 $f(z)$ 在收敛圆内解析.

(2) 幂级数 $\sum_{n=0}^{\infty}C_n(z-z_0)^n$ 在收敛圆内可逐项求导至任意阶, 即

$$f^{(k)}(z)=\sum_{n=0}^{\infty}[C_n(z-z_0)^n]^{(k)}\qquad(k=1,2,\cdots).$$

根据此式, 可推出 $C_k=\dfrac{f^{(k)}(z_0)}{k!}$.

(3) 幂级数 $\sum_{n=0}^{\infty}C_n(z-z_0)^n$ 在收敛圆内可逐项积分, 即对 $|z-z_0|<R$ 内的任意曲线 C 有

$$\int_C f(z)\mathrm{d}z=\sum_{n=0}^{\infty}\int_C C_n(z-z_0)^n\mathrm{d}z.$$

(4) 幂级数在收敛圆内可进行有理运算(加、减、乘)与复合. 其中可进行有理运算的含义是: 若

$$\sum_{n=0}^{\infty}a_n(z-z_0)^n=f(z),\ |z-z_0|<R_1;\qquad \sum_{n=0}^{\infty}b_n(z-z_0)^n=g(z),\ |z-z_0|<R_2.$$

取 $R=\min\{R_1,R_2\}$, 则当 $|z-z_0|<R$ 时, 有

$$\sum_{n=0}^{\infty}a_n(z-z_0)^n\pm\sum_{n=0}^{\infty}b_n(z-z_0)^n=\sum_{n=0}^{\infty}(a_n\pm b_n)(z-z_0)^n=f(z)\pm g(z),$$

$$\left[\sum_{n=0}^{\infty}a_n(z-z_0)^n\right]\left[\sum_{n=0}^{\infty}b_n(z-z_0)^n\right]=\sum_{n=0}^{\infty}(a_0b_n+a_1b_{n-1}+\cdots+a_{n-1}b_1+a_nb_0)(z-z_0)^n=f(z)g(z).$$

三、泰勒级数

设函数 $f(z)$ 在 $|z-z_0|<R$ 内解析, 则 $f(z)$ 在 $|z-z_0|<R$ 内能展成幂级数

$$f(z)=\sum_{n=0}^{\infty}C_n(z-z_0)^n,$$

其中系数 $C_n=\dfrac{1}{2\pi i}\int_C\dfrac{f(\zeta)}{(\zeta-z_0)^{n+1}}d\zeta=\dfrac{f^{(n)}(z_0)}{n!}$, $C:|z-z_0|=\rho$, $0<\rho<R$, 且展开式是唯一的. 此展开式称为 $f(z)$ 在 z_0 的泰勒展开式, 展开式右边的级数称为泰勒级数, C_n 称为泰勒系数.

$f(z)$ 在 z_0 解析 $\Leftrightarrow$ $f(z)$ 在 z_0 的某邻域 $|z-z_0|<R$ 内可展成 $z-z_0$ 的幂级数, 即泰勒级数.

$f(z)$ 在 z_0 解析, 在 z_0 的泰勒级数为 $\sum\limits_{n=0}^{\infty}C_n(z-z_0)^n$, 其收敛半径为 R, z_1 是 $f(z)$ 的奇点, 而且是 $f(z)$ 距 z_0 最近的奇点, 则 z_1 在收敛圆周 $C:|z-z_0|=R$ 上, 即 $R=|z_1-z_0|$.

常见的泰勒展开式:

(1) $\dfrac{1}{1-z}=\sum\limits_{n=0}^{\infty}z^n, |z|<1$;

(2) $\dfrac{1}{1+z}=\sum\limits_{n=0}^{\infty}(-1)^n z^n, |z|<1$;

(3) $e^z=\sum\limits_{n=0}^{\infty}\dfrac{1}{n!}z^n, |z|<+\infty$;

(4) $\sin z=\sum\limits_{n=0}^{\infty}\dfrac{(-1)^n}{(2n+1)!}z^{2n+1}, |z|<+\infty$;

(5) $\cos z=\sum\limits_{n=0}^{\infty}\dfrac{(-1)^n}{(2n)!}z^{2n}, |z|<+\infty$.

函数展开成泰勒级数的方法有直接法和间接法, 直接法就是直接计算泰勒系数, 从而得到泰勒级数的方法; 间接法就是根据泰勒展开式的唯一性, 利用一些已知函数的泰勒展开式, 并利用幂级数在收敛范围内的性质求出所给函数的泰勒展开式. 一般情况下, 选择间接法.

解析函数的零点:

(1) 设 $f(z)$ 在 z_0 处解析, 且 $f(z_0)=0$, 则称 z_0 为 $f(z)$ 的零点.

(2) 若 z_0 为 $f(z)$ 的零点, 则在 $|z-z_0|<R$ 内有 $f(z)=\sum\limits_{n=1}^{\infty}C_n(z-z_0)^n$ (这里 $C_0=0$). 若此展开式中的系数不全为零, 即必有一自然数 $m(m\geqslant 1)$ 使得

$$C_1=C_2=\cdots=C_{m-1}=0,\quad C_m\neq 0,$$

则称 z_0 为 $f(z)$ 的 m 阶零点. 此时 $f(z)$ 在 $|z-z_0|<R$ 内展成的幂级数形如:

$$f(z)=C_m(z-z_0)^m+C_{m+1}(z-z_0)^{m+1}+C_{m+2}(z-z_0)^{m+2}+\cdots\quad (C_m\neq 0),$$

(3) $f(z)$ 在 z_0 解析, 则

z_0 称为 $f(z)$ 的 m 阶零点 $\Leftrightarrow$ $f(z_0)=f'(z_0)=\cdots=f^{(m-1)}(z_0)=0$, 但 $f^{m}(z_0)\neq 0$.

(4) $f(z)$ 是不恒为零的解析函数, 则 z_0 为 $f(z)$ 的 m 阶零点 $\Leftrightarrow$ 存在 $\varphi(z)$ 使 $f(z)=$

$(z-z_0)^m\varphi(z)$, 其中$\varphi(z)$在z_0的邻域$|z-z_0|<R$内解析, 且$\varphi(z_0)\neq 0$.

(5) 若函数$f(z)$的$|z-z_0|<R$内解析且不恒为零, z_0为其零点, 则必存在z_0的一个邻域, 使$f(z)$在其中无异于z_0的零点, 即不恒为零的解析函数的零点必是孤立的.

(6) **解析函数唯一性定理**　设$p(z),q(z)$在区域D内解析, $z_0\in D, z_n\in D, z_n\neq z_0 (n=1,2,\cdots)$, 且$\lim\limits_{n\to\infty} z_n = z_0$, 若$p(z_n)=q(z_n), n=1,2,\cdots$, 则$p(z)$和$q(z)$在$D$内恒等.

区域D上的解析函数只要在一个含有属于区域D的极限点的部分集合上的值被确定了, 那么它在整个D上的值也被唯一确定了.

四、洛朗级数

设函数$f(z)$在圆环$R_1<|z-z_0|<R_2$ ($R_1\geqslant 0, R_2\leqslant +\infty$) 内解析, 则$f(z)$在圆环内可展成两端幂级数

$$f(z)=\sum_{n=-\infty}^{\infty} C_n(z-z_0)^n,$$

其中$C_n=\dfrac{1}{2\pi i}\int_C \dfrac{f(\zeta)}{(\zeta-z_0)^{n+1}}d\zeta (n=0,\pm1,\pm2,\cdots)$, 这里$C:|z-z_0|=\rho(R_1<\rho<R_2)$, 并且展开式是唯一的. 此展开式称为$f(z)$在点$z_0$的洛朗展开式, 展开式右边的级数称为洛朗级数, C_n称为$f(z)$在点z_0的洛朗系数.

犹如求泰勒级数的方法一样, 将函数在解析的圆环内展开成洛朗级数的方法有直接法和间接法. 通常不是计算洛朗系数, 而是选择间接法, 即根据洛朗展开式的唯一性, 利用已知函数的幂级数展开式和幂级数在收敛范围内的性质求出所给函数的洛朗展开式.

五、孤立奇点的分类

若z_0是$f(z)$的奇点, 而且$f(z)$在z_0的某个邻域内除z_0点外再无其他奇点, 则称z_0为$f(z)$的孤立奇点.

若z_0是$f(z)$的孤立奇点, 则必存在$R>0$, 使得$f(z)$在$0<|z-z_0|<R$内解析, 在圆环$0<|z-z_0|<R$内, 有

$$f(z)=\sum_{n=0}^{\infty} C_n(z-z_0)^n+\sum_{n=1}^{\infty} C_{-n}(z-z_0)^{-n}, \tag{4.1}$$

其中$\sum\limits_{n=1}^{\infty} C_{-n}(z-z_0)^{-n}$称为$f(z)$在$z_0$的主要部分.

根据$f(z)$在孤立奇点z_0的主要部分的三种情况对孤立奇点z_0进行分类. 三种情况分别是:

(1) 主要部分没有.

(2) 主要部分有有限项.

(3) 主要部分有无穷多项.

分别在这三种情况下, 称z_0为$f(z)$的可去奇点、极点和本性奇点.

z_0是可去奇点的三个等价条件:

(1) 在 (4.1) 式中 $C_{-n}(n=1,2,\cdots)=0$, 即 $f(z)$ 在 z_0 的主要部分为零;

(2) $\lim\limits_{z\to z_0} f(z)=b(\neq\infty)$;

(3) $f(z)$ 在 z_0 的某个去心邻域 $0<|z-z_0|<\delta$ 内有界.

z_0 是 m 阶极点的三个等价条件:

(1) 在 (4.1) 式中, 存在一个自然数 m, 使得 $C_{-m}\neq 0$, 而当 $n>m$ 时, $C_{-n}=0$, 即 $f(z)$ 在 z_0 的主要部分有有限项 (注意: 未必是 m 项);

(2) 在 $0<|z-z_0|<R$ 内, 有 $f(z)=\dfrac{\lambda(z)}{(z-z_0)^m}$, $\lambda(z)$ 在 $|z-z_0|<R$ 内解析, 且 $\lambda(z_0)\neq 0$;

(3) z_0 是 $\dfrac{1}{f(z)}$ 的 m 阶零点 (可去奇点看作解析点).

z_0 是本性奇点: 在 (4.1) 式中, 有无穷多个 k 使 $C_{-k}\neq 0$, 即 $f(z)$ 在 z_0 的主要部分有无穷多项.

例题分析

例 4.1　判断下列级数是否收敛, 是否绝对收敛?

(1) $\sum\limits_{n=1}^{\infty} e^{in}$;　　(2) $\sum\limits_{n=1}^{\infty}\dfrac{1}{(2+3i)^n}$;　　(3) $\sum\limits_{n=1}^{\infty}(-1)^n\dfrac{1}{ni}$.

分析　复数项级数敛散性的判定常先观察通项是否趋向零, 若不趋向于零, 由复数项级数的性质判断级数必发散; 若趋向于零, 再考察级数 $\sum\limits_{n=1}^{\infty}|C_n|$ 的敛散性. 若 $\sum\limits_{n=1}^{\infty}|C_n|$ 收敛, 则级数 $\sum\limits_{n=1}^{\infty}C_n$ 绝对收敛且收敛; 若 $\sum\limits_{n=1}^{\infty}|C_n|$ 发散, 则级数 $\sum\limits_{n=1}^{\infty}|C_n|$ 非绝对收敛, 再通过实部和虚部对应的级数的敛散性判定级数是否收敛.

解　(1) 通项 $C_n=e^{in}$, 而 $\lim\limits_{n\to\infty}C_n=\lim\limits_{n\to\infty}e^{in}\neq 0$, 通项极限不趋向零, 故原级数发散.

(2) 通项 $C_n=\dfrac{1}{(2+3i)^n}$, 而 $\lim\limits_{n\to\infty}C_n=0$, 考察级数

$$\sum_{n=1}^{\infty}|C_n|=\sum_{n=1}^{\infty}\frac{1}{|2+3i|^n},$$

$$\lim_{n\to\infty}\frac{|C_{n+1}|}{|C_n|}=\frac{1}{|2+3i|}=\frac{1}{\sqrt{13}}<1.$$

由实数项级数的比值法知道, $\sum\limits_{n=1}^{\infty}|C_n|=\sum\limits_{n=1}^{\infty}\dfrac{1}{|2+3i|^n}$ 收敛, 从而原级数绝对收敛并且收敛.

(3) 通项 $C_n=(-1)^n\dfrac{1}{ni}$, 而 $\lim\limits_{n\to\infty}C_n=0$, 考察级数 $\sum\limits_{n=1}^{\infty}|C_n|=\sum\limits_{n=1}^{\infty}\dfrac{1}{n}$ 发散, 从而原级数非绝对收敛;

设 $C_n=(-1)^n\dfrac{1}{ni}=a_n+ib_n$, 其中 $a_n=0, b_n=(-1)^n\dfrac{1}{n}$, 则实部对应的级数 $\sum\limits_{n=1}^{\infty}a_n=0$ 收敛, 虚部对应的级数 $\sum\limits_{n=1}^{\infty}b_n=\sum\limits_{n=1}^{\infty}(-1)^n\dfrac{1}{n}$ 为交错级数, 其通项绝对值单调趋于零, 由莱布尼茨判别法

知道该级数收敛，从而原级数收敛.

例 4.2　证明 $f(z)=\sum_{n=1}^{\infty}\frac{z^n}{n^2}$ 在 $|z|<1$ 内解析，并求 $f'(z)$.

分析　先应用定理 4.7 求此幂级数的收敛半径，再应用定理 4.8(1)，(2) 讨论 $f(z)$ 的解析及可导.

解　所给幂级数的系数 $C_n=\frac{1}{n^2}$，$l=\lim_{n\to\infty}\frac{|C_{n+1}|}{|C_n|}=\lim_{n\to\infty}\frac{n^2}{(n+1)^2}=1$，故所给幂级数的收敛半径 $R=\frac{1}{l}=1$，由定理 4.8(1)，(2)，$f(z)$ 在 $|z|<1$ 内解析，且在 $|z|<1$ 内

$$f'(z)=\sum_{n=1}^{\infty}\left(\frac{z^n}{n^2}\right)'=\sum_{n=1}^{\infty}n\frac{z^{n-1}}{n^2}=\sum_{n=1}^{\infty}\frac{z^{n-1}}{n}.$$

例 4.3　将下列函数在 $z_0=1$ 点展开成泰勒级数，并指明其收敛范围.

(1) e^z;　　(2) $\frac{z-1}{(z+1)^2}$;　　(3) $\cos z$.

分析　将解析函数展开成幂级数的方法有两种：直接求泰勒系数法和间接法. 间接法又有代入法、求导法、积分法、微分法以及级数的四则运算法等等，间接法中最常用的是前两种方法，一般情况下直接求泰勒系数法计算量偏大，通常采用间接法. 而泰勒级数的收敛半径等于函数的所有奇点到展开点的最近距离.

解　(1) **方法 1**　泰勒系数

$$C_n=\frac{f^{(n)}(z_0)}{n!}=\left.\frac{(e^z)^{(n)}}{n!}\right|_{z=1}=\left.\frac{e^z}{n!}\right|_{z=1}=\frac{e}{n!},$$

从而泰勒级数为 $e^z=\sum_{n=0}^{\infty}\frac{e}{n!}(z-1)^n$；收敛半径 $R=\infty$，收敛范围为 $|z-1|<+\infty$.

方法 2　$e^z=e^{z-1+1}=ee^{z-1}=e\sum_{n=0}^{\infty}\frac{1}{n!}(z-1)^n=\sum_{n=0}^{\infty}\frac{e}{n!}(z-1)^n$.

(2)
$$\frac{z-1}{(z+1)^2}=(z-1)\left(-\frac{1}{z+1}\right)'=-(z-1)\left(\frac{1}{z-1+2}\right)'=-(z-1)\frac{1}{2}\left(\frac{1}{1+\frac{z-1}{2}}\right)'$$

$$=-(z-1)\frac{1}{2}\left(\sum_{n=0}^{\infty}(-1)^n\left(\frac{z-1}{2}\right)^n\right)'=-(z-1)\frac{1}{2}\left(\sum_{n=1}^{\infty}n(-1)^n\left(\frac{z-1}{2}\right)^{n-1}\right)$$

$$=\sum_{n=1}^{\infty}\frac{(-1)^{n-1}n}{2^n}(z-1)^n=\sum_{n=0}^{\infty}\frac{(-1)^n(n+1)}{2^{n+1}}(z-1)^{n+1};$$

收敛半径 $R=2$，收敛范围为 $|z-1|<2$.

(3)
$$\cos z=\cos(z-1+1)=\cos(z-1)\cos 1-\sin(z-1)\sin 1$$

$$=\sum_{n=0}^{\infty}\frac{(-1)^n\cos 1}{(2n)!}(z-1)^{2n}-\sum_{n=0}^{\infty}\frac{(-1)^n\sin 1}{(2n+1)!}(z-1)^{2n+1};$$

收敛范围为 $|z-1|<+\infty$.

例 4.4　求下列函数的全部零点, 并指出它们的阶数.

(1) $f(z)=z^2\mathrm{e}^z$;　　(2) $f(z)=\mathrm{e}^{\pi z}+1$;　　(3) $f(z)=z\sin z$.

分析　零点阶数的判定方法: 泰勒系数法, 求导法, 定理 4.12 判定法. 根据具体的问题选择合适的方法, 一般情况后两种方法比较常用.

解　(1) 函数的零点即 $f(z)=z^2\mathrm{e}^z=0$ 的点, 因为 $\mathrm{e}^z\neq 0$, 所以函数只有一个零点为 $z=0$. 下面判断零点的阶数.

方法 1　$f(z)=z^2\mathrm{e}^z=z^2\sum\limits_{n=0}^{\infty}\dfrac{1}{n!}z^n=\sum\limits_{n=0}^{\infty}\dfrac{1}{n!}z^{n+2}=z^2+z^3+\dfrac{1}{2!}z^4+\cdots$, 由于 $C_0=C_1=0, C_2\neq 0$, 故 $z=0$ 为二阶零点.

方法 2　$f'(z)=(2z\mathrm{e}^z+z^2\mathrm{e}^z)|_{z=0}=0$, $f''(z)=(2\mathrm{e}^z+2z\mathrm{e}^z+2z\mathrm{e}^z+z^2\mathrm{e}^z)|_{z=0}=2\neq 0$, 故 $z=0$ 为二阶零点.

方法 3　$f(z)=z^2\mathrm{e}^z$, 令 $\varphi(z)=\mathrm{e}^z$, $\varphi(z)$ 在 $z=0$ 的某邻域内解析且

$$\varphi(0)=\mathrm{e}^0=1\neq 0,$$

由定理 4.12 知, $z=0$ 为二阶零点.

(2) 令 $f(z)=\mathrm{e}^{\pi z}+1=0\Rightarrow \mathrm{e}^{\pi z}=-1\Rightarrow \mathrm{e}^{\pi z}=\mathrm{e}^{\mathrm{i}\pi+\mathrm{i}2k\pi}\Rightarrow \pi z=\mathrm{i}\pi+\mathrm{i}2k\pi\Rightarrow z=\mathrm{i}(1+2k)$, 所以函数的零点有无穷多个: $z=\mathrm{i}(1+2k)$, 下面用求导法判断零点的阶数,

$$f'(z)=\pi\mathrm{e}^{\pi z}|_{z=i(1+2k)}=-\pi\neq 0,$$

故 $z=\mathrm{i}(1+2k)$ 均为一阶零点.

(3) 令 $f(z)=z\sin z=0\Rightarrow z=0, z=k\pi$, 所以函数的零点有无穷多个:

$$z=0,\quad z=k\pi\neq 0.$$

因为 $\sin 0=0$, 不能由定理 4.12 判定零点 $z=0$ 的阶数, 由于

$$f'(z)=(\sin z+z\cos z)|_{z=0}=0,$$
$$f''(z)=(\cos z+\cos z-z\sin z)|_{z=0}=2\neq 0,$$

故 $z=0$ 为二阶零点. 由于

$$f'(z)=(\sin z+z\cos z)|_{z=k\pi\neq 0}=\pm k\pi\neq 0,$$

故 $z=k\pi\neq 0$ 为一阶零点.

例 4.5　设 z_0 是函数 $f(z)$ 的 m 阶零点, 又是 $g(z)$ 的 n 阶零点, 试问 z_0 还是下列函数的零点吗? 若是阶数则为多少?

(1) $f(z)g(z)$;　　(2) $f(z)+g(z)$.

解　因为 z_0 是函数 $f(z)$ 的 m 阶零点, 又是 $g(z)$ 的 n 阶零点, 由定理 4.12, 有

$$f(z)=(z-z_0)^m\phi_1(z),\ \phi_1(z) \text{ 在 } |z-z_0|<\delta_1 \text{ 内解析且 } \phi_1(z_0)\neq 0;$$
$$g(z)=(z-z_0)^n\phi_2(z),\ \phi_2(z) \text{ 在 } |z-z_0|<\delta_2 \text{ 内解析且 } \phi_2(z_0)\neq 0;$$

(1) $f(z)g(z)=(z-z_0)^{m+n}\phi_1(z)\phi_2(z)=(z-z_0)^{m+n}\varphi(z)$, 其中 $\varphi(z)=\phi_1(z)\phi_2(z)$ 在 $|z-z_0|<\min\{\delta_1,\delta_2\}$ 内解析, 且 $\varphi(z_0)\neq 0$, 由定理 4.12, z_0 是函数 $f(z)g(z)$ 的 $m+n$ 阶零点.

(2) 若 $m>n$, 则 $f(z)+g(z)=(z-z_0)^n[(z-z_0)^{m-n}\phi_1(z)+\phi_2(z)]=(z-z_0)^n\varphi(z)$, 其中 $\varphi(z)=[(z-z_0)^{m-n}\phi_1(z)+\phi_2(z)]$ 在 $|z-z_0|<\min\{\delta_1,\delta_2\}$ 内解析, 且

$$\varphi(z_0)=\phi_2(z_0)\neq 0.$$

由定理 4.12, z_0 是函数 $f(z)+g(z)$ 的 n 阶零点;

若 $m<n$, 则 $f(z)+g(z)=(z-z_0)^m[\phi_1(z)+(z-z_0)^{n-m}\phi_2(z)]=(z-z_0)^m\varphi(z)$, 其中 $\varphi(z)=[\phi_1(z)+(z-z_0)^{n-m}\phi_2(z)]$ 在 $|z-z_0|<\min\{\delta_1,\delta_2\}$ 内解析, 且

$$\varphi(z_0)=\phi_1(z_0)\neq 0,$$

由定理 4.12, z_0 是函数 $f(z)+g(z)$ 的 m 阶零点;

若 $m=n$, 则 $f(z)+g(z)=(z-z_0)^m[\phi_1(z)+\phi_2(z)]=(z-z_0)^m\varphi(z)$, 其中 $\varphi(z)=\phi_1(z)+\phi_2(z)$ 在 $|z-z_0|<\min\{\delta_1,\delta_2\}$ 内解析.

当 $\varphi(z_0)\neq 0$ 时, 由定理 4.12, z_0 是函数 $f(z)+g(z)$ 的 m 阶零点;

当 $\varphi(z_0)=0$ 时, 即 z_0 是 $\varphi(z)$ 的零点, 又是 $(z-z_0)^m$ 的零点, 则由(1)知 z_0 是函数 $f(z)+g(z)$ 的零点且阶数大于 m.

注 这个例题又给我们判断乘积函数的零点阶数提供了一种方法. 例如, 例 4.4 中的(3)又可以这样考虑, 令 $f(z)=z\sin z=\phi(z)\varphi(z)$, $z=0$ 是 $\phi(z)$ 的一阶零点, 又是 $\varphi(z)$ 的一阶零点, 由此例题(1)可得 $z=0$ 为函数 $f(z)$ 的二阶零点; $z=k\pi\neq 0$ 是 $\phi(z)$ 的零阶零点, 是 $\varphi(z)$ 的一阶零点, 故 $z=k\pi\neq 0$ 为函数 $f(z)$ 的一阶零点.

例 4.6 求下列各函数 $f(z)=\dfrac{1}{z^2(z-1)}$ 在指定圆环内展开的洛朗级数.

(1) $f(z)=\dfrac{1}{z^2(z-1)}$, $0<|z|<1$; $1<|z|<+\infty$;

(2) $f(z)=\dfrac{1}{z^2(z-1)}$, $0<|z-1|<1$; $1<|z-1|<+\infty$;

(3) $f(z)=\dfrac{z+1}{z^2(z-1)}$, $0<|z|<1$; $1<|z|<+\infty$;

(4) $f(z)=\dfrac{z^2-2z+5}{(z-2)(z^2+1)}$, $1<|z|<2$.

解 (1) 在 $0<|z|<1$ 内, 有

$$f(z)=\frac{1}{z^2}\frac{1}{z-1}=-\frac{1}{z^2}\frac{1}{1-z}=-\frac{1}{z^2}\sum_{n=0}^{\infty}z^n=-\sum_{n=0}^{\infty}z^{n-2}.$$

在 $1<|z|<+\infty$ 内, 有

$$f(z)=\frac{1}{z^2}\frac{1}{z-1}=\frac{1}{z^3}\frac{1}{1-\dfrac{1}{z}}=\frac{1}{z^3}\sum_{n=0}^{\infty}\left(\frac{1}{z}\right)^n=\sum_{n=0}^{\infty}\frac{1}{z^{n+3}}.$$

(2) 在 $0<|z-1|<1$ 内, 有

$$f(z)=\frac{1}{z-1}\frac{1}{z^2}=-\frac{1}{z-1}\left(\frac{1}{z}\right)'=-\frac{1}{z-1}\left(\frac{1}{z-1+1}\right)'=-\frac{1}{z-1}\left(\frac{1}{1+(z-1)}\right)'$$

$$=-\frac{1}{z-1}\left(\sum_{n=0}^{\infty}(-1)^n(z-1)^n\right)'=-\frac{1}{z-1}\sum_{n=1}^{\infty}(-1)^n n(z-1)^{n-1}$$

$$=\sum_{n=1}^{\infty}(-1)^{n-1}n(z-1)^{n-2}=\sum_{n=0}^{\infty}(-1)^{n}(n+1)(z-1)^{n-1}.$$

在$1<|z-1|<+\infty$内, 有

$$f(z)=\frac{1}{z-1}\frac{1}{z^2}=-\frac{1}{z-1}\left(\frac{1}{z}\right)'=-\frac{1}{z-1}\left(\frac{1}{z-1+1}\right)'=-\frac{1}{(z-1)^2}\left(\frac{1}{1+\frac{1}{z-1}}\right)'$$

$$=-\frac{1}{(z-1)^2}\left(\sum_{n=0}^{\infty}(-1)^n\left(\frac{1}{z-1}\right)^n\right)'=-\frac{1}{(z-1)^2}\sum_{n=1}^{\infty}(-1)^n(-n)(z-1)^{-n-1}$$

$$=\sum_{n=1}^{\infty}(-1)^n n(z-1)^{-n-3}=\sum_{n=0}^{\infty}(-1)^n(n+1)(z-1)^{-n-4}.$$

(3) 在$0<|z|<1$内, 有

$$f(z)=\frac{z+1}{z^2}\frac{1}{z-1}=-\left(\frac{1}{z}+\frac{1}{z^2}\right)\frac{1}{1-z}$$

$$=-\left(\frac{1}{z}+\frac{1}{z^2}\right)\sum_{n=0}^{\infty}z^n=-\sum_{n=0}^{\infty}z^{n-1}-\sum_{n=0}^{\infty}z^{n-2}.$$

在$1<|z|<+\infty$内, 有

$$f(z)=\frac{z+1}{z^2}\frac{1}{z-1}=\left(\frac{1}{z}+\frac{1}{z^2}\right)\frac{1}{z}\frac{1}{1-\frac{1}{z}}=\left(\frac{1}{z^2}+\frac{1}{z^3}\right)\sum_{n=0}^{\infty}\left(\frac{1}{z}\right)^n$$

$$=\sum_{n=0}^{\infty}\left(\frac{1}{z}\right)^{n+2}+\sum_{n=0}^{\infty}\left(\frac{1}{z}\right)^{n+3}=\frac{1}{z^2}+2\sum_{n=0}^{\infty}\frac{1}{z^{n+3}}.$$

(4) 由$1<|z|<2$可得$\left|\frac{1}{z}\right|<1$, $\left|\frac{z}{2}\right|<1$. 因此

$$f(z)=\frac{z^2-2z+5}{(z-2)(z^2+1)}$$

$$=\frac{1}{z-2}-\frac{2}{z^2+1}=-\frac{1}{2}\frac{1}{1-\frac{z}{2}}-\frac{2}{z^2}\frac{1}{1+\frac{1}{z^2}}$$

$$=-\frac{1}{2}\sum_{n=0}^{\infty}\left(\frac{z}{2}\right)^n-\frac{2}{z^2}\sum_{n=0}^{\infty}(-1)^n\left(\frac{1}{z^2}\right)^n$$

$$=-\sum_{n=0}^{\infty}\frac{1}{2^{n+1}}z^n-2\sum_{n=0}^{\infty}(-1)^n\frac{1}{z^{2n+2}}$$

$$=2\sum_{n=1}^{\infty}(-1)^n\frac{1}{z^{2n}}-\sum_{n=0}^{\infty}\frac{1}{2^{n+1}}z^n.$$

例 4.7　求下列函数在孤立奇点的去心邻域内的洛朗展开式, 并写出其收敛范围.

(1) $f(z)=z\mathrm{e}^{\frac{1}{z^2}}$;　　(2) $f(z)=z^2\sin\dfrac{1}{z}$;　　(3) $f(z)=\cos\dfrac{1}{z-1}$;　　(4) $\dfrac{\cos z-1}{z^3}$.

解　(1) $f(z)=z\sum_{n=0}^{\infty}\dfrac{1}{n!}\left(\dfrac{1}{z^2}\right)^n=\sum_{n=0}^{\infty}\dfrac{1}{n!}\dfrac{1}{z^{2n-1}},\ 0<|z|<+\infty$;

(2) $f(z)=z^2\sum_{n=0}^{\infty}\dfrac{(-1)^n}{(2n+1)!}\left(\dfrac{1}{z}\right)^{2n+1}=\sum_{n=0}^{\infty}\dfrac{(-1)^n}{(2n+1)!}\dfrac{1}{z^{2n-1}},\ 0<|z|<+\infty$;

(3) $f(z)=\sum_{n=0}^{\infty}\dfrac{(-1)^n}{(2n)!}\left(\dfrac{1}{z-1}\right)^{2n}=\sum_{n=0}^{\infty}\dfrac{(-1)^n}{(2n)!}\dfrac{1}{(z-1)^{2n}},\ 0<|z-1|<+\infty$;

(4) $f(z)=\dfrac{1}{z^3}\left(\sum_{n=0}^{\infty}\dfrac{(-1)^n}{(2n)!}z^{2n}-1\right)=\sum_{n=1}^{\infty}\dfrac{(-1)^n}{(2n)!}z^{2n-3},\ 0<|z|<+\infty$.

注　在解析环域内的洛朗级数的展开, 主要是用间接法, 借助于几个常用函数的泰勒展开式, 经过复合、计算而得到的.

例 4.8　求出下列函数的孤立奇点, 并判断其类型, 是极点的指出其阶数.

(1) $\dfrac{\cos z-1}{z^2}$;　　(2) $\dfrac{\mathrm{e}^z-1}{z^3}$;　　(3) $\dfrac{z-1}{z(z^2+1)^2}$;

(4) $\dfrac{1}{\mathrm{e}^{\pi z}-1}$;　　(5) $\dfrac{\mathrm{e}^z-1}{z(z-1)^2}$;　　(6) $\dfrac{1}{z-1}\mathrm{e}^{\frac{1}{1-z}}$.

分析　这类题的一般解题步骤: 首先求出孤立奇点, 再灵活运用孤立奇点的各种等价的刻画条件去判断, 等价的刻画条件有定义、极限、倒函数的零点、拆分一定形式等等.

解　(1) **方法 1**　函数的孤立奇点为 $z=0$, 因

$$\lim_{z\to 0}\frac{\cos z-1}{z^2}=\lim_{z\to 0}\frac{-\sin z}{2z}=\lim_{z\to 0}\frac{-\cos z}{2}=-\frac{1}{2},$$

由可去奇点的判定定理得 $z=0$ 是 $\dfrac{\cos z-1}{z^2}$ 的可去奇点.

方法 2

$$\begin{aligned}\frac{\cos z-1}{z^2}&=\frac{1}{z^2}\left(\sum_{n=0}^{\infty}\frac{(-1)^n z^{2n}}{(2n)!}-1\right)\\&=\frac{1}{z^2}\left(-\frac{1}{2!}z^2+\frac{1}{4!}z^4-\frac{1}{6!}z^6+\cdots+\frac{(-1)^n z^{2n}}{(2n)!}+\cdots\right)\\&=-\frac{1}{2!}+\frac{1}{4!}z^2-\frac{1}{6!}z^4+\cdots+\frac{(-1)^n z^{2n-2}}{(2n)!}+\cdots,\end{aligned}$$

洛朗级数中没有主要部分, 由定义得 $z=0$ 是 $\dfrac{\cos z-1}{z^2}$ 的可去奇点.

(2) 函数的孤立奇点为 $z=0$, 由于

$$\begin{aligned}\frac{\mathrm{e}^z-1}{z^3}&=\frac{1}{z^3}\left(\sum_{n=0}^{\infty}\frac{1}{n!}z^n-1\right)\\&=\frac{1}{z^3}\left(z+\frac{1}{2!}z^2+\frac{1}{3!}z^3+\cdots+\frac{1}{n!}z^n+\cdots\right)\end{aligned}$$

$$=\frac{1}{z^2}+\frac{1}{2!}\frac{1}{z}+\frac{1}{3!}+\frac{1}{4!}z+\cdots+\frac{1}{n!}z^{n-3}+\cdots,$$

则由定义知 $z=0$ 是 $\frac{e^z-1}{z^3}$ 的二阶极点.

注　由此例题可得一般结论: 若函数 $f(z)=\frac{e^z-1}{z^m}$ (m 为正整数), 当 $m=1$ 时, $z=0$ 为 $\frac{e^z-1}{z^m}$ 的可去奇点, 当 $m>1$ 时, $z=0$ 为 $\frac{e^z-1}{z^m}$ 的 $m-1$ 阶极点.

(3) 函数的孤立奇点为 $z=0$, $z=\pm i$, 分子分母没有共同零点, 从而函数可以写成

$$\frac{z-1}{z(z^2+1)^2}=\frac{1}{z}\frac{z-1}{(z^2+1)^2},$$

令 $\lambda(z)=\frac{z-1}{(z^2+1)^2}$, $\lambda(z)$ 在 $z=0$ 的某邻域内解析且 $\lambda(0)\neq 0$, 由极点的判定定理可知 $z=0$ 是函数的一阶极点;

同理函数还可以写成

$$\frac{z-1}{z(z^2+1)^2}=\frac{1}{(z-i)^2}\frac{z-1}{z(z+i)^2},\qquad \frac{z-1}{z(z^2+1)^2}=\frac{1}{(z+i)^2}\frac{z-1}{z(z-i)^2}.$$

由极点的判定定理可知 $z=\pm i$ 为函数的二阶极点.

(4) 由于 $e^{\pi z}-1=0\Rightarrow e^{\pi z}=1\Rightarrow e^{\pi z}=e^{i2k\pi}\Rightarrow z=i2k$, 故函数的孤立奇点为

$$z=i2k\quad (k=0,\pm 1,\pm 2,\cdots),$$

因为 $\lim\limits_{z\to i2k}\frac{1}{e^{\pi z}-1}=\infty$, 故 $z=i2k(k=0,\pm 1,\pm 2,\cdots)$ 为函数 $\frac{1}{e^{\pi z}-1}$ 的极点, 且令

$$g(z)=\frac{1}{f(z)}=e^{\pi z}-1,\qquad g'(z)=\pi e^{\pi z}|_{z=i2k}=\pi\neq 0,$$

故 $z=i2k\ (k=0,\pm 1,\pm 2,\cdots)$ 为函数 $g(z)=e^{\pi z}-1$ 的一阶零点, 从而由极点的性质定理可知 $z=i2k\ (k=0,\pm 1,\pm 2,\cdots)$ 为函数 $\frac{1}{e^{\pi z}-1}$ 的一阶极点.

(5) 函数的孤立奇点为 $z=0$, $z=1$, 且

$$\lim_{z\to 0}\frac{e^z-1}{z(z-1)^2}=\lim_{z\to 0}\frac{e^z}{(z-1)^2+z2(z-1)}=1,$$

由 $\frac{e^z-1}{z(z-1)^2}=\frac{1}{(z-1)^2}\frac{e^z-1}{z}$, 令 $\lambda(z)=\frac{e^z-1}{z}$, $\lambda(z)$ 在 $z=1$ 点解析且 $\lambda(1)=e-1\neq 0$, 故 $z=0$ 为可去奇点, $z=1$ 是二阶极点.

(6) 函数的孤立奇点为 $z=1$, 且函数在 $z=1$ 的去心邻域的洛朗级数为

$$\frac{1}{z-1}e^{\frac{1}{1-z}}=\frac{1}{z-1}e^{-\frac{1}{z-1}}=\frac{1}{z-1}\sum_{n=0}^{\infty}\frac{1}{n!}\left(-\frac{1}{z-1}\right)^n=\sum_{n=0}^{\infty}\frac{(-1)^n}{n!}\frac{1}{(z-1)^{n+1}},$$

由定义可知 $z=1$ 是本性奇点.

例 4.9　若 z_0 分别是函数 $f(z)$, $g(z)$ 的 m 阶极点及 n 阶极点, 试问 z_0 还是下列函数的极点吗? 若是阶数为多少?

(1) $f(z)g(z)$;　　　(2) $\dfrac{f(z)}{g(z)}$.

解　因为 z_0 是函数 $f(z)$ 的 m 阶极点, 又是函数 $g(z)$ 的 n 阶极点, 由极点的性质定理有

$$f(z)=\frac{1}{(z-z_0)^m}\lambda_1(z),\ \lambda_1(z)\text{ 在 }|z-z_0|<\delta_1\text{ 内解析且 }\lambda_1(z_0)\neq 0;$$

$$g(z)=\frac{1}{(z-z_0)^n}\lambda_2(z),\ \lambda_2(z)\text{ 在 }|z-z_0|<\delta_2\text{ 内解析且 }\lambda_2(z_0)\neq 0.$$

(1) 由上得 $f(z)g(z)=\dfrac{1}{(z-z_0)^{m+n}}\lambda_1(z)\lambda_2(z)$, 若令 $\lambda(z)=\lambda_1(z)\lambda_2(z)$, 则有

$$\lambda(z)\text{ 在 }|z-z_0|<\min\{\delta_1,\delta_2\}\text{ 内解析且 }\lambda(z_0)\neq 0,$$

从而得知 z_0 为函数 $f(z)g(z)$ 的 $m+n$ 阶极点.

(2) 因 $\dfrac{f(z)}{g(z)}=\dfrac{(z-z_0)^n}{(z-z_0)^m}\dfrac{\lambda_1(z)}{\lambda_2(z)}$, 则

$$\frac{f(z)}{g(z)}=\begin{cases}\dfrac{1}{(z-z_0)^{m-n}}\dfrac{\lambda_1(z)}{\lambda_2(z)}, & m>n,\\ (z-z_0)^{n-m}\dfrac{\lambda_1(z)}{\lambda_2(z)}, & m<n,\\ \dfrac{\lambda_1(z)}{\lambda_2(z)}, & m=n.\end{cases}$$

若令 $\lambda(z)=\dfrac{\lambda_1(z)}{\lambda_2(z)}$, 由 $\lambda_2(z_0)\neq 0$ 有 $\lambda(z)=\dfrac{\lambda_1(z)}{\lambda_2(z)}$ 在 z_0 点解析, 进而在 z_0 的某邻域内解析, 且 $\lambda(z_0)=\dfrac{\lambda_1(z_0)}{\lambda_2(z_0)}\neq 0$, 故

当 $m>n$ 时, z_0 为函数 $\dfrac{f(z)}{g(z)}$ 的 $m-n$ 阶极点;

当 $m<n$ 时, z_0 为函数 $\dfrac{f(z)}{g(z)}$ 的 $n-m$ 阶零点;

当 $m=n$ 时, z_0 为函数 $\dfrac{f(z)}{g(z)}$ 的可去奇点.

注　此例题为判断极点阶数提供了一个判定方法: 通过判定分子分母两个函数的零点阶数来判定极点阶数. 例如, 例题4.8(4) $\dfrac{1}{\mathrm{e}^{\pi z}-1}$, 极点为 $z=\mathrm{i}2k(k=0,\pm1,\pm2,\cdots)$ 的阶数也可以这样考虑: $z=\mathrm{i}2k$ 为分子的零阶零点, 为分母的一阶零点, 故为原函数的一阶极点.

例 4.10　$z=0$ 是函数(　　)的二阶极点.

A. $\dfrac{\sin z}{z}$　　B. $z^2\cos\dfrac{1}{z}$　　C. $\dfrac{\mathrm{e}^z}{z^2}$　　D. $\dfrac{\mathrm{e}^z-1}{z^2}$

解　正确答案 C. 利用极限判定 $z=0$ 是函数 $\dfrac{\sin z}{z}$ 的可去奇点; 利用洛朗级数判定 $z=0$

为函数 $z^2\cos\dfrac{1}{z}$ 的本性奇点; 利用拆分满足特定的形式和条件判定 $z=0$ 是函数 $\dfrac{e^z}{z^2}$ 的二阶极点; 利用洛朗级数判定 $z=0$ 是函数 $\dfrac{e^z-1}{z^2}$ 的一阶极点, 故选 C.

例 4.11　考察函数 $f(z)=\sin\left(\dfrac{1}{\sin\dfrac{1}{z}}\right)$ 在常规复平面上的奇点类型, 且试问此函数能否在 $z=0$ 的某去心邻域内展成洛朗级数?

解　由函数 $\sin\dfrac{1}{z}$ 可知函数 $f(z)$ 的一个奇点为 $z=0$, 由 $\dfrac{1}{\sin\dfrac{1}{z}}$ 可知使得 $\sin\dfrac{1}{z}=0$ 的点都是函数 $f(z)$ 的奇点, 而

$$\sin\frac{1}{z}=0\Rightarrow\frac{1}{z}=k\pi\Rightarrow z=\frac{1}{k\pi},$$

由于在常规复平面上讨论, 故 $z\neq\infty$, $z=\dfrac{1}{k\pi}(k=\pm1,\pm2,\cdots)$.

函数 $f(z)$ 的所有奇点为 $z=0$ 和 $z=\dfrac{1}{k\pi}(k=\pm1,\pm2,\cdots)$, 且 $z=\dfrac{1}{k\pi}\to0$, 故 $z=0$ 是非孤立奇点, 不能判断其奇点类型, 而 $\lim\limits_{z\to\frac{1}{k\pi}}\sin\left(\dfrac{1}{\sin\dfrac{1}{z}}\right)$ 不存在, 故 $z=\dfrac{1}{k\pi}(k=\pm1,\pm2,\cdots)$ 都为函数 $f(z)$ 的本性奇点; 因为 $z=0$ 不是孤立奇点, 所以 $z=0$ 点不存在解析的去心邻域, 故不能在 $z=0$ 的某去心邻域内展成洛朗级数.

注　在判断孤立奇点类型时, 要先判断奇点是否为孤立奇点, 若为孤立奇点再用相应的刻画条件进行判断.一般情况下我们求得的奇点都是孤立奇点.

例 4.12　函数 $\dfrac{1}{z^2(z-1)}$ 在 $1<|z|<+\infty$ 内的洛朗级数为

$$f(z)=\frac{1}{z^2}\frac{1}{z-1}=\frac{1}{z^3}\frac{1}{1-\dfrac{1}{z}}=\frac{1}{z^3}\sum_{n=0}^{\infty}\left(\frac{1}{z}\right)^n=\sum_{n=0}^{\infty}\frac{1}{z^{n+3}},$$

因为级数中的主要部分有无穷多项, 所以 $z=0$ 为本性奇点这个说法对吗? 若不对, 指出此孤立奇点类型.

解　不对. 因为利用定义判断孤立奇点类型时, 洛朗级数要求必须是在孤立奇点的去心邻域内的展开式. 利用函数可以拆分成符合条件的特定形式

$$f(z)=\frac{1}{z^2}\frac{1}{z-1},$$

其可以判断 $z=0$ 为二阶极点.

第五章　残数及其应用

基本要求

1. 理解残数的概念.
2. 理解柯西残数定理,掌握运用柯西残数定理求复积分的方法.
3. 熟练掌握求残数的各种方法.

主要内容复习

一、残数的定义和柯西残数定理

设 z_0 是 $f(z)$ 的孤立奇点, 则存在 $R>0$, 使 $f(z)$ 在 $0<|z-z_0|<R$ 内能展成洛朗级数 $f(z)=\sum\limits_{n=-\infty}^{\infty}C_n(z-z_0)^n$, 其中 $\dfrac{1}{z-z_0}$ 的系数 C_{-1} 称为 $f(z)$ 在点 z_0 的残数, 记为 $\mathrm{Res}(f,z_0)$. 这里 $C_{-1}=\dfrac{1}{2\pi\mathrm{i}}\int_C f(z)\mathrm{d}z$, $C:|z-z_0|=\rho$, $0<\rho<R$.

柯西残数定理　设 D 是闭路或复合闭路 C 包围的区域, 函数 $f(z)$ 在 D 内除去有限个奇点 $z_1,z_2,\cdots,z_n$ 外, 在每点解析, 并且 $f(z)$ 在 $\bar{D}=D+C$ 除去 $z_1,z_2,\cdots,z_n$ 外连续, 则

$$\int_C f(z)\mathrm{d}z=2\pi\mathrm{i}\sum_{k=1}^{n}\mathrm{Res}(f,z_k).$$

应用柯西残数定理, 通过求残数可以求积分 $\int_C f(z)\mathrm{d}z$.

二、求 $f(z)$ 在孤立奇点 z_0 处残数的方法

根据定义, $f(z)$ 在 z_0 的去心邻域内的洛朗展式为 $f(z)=\sum\limits_{n=-\infty}^{\infty}C_n(z-z_0)^n$, 则 $\mathrm{Res}(f,z_0)=C_{-1}$.

若 z_0 为 $f(z)$ 的可去奇点, 则 $\mathrm{Res}(f,z_0)=0$.

$f(z)$ 在极点处的残数:

(1) 设 z_0 是 $f(z)$ 的 m 阶极点, $f(z)=\dfrac{\lambda(z)}{(z-z_0)^m}$, $\lambda(z)$ 在 z_0 解析, 且 $\lambda(z_0)\neq 0$, 则

$$\mathrm{Res}(f,z_0)=\frac{\lambda^{(m-1)}(z_0)}{(m-1)!},$$

其中 $\lambda^{(0)}(z_0)=\lambda(z_0)$, 并且 $\lambda^{(m-1)}(z_0)=\lim\limits_{z\to z_0}\lambda^{(m-1)}(z)$.

当 $m=1$ 时, z_0 是 $f(z)$ 的一阶极点, $\mathrm{Res}(f,z_0)=\lambda(z_0)$.

当 $m=2$ 时, z_0 是 $f(z)$ 的二阶极点, $\mathrm{Res}(f,z_0)=\lambda'(z_0)$.

(2) 设 z_0 是 $f(z)$ 的 m 阶极点, 则 $\mathrm{Res}(f,z_0)=\dfrac{1}{(m-1)!}\lim\limits_{z\to z_0}[(z-z_0)^m f(z)]^{(m-1)}$.

(3) 设 $f(z)=\dfrac{\varphi(z)}{\psi(z)}$, 点 z_0 是 $\varphi(z)$ 的 n 阶零点, 又是 $\psi(z)$ 的 $n+1$ 阶零点, 则 z_0 是 $f(z)$ 的一阶极点, 且 $\mathrm{Res}(f,z_0)=\dfrac{(n+1)\varphi^{(n)}(z_0)}{\psi^{(n+1)}(z_0)}$. 特别地, 当 $n=0$ 时可得到如下结论:

设 $f(z)=\dfrac{\varphi(z)}{\psi(z)}$, 这里 $\varphi(z)$ 和 $\psi(z)$ 在 z_0 解析, $\varphi(z_0)\neq 0, z_0$ 是 $\psi(z)$ 的一阶零点, 则 z_0 是 $f(z)=\dfrac{\varphi(z)}{\psi(z)}$ 的一阶极点, 且 $\mathrm{Res}\left(\dfrac{\varphi(z)}{\psi(z)},z_0\right)=\dfrac{\varphi(z_0)}{\psi'(z_0)}$.

例题分析

例 5.1 求下列函数 $f(z)$ 在指定点 z_0 的残数.

(1) $\dfrac{e^{z^2}-1}{z^2}, z_0=0$;　　(2) $\dfrac{z}{(z+1)(z^2-1)}, z_0=\pm 1$;

(3) $\dfrac{\cos z}{z^5}, z_0=0$;　　(4) $\dfrac{\sin z}{z^5}, z_0=0$;

(5) $\dfrac{1}{\sin z}, z_0=k\pi$;　　(6) $(z-1)e^{\frac{1}{z-1}}, z_0=1$.

分析 孤立奇点的残数计算, 首先要判断孤立奇点的类型, 根据不同类型选择合适的计算方法, 极点的残数计算方法比较灵活, 具体问题具体分析, 寻求最简单合适的方法.

解 (1) **方法 1** 由

$$\lim_{z\to 0}\frac{e^{z^2}-1}{z^2}=\lim_{z\to 0}\frac{2ze^{z^2}}{2z}=1,$$

可知 $z=0$ 是可去奇点, 故 $\mathrm{Res}\left(\dfrac{e^{z^2}-1}{z^2},0\right)=0$.

方法 2

$$\begin{aligned}\frac{e^{z^2}-1}{z^2}&=\frac{1}{z^2}\left(\sum_{n=0}^{\infty}\frac{1}{n!}(z^2)^n-1\right)=\frac{1}{z^2}\left(z^2+\frac{1}{2!}z^4+\frac{1}{3!}z^6+\cdots+\frac{1}{n!}z^{2n}+\cdots\right)\\&=1+\frac{1}{2!}z^2+\frac{1}{3!}z^4+\cdots+\frac{1}{n!}z^{2n-2}+\cdots,\end{aligned}$$

由定义, $\mathrm{Res}\left(\dfrac{e^{z^2}-1}{z^2},0\right)=C_{-1}=0$.

(2) 由 $\dfrac{z}{(z+1)(z^2-1)}=\dfrac{z}{(z+1)^2(z-1)}$，可知 $z=1$ 是一阶极点，$z=-1$ 是二阶极点，且

$$\mathrm{Res}\left(\frac{z}{(z+1)^2(z-1)},1\right)=\left.\frac{z}{(z+1)^2}\right|_{z=1}=\frac{1}{4},$$

$$\mathrm{Res}\left(\frac{z}{(z+1)^2(z-1)},-1\right)=\left.\left(\frac{z}{z-1}\right)'\right|_{z=-1}=\left.\frac{z-1-z}{(z-1)^2}\right|_{z=-1}=-\frac{1}{4}.$$

(3) **方法 1**　由函数 $\dfrac{\cos z}{z^5}$，可知 $z=0$ 是五阶极点，且 $\mathrm{Res}\left(\dfrac{\cos z}{z^5},0\right)=\dfrac{1}{4!}(\cos z)^{(4)}|_{z=0}=\dfrac{1}{4!}$.

方法 2

$$\frac{\cos z}{z^5}=\frac{1}{z^5}\left(1-\frac{1}{2!}z^2+\frac{1}{4!}z^4-\frac{1}{6!}z^6+\cdots+\frac{(-1)^n}{(2n)!}z^{2n}+\cdots\right)$$
$$=\frac{1}{z^5}-\frac{1}{2!}\frac{1}{z^3}+\frac{1}{4!}\frac{1}{z}-\frac{1}{6!}z+\cdots+\frac{(-1)^n}{(2n)!}z^{2n-5}+\cdots,$$

由定义，$\mathrm{Res}\left(\dfrac{\cos z}{z^5},0\right)=C_{-1}=\dfrac{1}{4!}$.

(4)

$$\frac{\sin z}{z^5}=\frac{1}{z^5}\left(z-\frac{1}{3!}z^3+\frac{1}{5!}z^5-\frac{1}{7!}z^7+\cdots+\frac{(-1)^n}{(2n+1)!}z^{2n+1}+\cdots\right)$$
$$=\frac{1}{z^4}-\frac{1}{3!}\frac{1}{z^2}+\frac{1}{5!}-\frac{1}{7!}z^2+\cdots+\frac{(-1)^n}{(2n+1)!}z^{2n+1-5}+\cdots,$$

由定义，可知 $z=0$ 不是函数 $\dfrac{\sin z}{z^5}$ 的五阶极点，而是四阶极点，且 $\mathrm{Res}\left(\dfrac{\sin z}{z^5},0\right)=C_{-1}=0$.

(5) **方法 1**　$z=k\pi$ 为分子 $\phi(z)=1$ 的零阶零点，为分母 $\varphi(z)=\sin z$ 的一阶零点，故为函数 $\dfrac{1}{\sin z}$ 的一阶极点，由定理 5.3 有

$$\mathrm{Res}\left(\frac{1}{\sin z},k\pi\right)=\left.\frac{1}{(\sin z)'}\right|_{z=k\pi}=\left.\frac{1}{\cos z}\right|_{z=k\pi}=\begin{cases}1, & k=2n,\\ -1, & k=2n+1.\end{cases}$$

方法 2　可以用极限来求极点的残数，因 $z=k\pi$ 为函数 $\dfrac{1}{\sin z}$ 的一阶极点，则

$$\mathrm{Res}\left(\frac{1}{\sin z},k\pi\right)=\lim_{z\to k\pi}(z-k\pi)\frac{1}{\sin z}=\lim_{z\to k\pi}\frac{1}{\cos z}=\begin{cases}1, & k=2n,\\ -1, & k=2n+1.\end{cases}$$

(6) 由函数 $(z-1)\mathrm{e}^{\frac{1}{z-1}}$ 可知，$z=1$ 是本性奇点，用定义来计算残数：

$$(z-1)\mathrm{e}^{\frac{1}{z-1}}=(z-1)\sum_{n=0}^{\infty}\frac{1}{n!}\left(\frac{1}{z-1}\right)^n$$
$$=(z-1)\left(1+\frac{1}{z-1}+\frac{1}{2!}\frac{1}{(z-1)^2}+\cdots+\frac{1}{n!}\frac{1}{(z-1)^n}+\cdots\right)$$
$$=(z-1)+1+\frac{1}{2!}\frac{1}{z-1}+\frac{1}{3!}\frac{1}{(z-1)^2}+\cdots+\frac{1}{n!}\frac{1}{(z-1)^{n-1}}+\cdots,$$

由定义, $\operatorname{Res}\left((z-1)e^{\frac{1}{z-1}},1\right)=C_{-1}=\frac{1}{2}$.

例 5.2　求下列函数在孤立奇点处的残数(m 是正整数).

(1) $\frac{e^z}{z^m}$;　　(2) $\frac{\sin z}{z^m}$;　　(3) $z^m\cos\frac{1}{z}$.

解　三个函数的孤立奇点都为 $z=0$.

(1) $z=0$ 为函数 $\frac{e^z}{z^m}$ 的 $m(m\geqslant 1)$ 阶极点, 则

$$\operatorname{Res}\left(\frac{e^z}{z^m},0\right)=\left.\frac{(e^z)^{(m-1)}}{(m-1)!}\right|_{z=0}=\frac{1}{(m-1)!}.$$

(2) 当 $m=1$ 时, $z=0$ 是函数 $\frac{\sin z}{z}$ 的可去奇点, 则 $\operatorname{Res}\left(\frac{\sin z}{z},0\right)=0$;

当 $m>1$ 时, $z=0$ 是函数 $\sin z$ 的一阶零点, 是函数 z^m 的 m 阶零点, 则 $z=0$ 是函数 $\frac{\sin z}{z^m}$ 的 $m-1$ 阶极点. 函数 $\frac{\sin z}{z^m}$ 不适用于求导法求残数, 洛朗级数为

$$\begin{aligned}\frac{\sin z}{z^m}&=\frac{1}{z^m}\left(z-\frac{1}{3!}z^3+\frac{1}{5!}z^5-\frac{1}{7!}z^7+\cdots+\frac{(-1)^n}{(2n+1)!}z^{2n+1}+\cdots\right)\\&=\frac{z}{z^m}-\frac{1}{3!}\frac{z^3}{z^m}+\frac{1}{5!}\frac{z^5}{z^m}+\cdots+\frac{(-1)^{n-1}}{(2n-1)!}\frac{z^{2n-1}}{z^m}\\&\quad+\frac{(-1)^n}{(2n+1)!}\frac{z^{2n+1}}{z^m}+\frac{(-1)^{n+1}}{(2n+3)!}\frac{z^{2n+3}}{z^m}+\cdots.\end{aligned}$$

当 $m=2n$ 时, $\frac{z^{2n-1}}{z^m}=\frac{1}{z}$, 由定义, $\operatorname{Res}\left(\frac{\sin z}{z^m},0\right)=C_{-1}=\frac{(-1)^{n-1}}{(2n-1)!}$;

当 $m=2n+1$ 时, $\frac{z^{2n-1}}{z^m}=\frac{1}{z^2}$, $\frac{z^{2n+1}}{z^m}=1$, $\frac{z^{2n+3}}{z^m}=z^2$, 级数中无 $\frac{1}{z}$ 项, 由定义,

$$\operatorname{Res}\left(\frac{\sin z}{z^m},0\right)=C_{-1}=0.$$

(3) 函数 $z^m\cos\frac{1}{z}$ 的孤立奇点为 $z=0$, 且为本性奇点, 利用洛朗系数 C_{-1} 计算残数,

$$\begin{aligned}z^m\cos\frac{1}{z}&=z^m\left(1-\frac{1}{2!z^2}+\frac{1}{4!z^4}-\frac{1}{6!z^6}+\cdots+\frac{(-1)^n}{(2n)!z^{2n}}+\cdots\right)\\&=z^m-\frac{1}{2!}\frac{z^m}{z^2}+\frac{1}{4!}\frac{z^m}{z^4}+\cdots+\frac{(-1)^{n-1}}{(2n-2)!}\frac{z^m}{z^{2n-2}}\\&\quad+\frac{(-1)^n}{(2n)!}\frac{z^m}{z^{2n}}+\frac{(-1)^{n+1}}{(2n+2)!}\frac{z^m}{z^{2n+2}}+\cdots.\end{aligned}$$

当 $m=2n+1$ 时, $\frac{z^m}{z^{2n+2}}=\frac{1}{z}$, 由定义, $\operatorname{Res}\left(z^m\cos\frac{1}{z},0\right)=C_{-1}=\frac{(-1)^{n+1}}{(2n+2)!}$;

当 $m=2n$ 时，$\dfrac{z^m}{z^{2n-2}}=z^2$，$\dfrac{z^m}{z^{2n}}=1$，$\dfrac{z^m}{z^{2n+2}}=\dfrac{1}{z^2}$，级数中无 $\dfrac{1}{z}$ 项，由定义，$\operatorname{Res}\left(z^m\sin\dfrac{1}{z},0\right)=C_{-1}=0$.

例 5.3　求下列函数在指定奇点的残数:

(1) $\operatorname{Res}\left(z\mathrm{e}^{\frac{1}{z}},0\right)=$________；　　(2) $\operatorname{Res}\left(\dfrac{z}{\sin z},0\right)=$________；

(3) $\operatorname{Res}\left(\dfrac{\mathrm{e}^z}{z(z-1)},1\right)=$________.

解　(1) $\dfrac{1}{2}$. 因为

$$z\mathrm{e}^{\frac{1}{z}}=z\sum_{n=0}^{\infty}\frac{1}{n!}\left(\frac{1}{z}\right)^n=z\left(1+\frac{1}{z}+\frac{1}{2!}\frac{1}{z^2}+\cdots+\frac{1}{n!}\frac{1}{z^n}+\cdots\right)$$
$$=z+1+\frac{1}{2!}\frac{1}{z}+\frac{1}{3!}\frac{1}{z^2}+\cdots+\frac{1}{n!}\frac{1}{z^{n-1}}+\cdots,$$

由定义，$\operatorname{Res}\left(z\mathrm{e}^{\frac{1}{z}},0\right)=C_{-1}=\dfrac{1}{2}$.

(2) 0. 因为 $z=0$ 是函数 $\dfrac{z}{\sin z}$ 的可去奇点，则 $\operatorname{Res}\left(\dfrac{z}{\sin z},0\right)=0$.

(3) e. 因为 $z=1$ 是函数的一阶极点，则 $\operatorname{Res}\left(\dfrac{\mathrm{e}^z}{z(z-1)},0\right)=\left.\dfrac{\mathrm{e}^z}{z}\right|_{z=1}=\mathrm{e}$.

例 5.4　计算下列复积分:

(1) $\displaystyle\int_{|z|=2}\frac{\mathrm{e}^{\mathrm{i}z}}{1+z^2}\mathrm{d}z$；　　(2) $\displaystyle\int_{|z|=4}\frac{1}{\sin z}\mathrm{d}z$；　　(3) $\displaystyle\int_{|z|=1}\cos\frac{1}{z}\mathrm{d}z$.

解　(1) 被积函数不解析点为 $z=\pm\mathrm{i}$，积分路径包含了 $z=\pm\mathrm{i}$.

方法 1　作圆周 $C_1:|z-\mathrm{i}|=\rho_1$，$C_2:|z+\mathrm{i}|=\rho_2$，$C_1$，$C_2$ 不交不含且在积分路径内，由多连通区域柯西定理和柯西公式有

$$\int_{|z|=2}\frac{\mathrm{e}^{\mathrm{i}z}}{1+z^2}\mathrm{d}z=\int_{C_1}\frac{\frac{\mathrm{e}^{\mathrm{i}z}}{z+\mathrm{i}}}{z-\mathrm{i}}\mathrm{d}z+\int_{C_2}\frac{\frac{\mathrm{e}^{\mathrm{i}z}}{z-\mathrm{i}}}{z+\mathrm{i}}\mathrm{d}z$$
$$=2\pi\mathrm{i}\left.\frac{\mathrm{e}^{\mathrm{i}z}}{z+\mathrm{i}}\right|_{z=\mathrm{i}}+2\pi\mathrm{i}\left.\frac{\mathrm{e}^{\mathrm{i}z}}{z-\mathrm{i}}\right|_{z=-\mathrm{i}}=\pi(\mathrm{e}^{-1}-\mathrm{e}).$$

方法 2　被积函数的孤立奇点为 $z=\pm\mathrm{i}$，且均为一阶极点，则

$$\operatorname{Res}\left(\frac{\mathrm{e}^{\mathrm{i}z}}{z^2+1},\mathrm{i}\right)=\operatorname{Res}\left(\frac{\mathrm{e}^{\mathrm{i}z}}{(z+\mathrm{i})(z-\mathrm{i})},\mathrm{i}\right)=\left.\frac{\mathrm{e}^{\mathrm{i}z}}{z+\mathrm{i}}\right|_{z=\mathrm{i}}=\frac{\mathrm{e}^{-1}}{2\mathrm{i}},$$

$$\operatorname{Res}\left(\frac{\mathrm{e}^{\mathrm{i}z}}{z^2+1},-\mathrm{i}\right)=\operatorname{Res}\left(\frac{\mathrm{e}^{\mathrm{i}z}}{(z+\mathrm{i})(z-\mathrm{i})},-\mathrm{i}\right)=\left.\frac{\mathrm{e}^{\mathrm{i}z}}{z-\mathrm{i}}\right|_{z=-i}=\frac{\mathrm{e}}{-2\mathrm{i}}.$$

由残数基本定理有

$$\int_{|z|=2}\frac{e^{iz}}{1+z^2}dz=2\pi i\left(\mathrm{Res}\left(\frac{e^{iz}}{z^2+1},i\right)+\mathrm{Res}\left(\frac{e^{iz}}{z^2+1},-i\right)\right)$$
$$=2\pi i\left(\frac{e^{-1}}{2i}+\frac{e}{-2i}\right)=\pi(e^{-1}-e).$$

(2) 由 $\sin z=0\Rightarrow z=k\pi(k=0,\pm1,\pm2,\cdots)$, 则函数 $\dfrac{1}{\sin z}$ 在积分路径 $|z|=4$ 内的孤立奇点为 $z=0,\pm\pi$, 所以

$$\int_{|z|=4}\frac{1}{\sin z}dz=2\pi i\left(\mathrm{Res}\left(\frac{1}{\sin z},0\right)+\mathrm{Res}\left(\frac{1}{\sin z},\pi\right)+\mathrm{Res}\left(\frac{1}{\sin z},-\pi\right)\right).$$

由例 5.1(5) 知: $\mathrm{Res}\left(\dfrac{1}{\sin z},0\right)=1,\mathrm{Res}\left(\dfrac{1}{\sin z},\pi\right)=\mathrm{Res}\left(\dfrac{1}{\sin z},-\pi\right)=-1$, 从而

$$\int_{|z|=4}\frac{1}{\sin z}dz=-2\pi i.$$

(3) 函数 $\cos\dfrac{1}{z}$ 的孤立奇点为 $z=0$, 且为本性奇点, 利用洛朗系数 C_{-1} 计算残数,

$$\cos\frac{1}{z}=1-\frac{1}{2!z^2}+\frac{1}{4!z^4}-\frac{1}{6!z^6}+\cdots+\frac{(-1)^n}{(2n)!z^{2n}}+\cdots,$$

故

$$\int_{|z|=1}\cos\frac{1}{z}dz=2\pi i\mathrm{Res}\left(\cos\frac{1}{z},0\right)=2\pi iC_{-1}=0.$$

注　这里我们注意到, 有些积分可以利用第三章的柯西定理来计算, 有些复积分只能利用残数来计算.

例 5.5　设函数 $f(z)=\dfrac{z}{\sin z}$,

(1) 求函数 $f(z)$ 的所有孤立奇点, 判断其类型, 是极点指出阶数;

(2) 计算积分 $\displaystyle\int_{|z|=4}\frac{z}{\sin z}dz$.

解　(1) 由 $\sin z=0\Rightarrow z=k\pi(k=0,\pm1,\pm2,\cdots)$, 则函数 $\dfrac{z}{\sin z}$ 的所有孤立奇点为

$$z=k\pi(k=0,\pm1,\pm2,\cdots)=\begin{cases}0,\\ k\pi\neq0.\end{cases}$$

由 $\lim\limits_{z\to0}\dfrac{z}{\sin z}=\lim\limits_{z\to0}\dfrac{1}{\cos z}=1$, 知 $z=0$ 为 $\dfrac{z}{\sin z}$ 的可去奇点; 而 $\lim\limits_{z\to k\pi\neq0}\dfrac{z}{\sin z}=\infty$, 所以 $z=k\pi\neq0$ 为极点, 又因为 $z=k\pi\neq0$ 为 z 的零阶零点, 为 $\sin z$ 的一阶零点, 故为 $\dfrac{z}{\sin z}$ 的一阶极点.

(2) 积分路径包含了三个孤立奇点 $0,\pm\pi$, 由残数基本定理, 有

$$\int_{|z|=4}\frac{z}{\sin z}dz=2\pi i\left(\mathrm{Res}\left(\frac{z}{\sin z},0\right)+\mathrm{Res}\left(\frac{z}{\sin z},\pi\right)+\mathrm{Res}\left(\frac{z}{\sin z},-\pi\right)\right).$$

由(1)得

$$\operatorname{Res}\left(\frac{z}{\sin z},0\right)=0,\quad \operatorname{Res}\left(\frac{z}{\sin z},\pi\right)=\frac{z}{(\sin z)'}\bigg|_{z=\pi}=-\pi,$$

$$\operatorname{Res}\left(\frac{z}{\sin z},-\pi\right)=\frac{z}{(\sin z)'}\bigg|_{z=-\pi}=\pi,$$

从而

$$\int_{|z|=4}\frac{z}{\sin z}\mathrm{d}z=2\pi\mathrm{i}(0-\pi+\pi)=0.$$

例 5.6　设函数 $f(z)=\dfrac{\mathrm{e}^{2z}-1}{z^4}$,

(1) 求函数 $f(z)$ 在 $z=0$ 的去心邻域内的洛朗级数;

(2) 计算复积分 $\displaystyle\int_{|z|=1}\frac{\mathrm{e}^{2z}-1}{z^4}\mathrm{d}z$.

解　(1)

$$f(z)=\frac{\mathrm{e}^{2z}-1}{z^4}=\frac{1}{z^4}\left(\sum_{n=0}^{\infty}\frac{1}{n!}(2z)^n-1\right)$$

$$=\frac{1}{z^4}\left(2z+\frac{1}{2!}2^2z^2+\frac{1}{3!}2^3z^3+\cdots+\frac{1}{n!}2^nz^n+\cdots\right)$$

$$=\frac{2}{z^3}+\frac{2^2}{2!}\frac{1}{z^2}+\frac{2^3}{3!}\frac{1}{z}+\frac{2^4}{4!}+\frac{2^5}{5!}z+\cdots+\frac{2^n}{n!}z^{n-4}+\cdots.$$

(2) $\operatorname{Res}\left(\dfrac{\mathrm{e}^{2z}-1}{z^4},0\right)=C_{-1}=\dfrac{2^3}{3!}$，则

$$\int_{|z|=1}\frac{\mathrm{e}^{2z}-1}{z^4}\mathrm{d}z=2\pi\mathrm{i}\operatorname{Res}\left(\frac{\mathrm{e}^{2z}-1}{z^4},0\right)=2\pi\mathrm{i}\frac{2^3}{3!}=\frac{8\pi\mathrm{i}}{3}.$$

第四、五章综合练习题

1. 幂级数 $\sum_{n=0}^{\infty}(z-z_0)^n = 1+(z-z_0)+(z-z_0)^2+\cdots+(z-z_0)^n+\cdots$ 的收敛域是________，它的和函数是________.

2. 判定下列级数是否收敛？是否绝对收敛？

(1) $\sum_{n=1}^{\infty}\frac{n}{2^n}(1+\mathrm{i})^n$;　　(2) $\sum_{n=1}^{\infty}\frac{\mathrm{i}^n}{n}$.

3. 求下列函数在 $z_0=0$ 处的泰勒级数, 并指出它的收敛半径:

(1) $\frac{1}{(1-z)^2}$;　　(2) $\frac{z}{(z-1)(z-2)}$.

4. 将下列函数在指定的圆环域内展开为洛朗级数:

(1) $\frac{1}{1+z^2}, 2<|z-\mathrm{i}|<+\infty$;　　(2) $\frac{2z+1}{z^2+z-2}, 1<|z|<2$.

5. 指出下列各函数的孤立奇点, 并指出其类型(若是极点要指出其阶数):

(1) $z^2\mathrm{e}^{\frac{1}{z}}$;　　(2) $\frac{1}{z^2}\mathrm{e}^z$;　　(3) $\frac{z}{\sin z}$;　　(4) $\frac{\mathrm{e}^z-1}{\sin z}$;

(5) $\frac{\mathrm{e}^z-1}{z^2}$;　　(6) $\frac{\cos z-1}{z^4}$;　　(7) $\frac{\sin z}{z(z-1)}$.

6. 讨论 $z=0$ 是 $\frac{\sin z}{z^n}$ $(n\geqslant 2)$ 的几阶极点？

7. 求下列各函数在奇点处的残数:

(1) $\frac{\mathrm{e}^{\pi z}}{z^2+1}$;　　(2) $\frac{z-\sin z}{z^6}$.

8. 将 $f(z)=\frac{1}{z^2(z-\mathrm{i})^2}$ 在 $0<|z-\mathrm{i}|<1$ 内展开为洛朗级数, 并由此指出 $\mathrm{Res}(f,\mathrm{i})$.

9. 利用残数计算下列积分:

(1) $\int_C \frac{1}{z(z+1)(z+2)}\mathrm{d}z, C:|z|=3$;　　(2) $\int_C \tan z\mathrm{d}z, C:|z|=2$.

第四、五章综合练习题答案与提示

1. $|z-z_0|<1,\dfrac{1}{1-(z-z_0)}$.

2. (1) 设 $\sum\limits_{n=1}^{\infty}\left|\dfrac{n}{2^n}(1+\mathrm{i})^n\right|=\sum\limits_{n=1}^{\infty}u_n$, 由 $(1+\mathrm{i})^n=(\sqrt{2})^n\left(\cos\dfrac{n\pi}{4}+\mathrm{i}\sin\dfrac{n\pi}{4}\right)$, 有

$$u_n=\left|\frac{n}{2^n}(1+\mathrm{i})^n\right|=\left|\frac{n}{2^n}\right||(1+\mathrm{i})^n|=\frac{n}{2^n}(\sqrt{2})^n=\frac{n}{(\sqrt{2})^n}.$$

根据比值审敛法由

$$\frac{u_{n+1}}{u_n}=\frac{n+1}{(\sqrt{2})^{n+1}}\cdot\frac{(\sqrt{2})^n}{n}=\frac{1}{\sqrt{2}}\cdot\frac{n+1}{n}\xrightarrow{n\to\infty}\frac{1}{\sqrt{2}}<1,$$

知 $\sum\limits_{n=1}^{\infty}u_n$ 收敛, 从而 $\sum\limits_{n=1}^{\infty}\dfrac{n}{2^n}(1+\mathrm{i})^n$ 绝对收敛.

(2) $\sum\limits_{n=1}^{\infty}\left|\dfrac{\mathrm{i}^n}{n}\right|=\sum\limits_{n=1}^{\infty}\dfrac{1}{n}$ 发散, 但该级数的实部与虚部均为交错级数, 故 $\sum\limits_{n=1}^{\infty}\dfrac{\mathrm{i}^n}{n}$ 条件收敛.

3. (1) $\dfrac{1}{(1-z)^2}=\left(\dfrac{1}{1-z}\right)'=\sum\limits_{n=1}^{\infty}nz^{n-1},R=1;$

(2) $\dfrac{z}{(z-1)(z-2)}=z\left(\dfrac{1}{z-2}-\dfrac{1}{z-1}\right)=\sum\limits_{n=0}^{\infty}\left(1-\dfrac{1}{2^{n+1}}\right)z^{n+1},R=1.$

4. (1) $\dfrac{1}{1+z^2}=\dfrac{1}{(z-\mathrm{i})^2}\dfrac{1}{1+\dfrac{2\mathrm{i}}{z-\mathrm{i}}}=\sum\limits_{n=0}^{\infty}(-2\mathrm{i})^n\dfrac{1}{(z-\mathrm{i})^{n+2}};$

(2) $\dfrac{2z+1}{z^2+z-2}=\dfrac{1}{z+2}+\dfrac{1}{z-1}=\dfrac{1}{2}\dfrac{1}{1+\dfrac{z}{2}}+\dfrac{1}{z}\dfrac{1}{1-\dfrac{1}{z}}=\sum\limits_{n=0}^{\infty}(-1)^n\dfrac{z^n}{2^{n+1}}+\sum\limits_{n=0}^{\infty}\dfrac{1}{z^{n+1}}.$

5. (1) $z=0$, 本性奇点;

(2) $z=0$, 二阶极点;

(3) $z=0$, 可去奇点, $z=k\pi(k\neq0)$, 一阶极点;

(4) $z=0$, 可去奇点. $z=k\pi(k\neq0)$, 一阶极点;

(5) $z=0$, 一阶极点;

(6) $z=0$, 二阶极点;

(7) $z=0$, 可去奇点, $z=1$, 一阶极点.

6. $n-1$ 阶极点. 因为 $\dfrac{\sin z}{z^n}=\dfrac{1}{z^n}\sum\limits_{k=0}^{\infty}\dfrac{(-1)^k}{(2k+1)!}z^{2k+1}=\sum\limits_{k=0}^{\infty}\dfrac{(-1)^k}{(2k+1)!}z^{2k+1-n}$, 当 $k=0$ 时, 负幂项最低, 为 $z^{-(n-1)}$, 此时 $c_{-(n-1)}=1\neq0$, 故应为 $n-1$ 阶极点.

7. (1) $\mathrm{Res}\left(\dfrac{\mathrm{e}^{\pi z}}{z^2+1},\mathrm{i}\right)=\dfrac{\mathrm{i}}{2},\mathrm{Res}\left(\dfrac{\mathrm{e}^{\pi z}}{z^2+1},-\mathrm{i}\right)=-\dfrac{\mathrm{i}}{2};$

(2) $\dfrac{z-\sin z}{z^6}=\dfrac{1}{z^6}\left[z-\left(z-\dfrac{z^3}{3!}+\dfrac{z^5}{5!}-\cdots\right)\right]=\dfrac{1}{3!z^3}-\dfrac{1}{5!z}+\cdots$, 得 $\mathrm{Res}\left(\dfrac{z-\sin z}{z^6},0\right)=-\dfrac{1}{5!}.$

8. $\dfrac{1}{z^2(z-\mathrm{i})^2}=\dfrac{1}{(z-\mathrm{i})^2}\left(-\dfrac{1}{z-\mathrm{i}+\mathrm{i}}\right)'=\sum\limits_{n=1}^{\infty}(-1)^{n+1}n\dfrac{(z-\mathrm{i})^{n-3}}{\mathrm{i}^{n+1}}=\sum\limits_{n=1}^{\infty}\mathrm{i}^{n+1}n(z-\mathrm{i})^{n-3}$, $\mathrm{Res}(f,\mathrm{i})=2\mathrm{i}^3=-2\mathrm{i}$. 注意: $n=2$ 时, 得到 $(z-\mathrm{i})^{-1}$ 的系数.

9. (1) $\mathrm{Res}(f,0)=\dfrac{1}{2},\mathrm{Res}(f,-1)=-1,\mathrm{Res}(f,-2)=\dfrac{1}{2}$, 故有 $\int_C f(z)\mathrm{d}z=0$;

(2) $\mathrm{Res}\left(\dfrac{\sin z}{\cos z},\dfrac{\pi}{2}\right)=\mathrm{Res}\left(\dfrac{\sin z}{\cos z},-\dfrac{\pi}{2}\right)=-1$, 故有

$$\int_C \tan z\mathrm{d}z=2\pi\mathrm{i}\left[\mathrm{Res}\left(\frac{\sin z}{\cos z},\frac{\pi}{2}\right)+\mathrm{Res}\left(\frac{\sin z}{\cos z},-\frac{\pi}{2}\right)\right]=-4\pi\mathrm{i}.$$

第六章　保 形 映 射

基 本 要 求

1. 理解解析函数导数的几何意义和保形映射的概念.

2. 掌握线性映射的概念和基本性质(保交比性、保圆性、保对称性), 了解唯一确定线性映射的条件, 掌握典型区域间的线性映射.

3. 掌握初等保形映射 $w=z^n$ (n 是大于 1 的自然数)与 $w=\mathrm{e}^z$ 的映射性质和特点, 知道其他初等保形映射 $w=\sqrt[n]{z}$ 和 $w=\ln z$ 的映射性质和特点.

4. 会求一些简单区域(由圆周、圆弧、直线、直线段所围成)之间的保形映射.

主要内容复习

一、保形映射的概念

1. $\arg f'(z_0)$ 和 $|f'(z_0)|$ 的几何意义

设 $w=f(z)$ 在区域 D 内解析, $z_0\in D$, $f'(z_0)\neq 0$. 曲线 $C: z=z(t)$ $(a\leqslant t\leqslant b)$, 像曲线 $\Gamma: w=f[z(t)]$, $w_0=f(z_0)$, 则

(1) 像曲线 Γ 在点 w_0 的切线与实轴正向所夹的角减去原像曲线 C 在点 z_0 的切线与实轴正向所夹的角等于 $\arg f'(z_0)$, $\arg f'(z_0)$ 仅与点 z_0 有关, 而与过 z_0 的曲线选择无关, 这种性质称为旋转角的不变性. $\arg f'(z_0)$ 称为映射 $w=f(z)$ 在点 z_0 的旋转角.

(2) 有过点 z_0 的两条曲线 C_1 与 C_2, 其像曲线 Γ_1 与 Γ_2 过点 w_0, 若两条曲线的夹角是指它们的切线所夹的角, 则 Γ_1 与 Γ_2 在点 w_0 的夹角和 C_1 与 C_2 在点 z_0 的夹角是相等的, 既保持夹角的大小, 又保持夹角的方向(逆时针方向为正), 这种性质称为保角性.

(3) $\lim\limits_{\Delta z\to 0}\dfrac{|w-w_0|}{|z-z_0|}=\lim\limits_{\Delta z\to 0}\left|\dfrac{f(z_0+\Delta z)-f(z_0)}{\Delta z}\right|=|f'(z_0)|$.

该式表明像曲线 Γ 在 w_0 处的无穷小距离与原像曲线 C 在 z_0 的无穷小距离之比的极限是 $|f'(z_0)|$, 它仅与 z_0 有关而与过 z_0 的曲线选择无关, 这种性质称为伸缩率的不变性, $|f'(z_0)|$ 称为映射在点 z_0 的伸缩率.

2. 保形映射的定义

(1) 若 $w=f(z)$ 在区域 D 内的每一点处具有伸缩率不变性和保角性, 则称 $w=f(z)$ 为

D 内的保角映射. 由 $\arg f'(z_0)$ 与 $|f'(z_0)|$ 的几何意义知: 若 $w=f(z)$ 在区域 D 内解析, 且 $f'(z)\neq 0$, 则 $w=f(z)$ 是 D 内的保角映射.

(2) 若 $w=f(z)$ 在区域 D 内解析, 且是单叶的, 则 $w=f(z)$ 是区域 D 内的保角映射.

(3) 若 $w=f(z)$ 在区域 D 内单叶, 且是保角映射, 则称 $w=f(z)$ 为 D 内的保形映射.

(4) 若 $w=f(z)$ 在区域 D 内单叶解析, 则 $w=f(z)$ 是 D 内的保形映射. 此时若 $A=f(D)$, 则 $w=f(z)$ 将区域 D 保形映射成区域 A 且反函数 $z=f^{-1}(w)$ 将区域 A 保形映射成区域 D.

(5) 在区域 D 内的单叶解析函数 $w=f(z)$, 将 D 内的一个无穷小曲边三角形 δ 映射成区域 $A=f(D)$ 内的一个曲边三角形△, 由于它们的对应角相等, 对应边近似地成比例, 故 δ 与△近似地“相似”, 保形映射由此而得名.

3. 较为复杂保形映射的求法

两个单叶解析函数的复合仍然是单叶解析函数, 因而它们构成保形映射的复合, 其结果仍然是保形映射, 因此可复合若干个简单的保形映射, 来构成较为复杂的保形映射.

二、线性映射

称 $w=L(z)=\dfrac{az+b}{cz+d}$ 为线性映射, 其中 a,b,c,d 为常数, 且 $ad-bc\neq 0$, 又规定:

$$\text{当 } c=0 \text{ 时, } L(\infty)=\infty;\ \text{当 } c\neq 0 \text{ 时, } L(\infty)=\frac{a}{c},\ L\left(-\frac{d}{c}\right)=\infty.$$

这样 $w=L(z)=\dfrac{az+b}{cz+d}$ 在扩充 z 平面上有定义, 且 $z=\dfrac{-dw+b}{cw-a}$ 是定义在扩充 w 平面的单值逆映射, 也是线性映射.

线性映射 $w=L(z)=\dfrac{az+b}{cz+d}$ 是扩充 z 平面上的保形映射.

1. 线性映射的保交比性

(1) 在扩充复平面上有顺序的相异四点 z_1,z_2,z_3,z_4, 称 $\dfrac{z_4-z_1}{z_4-z_2}:\dfrac{z_3-z_1}{z_3-z_2}$ 为它们的交比, 记为 (z_1,z_2,z_3,z_4), 即 $(z_1,z_2,z_3,z_4)=\dfrac{z_4-z_1}{z_4-z_2}:\dfrac{z_3-z_1}{z_3-z_2}$. 当四点中有一点为∞时, 应将包含此点的项用 1 代替.

(2) 在线性映射 $w=L(z)=\dfrac{az+b}{cz+d}$ 下, 四点的交比不变, 即 z_1,z_2,z_3,z_4 的像点分别为 w_1,w_2,w_3,w_4, 则有 $(z_1,z_2,z_3,z_4)=(w_1,w_2,w_3,w_4)$.

(3) 将扩充 z 平面上相异三点 z_1,z_2,z_3 映射为扩充 w 平面上三点 w_1,w_2,w_3 的线性映射是唯一确定的, 可写成 $\frac{w-w_1}{w-w_2}:\frac{w_3-w_1}{w_3-w_2}=\frac{z-z_1}{z-z_2}:\frac{z_3-z_1}{z_3-z_2}$, 即三对对应点唯一确定一个线性映射.

2. 线性映射的保圆性

(1) 在扩充复平面上, 直线可以看成是半径无穷大的圆周.

(2) 在线性映射 $w=L(z)=\frac{az+b}{cz+d}$ 下, 扩充 z 平面上的圆周映射成扩充 w 平面上的圆周(有四种情况, 即圆周映射为圆周、圆周映射为直线、直线映射为圆周、直线映射为直线).

3. 线性映射的保对称性

(1) 给定圆周 $C:|z-z_0|=R$, z_1,z_2 是异于 z_0 且在从 z_0 出发的一条射线上的两个有限点, 若 z_1,z_2 满足 $|z_1-z_0||z_2-z_0|=R^2$, 则称 z_1,z_2 关于圆周 C 对称. 规定 z_0 与 ∞ 关于圆周 C 对称.

(2) z_1,z_2 关于直线对称是 z_1,z_2 关于圆周对称的一个特例(直线可以看成是半径无穷大的圆周).

(3) z_0 关于单位圆 $|z|=1$ 的对称点是 $\frac{1}{\overline{z}_0}$.

(4) 在线性映射 $w=L(z)=\frac{az+b}{cz+d}$ 下, 扩充 z 平面上的圆周 C 映射成扩充 w 平面上的圆周 Γ, 若 z_1,z_2 关于 C 对称, 则 z_1,z_2 的像点 w_1,w_2 关于 Γ 对称.

三、典型区域间的线性映射

以下是几种典型区域间的线性映射:

(1) 若 a,b,c,d 为实常数, 且 $ad-bc>0$, 则 $w=\frac{az+b}{cz+d}$ 把上半平面 $\operatorname{Im}z>0$ 保形映射为上半平面 $\operatorname{Im}w>0$.

(2) $w=\mathrm{e}^{\mathrm{i}\theta}\frac{z-z_0}{z-\overline{z}_0}$ ($\operatorname{Im}z_0>0,\theta$ 为实数) 把上半平面 $\operatorname{Im}z>0$ 保形映射为单位圆域 $|w|<1$, 其中实数 θ 可用下边两种方法确定:

①给出 $z_1(z_1\neq z_0)$ 的对应点 w_1, 由 $w_1=\mathrm{e}^{\mathrm{i}\theta}\frac{z_1-z_0}{z_1-\overline{z}_0}$ 解出 θ;

②给出 $\arg w'(z_0)$, 有 $\theta=\arg w'(z_0)+\frac{\pi}{2}$.

(3) $w=\mathrm{e}^{\mathrm{i}\theta}\frac{z-z_0}{1-\overline{z}_0z}$ ($|z_0|<1,\theta$ 为实数) 把单位圆域 $|z|<1$ 保形映射为单位圆域 $|w|<1$, 其中实数 θ 可用下边两种方法确定:

①给出 $z_1(z_1 \neq z_0)$ 的对应点 w_1，由 $w_1 = \mathrm{e}^{\mathrm{i}\theta}\dfrac{z_1 - z_0}{1-\bar{z}_0 z_1}$ 解出 θ;

②给出 $\arg w'(z_0)$，有 $\theta = \arg w'(z_0)$.

(4) 两圆弧围成的区域称为二角形区域，两圆弧的交点称为它的顶点，在顶点处两圆弧切线的交角称为它的内角. 线性映射 $w = \dfrac{z-a}{z-b}$ 把以 a,b 为顶点，内角为 $\alpha\pi$ 的二角形区域保形映射为顶点在原点，张角为 $\alpha\pi$ 的角形区域.

四、初等保形映射

1. 幂函数

幂函数 $w=z^n$（n 是大于 1 的自然数）处处可导，除原点外导数处处不为零，因此除原点外 $w=z^n$ 处处保角. 当正数 $\alpha \leqslant \dfrac{2\pi}{n}$ 时，角形区域 $0<\arg z<\alpha$ 是 $w=z^n$ 单叶解析的区域.

(1) $w=z^n$ 将角形区域 $0<\arg z<\alpha$ 保形映射成角形区域 $0<\operatorname{Arg} w<n\alpha$，$\alpha \leqslant \dfrac{2\pi}{n}$.

(2) 特别地，$w=z^n$ 将角形区域 $0<\arg z<\dfrac{2\pi}{n}$ 保形映射为去掉原点和正实轴的 w 平面 $0<\operatorname{Arg} w<2\pi$; $w=z^n$ 将角形区域 $0<\arg z<\dfrac{\pi}{n}$ 保形映射成上半平面 $0<\arg w<\pi$，即 $\operatorname{Im} w>0$.

(3) $w=\sqrt[n]{z}$ 将角形区域 $0<\operatorname{Arg} z<n\alpha\left(\alpha \leqslant \dfrac{2\pi}{n}\right)$ 保形映射成角形区域 $0<\arg w<\alpha$.

2. 指数函数与对数函数

指数函数 $w=\mathrm{e}^z$ 处处可导，导数处处不为零，全平面处处保角. 其单叶解析区域是平行于实轴宽度不超过 2π 的带形区域.

(1) $w=\mathrm{e}^z$ 将带形区域 $0<\operatorname{Im} z<h$ 保形映射为角形区域 $0<\operatorname{Arg} w<h$，$0<h\leqslant 2\pi$.

(2) 特别地，$w=\mathrm{e}^z$ 将带形区域 $0<\operatorname{Im} z<2\pi$ 保形映射为去掉原点和正实轴的 w 平面 $0<\operatorname{Arg} w<2\pi$; $w=\mathrm{e}^z$ 将带形区域 $0<\operatorname{Im} z<\pi$ 保形映射为上半平面 $0<\arg w<\pi$，即 $\operatorname{Im} w>0$.

(3) $w=\ln z$ 将角形区域 $0<\operatorname{Arg} z<h\ (0<h\leqslant 2\pi)$ 保形映射为带形区域 $0<\operatorname{Im} w<h$.

例题分析

例 6.1 求函数 $f(z)=z^3$ 在 $z_1=\mathrm{i}$ 和 $z_2=0$ 处的导数值，并说明其几何意义.

解 函数 $w=f(z)=z^3$ 在整个复平面上解析，其导函数为 $f'(z)=3z^2$.

(1) 对 $z_1=\mathrm{i}$，$f'(\mathrm{i})=-3=3\mathrm{e}^{\mathrm{i}\pi}$，因此映射 $f(z)=z^3$ 在 $z_1=\mathrm{i}$ 处具有保角性且伸缩率不变，其伸缩率为 3，旋转角为 π.

(2) 对 $z_2=0$, $f'(0)=0$, 因此映射 $f(z)=z^3$ 在 $z_2=0$ 处不具有保角性.

例 6.2 求函数 $f(z)=z^2+4z$ 在 $z_1=-1+\mathrm{i}$ 处的伸缩率和旋转角, 并说明将 z 平面的哪一部分放大? 哪一部分缩小?

解 因为 $f'(z)=2z+4$, $f'(-1+\mathrm{i})=2(-1+\mathrm{i})+4=2(1+\mathrm{i})$, 则

$$\arg f'(-1+\mathrm{i})=\arg(2(1+\mathrm{i}))=\frac{\pi}{4},\quad |f'(-1+\mathrm{i})|=|2(1+\mathrm{i})|=2\sqrt{2}.$$

所以在 $z_1=-1+\mathrm{i}$ 处的伸缩率为 $2\sqrt{2}$, 旋转角为 $\frac{\pi}{4}$. 又

$$|f'(z)|=|2z+4|=2\sqrt{(x+2)^2+y^2},$$

$$|f'(z)|<1\text{ 的充分必要条件为 }(x+2)^2+y^2<\frac{1}{4},$$

所以函数 $f(z)=z^2+4z$ 把以 $(-2,0)$ 为圆心, $\frac{1}{2}$ 为半径的圆内部缩小, 外部放大.

例 6.3 求一线性映射 $w=L(z)$ 将 $z=1,\mathrm{i},-\mathrm{i}$ 分别映射为 $w=1,0,-1$, 并问此映射将单位圆内部 $|z|<1$ 映射为 w 平面什么区域?

解 利用线性映射的保交比性, 有

$$\frac{w-1}{w+1}:\frac{0-1}{0+1}=\frac{z-1}{z+\mathrm{i}}:\frac{\mathrm{i}-1}{\mathrm{i}+\mathrm{i}},$$

从而得线性映射为

$$w=L(z)=\frac{(1+\mathrm{i})(z-\mathrm{i})}{(1+z)+3\mathrm{i}(1-z)}.$$

因为

$$L(1)=1,\quad L(-1)=-\frac{1}{3},\quad L(\mathrm{i})=0,$$

并且

$$L(0)=\frac{-1-2\mathrm{i}}{5},$$

所以此线性映射将单位圆内部 $|z|<1$ 映射为 w 平面的下半平面 $\operatorname{Im} w<0$.

例 6.4 求一线性映射 $w=L(z)$ 将 $|z|<1$ 映射为 $|w|<1$, 且满足如下条件:

$$L(0)=0,\quad \arg f'(0)=-\frac{\pi}{2}.$$

解 所求线性映射的形式为

$$w=L(z)=\mathrm{e}^{\mathrm{i}\theta}\frac{z-z_0}{1-\overline{z}_0 z}\quad (|z_0|<1),$$

其中 z_0 为通过 $L(z)$ 映射为 $w=0$ 的点, $\theta=\arg L'(z_0)$. 所以

$$z_0=0,\quad \theta=\arg L'(z_0)=\arg L'(0)=-\frac{\pi}{2},$$

从而得线性映射为

$$w=L(z)=\mathrm{e}^{-\mathrm{i}\frac{\pi}{2}}z=-\mathrm{i}z.$$

例 6.5　求一线性映射 $w=L(z)$ 将 $\operatorname{Im}z>0$ 映射为 $|w|<1$, 且满足如下条件:

$$L(\mathrm{i})=0,\quad L(-1)=1.$$

解　所求线性映射的形式为

$$w=\mathrm{e}^{\mathrm{i}\theta}\frac{z-z_0}{z-\overline{z}_0}\quad(\operatorname{Im}z_0>0,\theta\text{ 为实数}),$$

其中 z_0 为通过 $L(z)$ 映射为 $w=0$ 的点, 所以 $z_0=\mathrm{i}$. 利用 $L(-1)=1$ 得

$$1=\mathrm{e}^{\mathrm{i}\theta}\frac{-1-\mathrm{i}}{-1+\mathrm{i}},\quad \mathrm{e}^{\mathrm{i}\theta}=-\mathrm{i}.$$

从而得线性映射为

$$w=L(z)=-\mathrm{i}\frac{z-\mathrm{i}}{z+\mathrm{i}}.$$

例 6.6　求一线性映射 $w=L(z)$ 将 $|z|=1$ 映射为 $|w|=1$, 且满足如下条件:

$$L(1)=1,\quad L(1+\mathrm{i})=\infty.$$

解　因为圆心 $w=0$ 与 $w=\infty$ 是关于圆周 $|w|=1$ 的对称点, 所以由线性映射的保对称性可知, $w=0$ 在 z 平面上的原像是 $1+\mathrm{i}$ 关于圆周 $|z|=1$ 的对称点

$$\frac{1}{\overline{1+\mathrm{i}}}=\frac{1}{1-\mathrm{i}}=\frac{1}{2}(1+\mathrm{i}).$$

从而, 所求的线性映射将 z 平面上的三个不同点 $1,\frac{1}{2}(1+\mathrm{i}),1+\mathrm{i}$ 分别映射为 w 平面上三个不同的点 $1,0,\infty$. 根据线性映射的保交比性得

$$\frac{w-1}{w-0}:\frac{\infty-1}{\infty-0}=\frac{z-1}{z-\frac{1}{2}(1+\mathrm{i})}:\frac{(1+\mathrm{i})-1}{(1+\mathrm{i})-\frac{1}{2}(1+\mathrm{i})},$$

$$\frac{w-1}{w}=\frac{\frac{1}{2}(1+\mathrm{i})(z-1)}{\left[z-\frac{1}{2}(1+\mathrm{i})\right]\mathrm{i}}.$$

从而线性映射为

$$w=L(z)=\frac{(\mathrm{i}-1)z+1}{-z+(1+\mathrm{i})}.$$

例 6.7　在线性变换 $w=L(z)=\mathrm{i}z$ 的映射下, 求以 $z_1=\mathrm{i},z_2=-1,z_3=1$ 为顶点的三角形映射为 w 平面上什么图形?

解　因为 $L'(z)=\mathrm{i},\arg L'(z)=\arg\mathrm{i}=\frac{\pi}{2}$, 所以映射 $w=L(z)=\mathrm{i}z$ 为一旋转变换, 旋转角为 $\frac{\pi}{2}$. 并且, 由

$$w_1=L(\mathrm{i})=-1,\quad w_2=L(-1)=-\mathrm{i},\quad w_3=L(1)=\mathrm{i}$$

可知, 此线性映射将以 $z_1 = \mathrm{i}, z_2 = -1, z_3 = 1$ 为顶点的三角形映射为 w 平面以 $w_1 = -1, w_2 = -\mathrm{i}$, $w_3 = \mathrm{i}$ 为顶点的三角形, 即原图形绕原点旋转 $\frac{\pi}{2}$ 即可.

例 6.8 求把角形区域 $-\frac{\pi}{6} < \arg z < \frac{\pi}{6}$ 映射为单位圆内部 $|w| < 1$ 的一个映射.

分析 线性变换 $w = \frac{z - \mathrm{i}}{z + \mathrm{i}}$ 可以把上半平面映射为单位圆域, 而幂函数 $w = z^n$ 可以把角形区域映射为半平面, 复合起来即可得到所求的保形映射.

解 首先, 将 z 平面的角形区域 $-\frac{\pi}{6} < \arg z < \frac{\pi}{6}$ 经过 $z_1 = z^3$ 保形映射为 z_1 平面的右半平面 $\mathrm{Re} z_1 > 0$;

其次, 通过 $z_2 = z_1 \mathrm{i}$ 将 z_1 平面的右半平面 $\mathrm{Re} z_1 > 0$ 旋转到 z_2 平面的上半平面 $\mathrm{Im} z_2 > 0$;

最后, 由线性变换 $w = \frac{z_2 - \mathrm{i}}{z_2 + \mathrm{i}}$ 将 z_2 平面的上半平面 $\mathrm{Im} z_2 > 0$ 映射为 w 平面的单位圆域 $|w| < 1$.

因此, 所求的保形映射为

$$w = f(z) = \frac{z_2 - \mathrm{i}}{z_2 + \mathrm{i}} = \frac{z_1 \mathrm{i} - \mathrm{i}}{z_1 \mathrm{i} + \mathrm{i}} = \frac{z^3 - 1}{z^3 + 1}.$$

例 6.9 设区域 $D = \{z \,||\, z| < 1, \mathrm{Im} z > 0, \mathrm{Re} z > 0\}$, 求一保形映射将 D 保形映射为 w 平面的上半平面 $\mathrm{Im} w > 0$.

解 如图 6-1 所示.

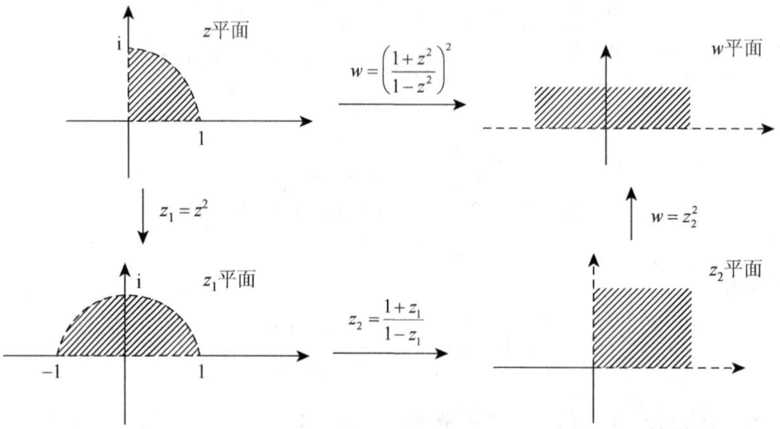

图 6-1

首先, 由幂函数 $z_1 = z^2$ 将 D 映射为 z_1 平面的上半单位圆域 $|z_1| < 1$;

其次, 由线性映射 $z_2 = \frac{1 + z_1}{1 - z_1}$ 将 z_1 平面的上半单位圆域 $|z_1| < 1$ 映射为 z_2 平面的第一象限;

最后, 由幂函数 $w=z_2^2$ 将 z_2 平面的第一象限映射为 w 平面的上半平面 $\operatorname{Im} w>0$.

因此, 所求的保形映射为

$$w=f(z)=z_2^2=\left(\frac{1+z_1}{1-z_1}\right)^2=\left(\frac{1+z^2}{1-z^2}\right)^2.$$

例 6.10 设角形区域 $D=\left\{z \middle| 0<\arg z<\frac{4}{5}\pi\right\}$, 求一保形映射将 D 保形映射为 w 平面的单位圆内部 $|w|<1$.

解 如图 6-2 所示.

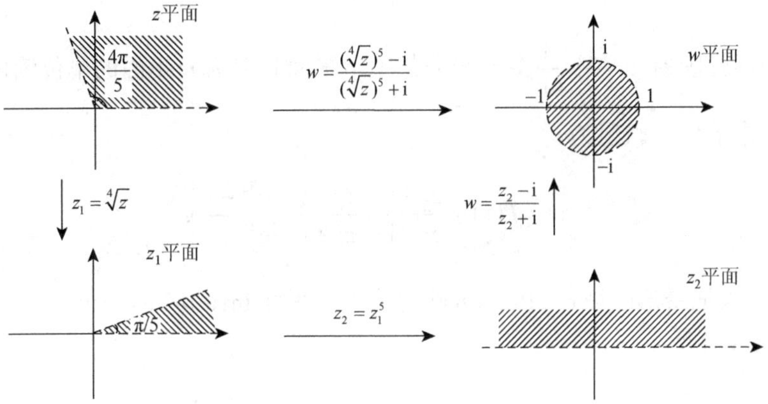

图 6-2

首先, 由根式映射 $z_1=\sqrt[4]{z}$ 将 D 映射为 z_1 平面的角形区域 $0<\arg z_1<\frac{\pi}{5}$;

其次, 由幂函数 $z_2=z_1^5$ 将 z_1 平面的角形区域 $0<\arg z_1<\frac{\pi}{5}$ 映射为 z_2 平面的上半平面;

最后, 由线性映射 $w=\frac{z_2-i}{z_2+i}$ 将 z_2 平面的上半平面映射为 w 平面的单位圆内部 $|w|<1$.

因此, 所求的保形映射为

$$w=f(z)=\frac{z_2-i}{z_2+i}=\frac{z_1^5-i}{z_1^5+i}=\frac{(\sqrt[4]{z})^5-i}{(\sqrt[4]{z})^5+i}.$$

例 6.11 求把带形区域 $0<\operatorname{Im} z<\frac{\pi}{3}$ 映射为单位圆内部 $|w|<1$ 的一个映射.

解 如图 6-3 所示.

首先, 由指数函数 $z_1=e^z$ 将带形区域 $0<\operatorname{Im} z<\frac{\pi}{3}$ 映射为 z_1 平面的角形区域 $0<\arg z_1<\frac{\pi}{3}$;

其次, 由幂函数 $z_2=z_1^3$ 将 z_1 平面的角形区域 $0<\arg z_1<\frac{\pi}{3}$ 映射为 z_2 平面的上半平面;

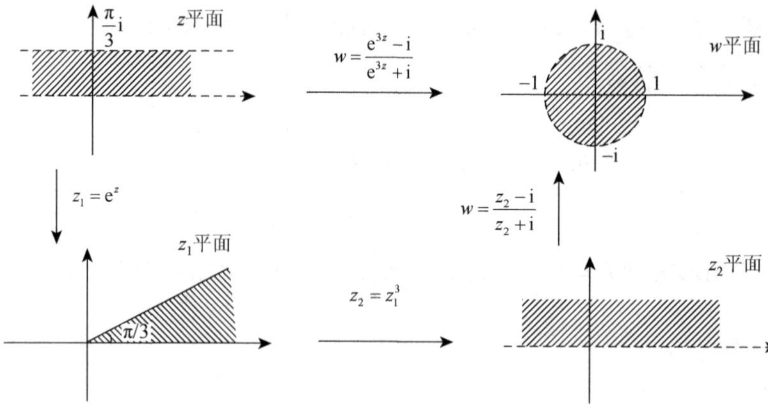

图 6-3

最后, 由线性映射 $w=\dfrac{z_2-\mathrm{i}}{z_2+\mathrm{i}}$ 将 z_2 平面的上半平面映射为 w 平面的单位圆内部 $|w|<1$. 因此, 所求的保形映射为

$$w=f(z)=\frac{z_2-\mathrm{i}}{z_2+\mathrm{i}}=\frac{z_1^3-\mathrm{i}}{z_1^3+\mathrm{i}}=\frac{\mathrm{e}^{3z}-\mathrm{i}}{\mathrm{e}^{3z}+\mathrm{i}}.$$

例 6.12 求把带形区域 $a<\mathrm{Re}z<b$ 映射为上半平面 $\mathrm{Im}w>0$ 的一个映射.

解 如图 6-4 所示.

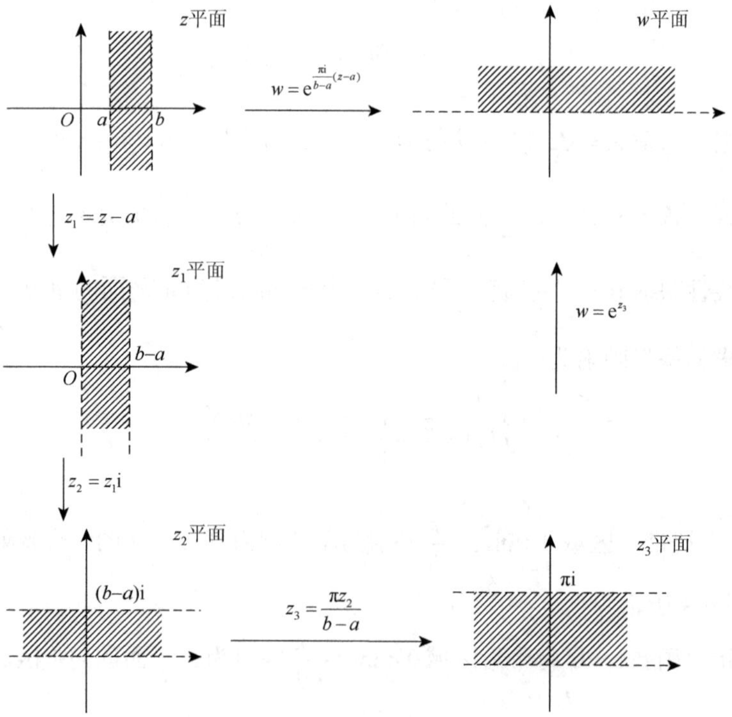

图 6-4

首先, 将 z 平面带形区域 $a<\mathrm{Re}z<b$ 经过 $z_1=z-a$ 平行移动到 z_1 平面的带形区域 $0<\mathrm{Re}z_1<b-a$;

其次, 通过 $z_2=z_1\mathrm{i}$ 将 z_1 平面的带形区域 $0<\mathrm{Re}z_1<b-a$ 旋转到 z_2 平面的带形区域 $0<\mathrm{Im}z_2<b-a$;

再次, 通过 $z_3=\dfrac{\pi z_2}{b-a}$ 将 $0<\mathrm{Im}z_2<b-a$ 放大(或缩小)到 z_3 平面的带形区域 $0<\mathrm{Im}z_3<\pi$;

最后, 由指数函数 $w=\mathrm{e}^{z_3}$ 将 z_3 平面的带形区域 $0<\mathrm{Im}z_3<\pi$ 映射为 w 平面的上半平面 $\mathrm{Im}w>0$.

因此, 所求的保形映射为

$$w=f(z)=\mathrm{e}^{z_3}=\mathrm{e}^{\frac{\pi z_2}{b-a}}=\mathrm{e}^{\frac{\pi\mathrm{i}}{b-a}(z-a)}.$$

综合练习题

1. 填空题.

(1) 映射 $w=e^{iz}$ 在 $z=i$ 处的旋转角是____________, 伸缩率是____________.

(2) 设 $|z_0|<1,\theta$ 为实数, 则 $w=$____________将单位圆域 $|z|<1$ 映射为单位圆域 $|w|<1$.

(3) 设 $\alpha\leqslant\dfrac{2\pi}{n}$, 则 $w=z^n$ 将角形区域 $0<\arg z<\alpha$ 保形映射成____________.

(4) $w=e^z$ 将带形区域 $0<\mathrm{Im}\,z<\dfrac{\pi}{6}$ 保形映射成____________.

2. 求把点 $1,i,-i$ 分别映射为 $1,0,-1$ 的线性映射, 问此映射把单位圆域 $|z|<1$ 映射成什么?

3. 下列区域在指定的映射下, 映射成什么区域?

(1) $\mathrm{Re}z>0, w=iz+i$;　　(2) $\mathrm{Im}\,z>0, w=(1+i)z$.

4. 若线性映射 $w=\dfrac{az+b}{cz+d}$ 将 z 平面上的直线映射成 w 平面上的单位圆周, 那么 a,b,c,d 满足的条件是什么?

5. 求将上半平面 $\mathrm{Im}\,z>0$ 映射为单位圆域 $|w|<1$ 的线性映射 $w=L(z)$, $L(z)$ 满足条件 $L(2i)=0$, $\arg L'(2i)=0$.

6. 求一个把角形区域 $-\dfrac{\pi}{6}<\arg z<\dfrac{\pi}{6}$ 映射为单位圆域 $|w|<1$ 的保形映射.

7. 说明 $w=\dfrac{e^z-1-2i}{e^z-1+2i}$ 将 $0<\mathrm{Im}\,z<\pi$ 映射成的区域.

8. 求将单位圆 $|z|=1$ 内部在第一象限部分映射为单位圆内部 $|w|<1$ 的保形映射.

综合练习题答案与提示

1. (1) $\frac{\pi}{2}$, e^{-1}.　(2) $w=e^{i\theta}\frac{z-z_0}{1-\overline{z}_0z}$.　(3) 角形区域 $0<\operatorname{Arg}w<n\alpha$.　(4) 角形区域 $0<\arg z<\frac{\pi}{6}$.

2. $w=\frac{(1+i)(z-i)}{(z+1)+3i(1-z)}$, 把单位圆域映射成下半平面 $\operatorname{Im}w<0$.

3. (1) $\operatorname{Im}w>1$;　(2) $v>u$, 即 $\operatorname{Im}w>\operatorname{Re}w$.

4. 若 $w=\frac{az+b}{cz+d}$ 将 z 平面上的直线映射成 w 平面上的单位圆周, 则将直线上的无穷远点映射到单位圆周上, 即直线上无穷远点的像点 $\frac{a}{c}$ 在单位圆周 $|w|=1$ 上, 有 $\left|\frac{a}{c}\right|=1$; 又 $w'=\frac{ad-bc}{(cz+d)^2}\neq 0$, 故 a,b,c,d 满足的条件是 $|a|=|c|$ 和 $ad-bc\neq 0$.

5. 所求映射为 $w=e^{i\theta}\frac{z-2i}{z+2i}$, $\theta=\arg L'(2i)+\frac{\pi}{2}=\frac{\pi}{2}, e^{i\theta}=i, w=i\frac{z-2i}{z+2i}$ 为所求的线性映射.

6. **方法 1**　$\xi_1=e^{i\frac{\pi}{6}}z$ 把角形区域 $-\frac{\pi}{6}<\arg z<\frac{\pi}{6}$ 映射成角形区域 $0<\arg\xi_1<\frac{\pi}{3}$; $\xi_2=\xi_1^3$ 把 $0<\arg\xi_1<\frac{\pi}{3}$ 映射成上半平面 $\operatorname{Im}\xi_2>0$; $w=\frac{\xi_2-i}{\xi_2+i}$ 把上半平面 $\operatorname{Im}\xi_2>0$ 映射成 $|w|<1$, 故一个把角形区域 $-\frac{\pi}{6}<\arg z<\frac{\pi}{6}$ 映射成 $|w|<1$ 的保形映射为

$$w=\frac{iz^3-i}{iz^3+i}=\frac{z^3-1}{z^3+1}.$$

方法 2　$\xi_1=z^3$ 把角形区域 $-\frac{\pi}{6}<\arg z<\frac{\pi}{6}$ 映射成角形区域 $-\frac{\pi}{2}<\arg\xi_1<\frac{\pi}{2}$, 即右半平面 $\operatorname{Re}\xi_1>0$; $\xi_2=e^{i\frac{\pi}{2}}\xi_1=i\xi_1$ 把右半平面 $\operatorname{Re}\xi_1>0$ 映射成上半平面 $\operatorname{Im}\xi_2>0$; $w=\frac{\xi_2-i}{\xi_2+i}$ 把上半平面映射成 $|w|<1$, 故一个把角形区域 $-\frac{\pi}{6}<\arg z<\frac{\pi}{6}$ 映射成 $|w|<1$ 的保形映射为

$$w=\frac{iz^3-i}{iz^3+i}=\frac{z^3-1}{z^3+1}.$$

7. $\xi=e^z$ 把带形区域 $0<\operatorname{Im}z<\pi$ 映射成 $0<\arg\xi<\pi$, 即上半平面 $\operatorname{Im}\xi>0$; $w=\frac{\xi-1-2i}{\xi-1+2i}$ 把上半平面 $\operatorname{Im}\xi>0$ 映射成 $|w|<1$, 故 $w=\frac{e^z-1-2i}{e^z-1+2i}$ 把带形区域 $0<\operatorname{Im}z<\pi$ 映射成单位圆域 $|w|<1$, 这里 $1+2i$ 是上半平面的一点, $\overline{1+2i}=1-2i$.

8. 此题分如下几步:

(1) $\xi_1=z^2$ 将单位圆 $|z|=1$ 内部在第一象限部分映射成 $|\xi_1|<1$ 且 $\operatorname{Im}\xi_1>0$, 即上半单位圆, 这是一个内角是 $\frac{\pi}{2}$ 的二角形区域, 其中有一边是直边(过 ∞ 点的圆弧).

(2) $\xi_2=\frac{\xi_1+1}{\xi_1-1}$ 把 ξ_1 平面上的二角形区域 $|\xi_1|<1$ 且 $\operatorname{Im}\xi_1>0$ 映射为 ξ_2 平面上的一个张角为 $\frac{\pi}{2}$ 的角形区域. 又因为

$$\left.\frac{\mathrm{d}\xi_2}{\mathrm{d}\xi_1}\right|_{\xi_1=-1}=\left.\left[\frac{-2}{(\xi_1-1)^2}\right]\right|_{\xi_1=-1}=-\frac{1}{2},$$

所以 $\xi_2=\dfrac{\xi_1+1}{\xi_1-1}$ 在 $\xi_1=-1$ 处的旋转角为π，这样映射成 ξ_2 平面上的角形区域是 $\pi<\arg\xi_2<\dfrac{3\pi}{2}$.

(3) $\xi_3=\mathrm{e}^{\mathrm{i}\pi}\xi_2=-\xi_2$ 把 ξ_2 平面上的角形区域 $\pi<\arg\xi_2<\dfrac{3\pi}{2}$ 映射成 ξ_3 平面上的角形区域 $0<\arg\xi_3<\dfrac{\pi}{2}$.

(4) $\xi_4=\xi_3^2$ 把 ξ_3 平面上的角形区域 $0<\arg\xi_3<\dfrac{\pi}{2}$ 映射成 ξ_4 平面上的上半平面 $\operatorname{Im}\xi_4>0$.

(5) $w=\dfrac{\xi_4-\mathrm{i}}{\xi_4+\mathrm{i}}$ 将上半平面 $\operatorname{Im}\xi_4>0$ 映射成 $|w|<1$.

以上 5 步复合，即得所求映射为 $w=\dfrac{\left(-\dfrac{z^2+1}{z^2-1}\right)^2-\mathrm{i}}{\left(-\dfrac{z^2+1}{z^2-1}\right)^2+\mathrm{i}}=\dfrac{(z^2+1)^2-\mathrm{i}(z^2-1)^2}{(z^2+1)^2+\mathrm{i}(z^2-1)^2}$.

第七章　傅里叶变换

基 本 要 求

1. 理解傅里叶变换和傅里叶逆变换的定义,了解傅里叶变换和傅里叶逆变换存在的条件,了解傅里叶积分.

2. 熟练掌握利用定义求函数傅里叶变换的方法,能由傅里叶变换和傅里叶逆变换求某些实积分,知道傅里叶正弦变换和余弦变换.

3. 掌握傅里叶变换的性质(共轭性质、线性性质、位移性质、相似性质、微分性质、积分性质),会利用傅里叶变换的性质求函数的傅里叶变换.

4. 掌握卷积和卷积定理,能计算卷积和应用卷积定理求函数的傅里叶变换及逆变换.

5*. 知道互相关函数、自相关函数的概念,了解相关定理、乘积定理、帕塞瓦尔公式,能利用帕塞瓦尔公式求实积分.

6. 掌握δ-函数的定义及其傅里叶变换,能利用δ-函数求某些函数的傅里叶变换.

主要内容复习

一、傅里叶变换的概念及其存在定理

若积分 $F(\omega)=\int_{-\infty}^{+\infty}f(t)\mathrm{e}^{-\mathrm{i}\omega t}\mathrm{d}t$ 收敛,则称 $F(\omega)$ 为 $f(t)$ 的傅里叶变换,记为 $F(\omega)=\mathscr{F}[f(t)]$,其中 $\mathrm{i}^2=-1,\omega,t$ 为实数,这里

$$\int_{-\infty}^{+\infty}f(t)\mathrm{e}^{-\mathrm{i}\omega t}\mathrm{d}t=\lim_{A\to+\infty}\int_{-A}^{A}f(t)\mathrm{e}^{-\mathrm{i}\omega t}\mathrm{d}t\quad(A>0).$$

称 $f(t)$ 为 $F(\omega)$ 的傅里叶逆变换,记为 $f(t)=\mathscr{F}^{-1}[F(\omega)]$.

$F(\omega)$ 是 $(-\infty,+\infty)$ 上定义,取复数值的实变复值函数. $F(\omega)$ 称为 $f(t)$ 的像函数, $f(t)$ 称为 $F(\omega)$ 的像原函数.

若 $f(t)$ 在 $(-\infty,+\infty)$ 上绝对可积,即 $\int_{-\infty}^{+\infty}|f(t)|\mathrm{d}t$ 收敛,则 $F(\omega)$ 在 $(-\infty,+\infty)$ 上存在且连续.

在频谱分析中, $F(\omega)$ 称为 $f(t)$ 的频谱密度函数,简称频谱函数, $|F(\omega)|$称为 $f(t)$ 的振幅频谱,简称频谱,其图形称为频谱图,频谱图是关于纵轴对称的连续曲线.

二、傅里叶逆变换表达式和傅里叶积分

设 $f(t)$ 在 $(-\infty,+\infty)$ 上绝对可积,且在任一有限区间 (a,b) 上满足狄利克雷条件:

(1) $f(t)$ 在 (a,b) 上连续, 或只有有限多个第一类间断点;

(2) $f(t)$ 在 (a,b) 上只有有限个极值点,

则对每个 $t\in(-\infty,+\infty)$, 有

$$\frac{1}{2\pi}\int_{-\infty}^{+\infty}F(\omega)\mathrm{e}^{\mathrm{i}\omega t}\mathrm{d}\omega=\frac{1}{2}[f(t-0)+f(t+0)],$$

这里

$$\int_{-\infty}^{+\infty}F(\omega)\mathrm{e}^{\mathrm{i}\omega t}\mathrm{d}\omega=\lim_{A\to+\infty}\int_{-A}^{A}F(\omega)\mathrm{e}^{\mathrm{i}\omega t}\mathrm{d}\omega\quad(A>0).$$

此时 $f(t)$ 在 $(-\infty,+\infty)$ 上连续点组成的集合 E 上, 有

$$f(t)=\mathscr{F}^{-1}[F(\omega)]=\frac{1}{2\pi}\int_{-\infty}^{+\infty}F(\omega)\mathrm{e}^{\mathrm{i}\omega t}\mathrm{d}\omega \tag{7.1}$$

将(7.1)式等价地写成如下的式子:

$$f(t)=\frac{1}{2\pi}\int_{-\infty}^{+\infty}\left[\int_{-\infty}^{+\infty}f(\tau)\mathrm{e}^{-\mathrm{i}\omega\tau}\mathrm{d}\tau\right]\mathrm{e}^{\mathrm{i}\omega t}\mathrm{d}\omega\quad(t\in E),$$

此式右端的积分称为 $f(t)$ 的傅里叶积分.

三、傅里叶余弦变换和正弦变换

设 $f(t)$ 在 $(-\infty,+\infty)$ 上绝对可积, 且在任一有限区间 (a,b) 上满足狄利克雷条件. 若 $f(t)$ 是偶函数, 则称

$$F_C(\omega)=\int_0^{+\infty}f(t)\cos\omega t\mathrm{d}t$$

为 $f(t)$ 的傅里叶余弦变换. 称

$$f(t)=\frac{2}{\pi}\int_0^{+\infty}F_c(\omega)\cos\omega t\mathrm{d}\omega$$

为 $F_c(\omega)$ 的傅里叶余弦逆变换. $F_C(\omega)$ 满足

$$F(\omega)=2F_C(\omega),\quad F_C(-\omega)=F(\omega).$$

设 $f(t)$ 在 $(-\infty,+\infty)$ 上绝对可积, 且在任一有限区间 (a,b) 上满足狄利克雷条件. 若 $f(t)$ 是奇函数, 则称

$$F_s(\omega)=\int_0^{+\infty}f(t)\sin\omega t\mathrm{d}t$$

为 $f(t)$ 的傅里叶正弦变换. 称

$$f(t)=\frac{2}{\pi}\int_0^{+\infty}F_s(\omega)\sin\omega t\mathrm{d}\omega$$

为 $F_s(\omega)$ 傅里叶正弦逆变换. $F_s(\omega)$ 满足

$$F(\omega)=\frac{2}{i}F_s(\omega),\quad F_s(-\omega)=-F_s(\omega).$$

若函数 $f(t)$ 在 $(0,+\infty)$ 上绝对可积且在 $(0,+\infty)$ 上的任一有限区间上满足狄利克雷条件, 可补充定义 $(-\infty,0]$ 上的值, 将 $f(t)$ 扩充为 $(-\infty,+\infty)$ 上的奇函数 $g(t)$, 从而得到 $g(t)$ 的傅里叶正弦变换 $G_s(\omega)$, 也可将 $f(t)$ 扩充为 $(-\infty,+\infty)$ 上的偶函数 $\varphi(t)$, 从而得到 $\varphi(t)$ 的傅里叶余弦变换 $\Phi_c(\omega)$.

四、傅里叶变换的性质

1. 共轭性质

设 $\mathscr{F}[f(t)]=F(\omega)$, $\overline{F(\omega)}$ 是 $F(\omega)$ 的共轭函数, 则 $\overline{F(\omega)}=F(-\omega)$.

2. 线性性质

设 a_1,a_2 为常数, $\mathscr{F}[f_1(t)]=F_1(\omega)$, $\mathscr{F}[f_2(t)]=F_2(\omega)$, 则

$$\mathscr{F}[a_1f_1(t)+a_2f_2(t)]=a_1F_1(\omega)+a_2F_2(\omega),$$

$$\mathscr{F}^{-1}[a_1F_1(\omega)+a_2F_2(\omega)]=a_1f_1(t)+a_2f_2(t).$$

3. 位移性质

设 t_0,ω_0 为实常数, $\mathscr{F}[f(t)]=F(\omega)$, 则

$$\mathscr{F}[f(t)\mathrm{e}^{\mathrm{i}\omega_0 t}]=F(\omega-\omega_0),\quad \mathscr{F}[f(t-t_0)]=F(\omega)\mathrm{e}^{-\mathrm{i}\omega t_0}.$$

4. 相似性质

设 k 为非零实数, $\mathscr{F}[f(t)]=F(\omega)$, 则

$$\mathscr{F}[f(kt)]=\frac{1}{|k|}F\left(\frac{\omega}{k}\right),\quad \mathscr{F}^{-1}[F(k\omega)]=\frac{1}{|k|}f\left(\frac{t}{k}\right).$$

5. 微分性质

设 $\mathscr{F}[f(t)]=F(\omega)$, 且 $\lim\limits_{|t|\to+\infty}f^{(k)}(t)=0,k=0,1,2,\cdots,n-1$, 则

$$\mathscr{F}[f^{(n)}(t)]=(\mathrm{i}\omega)^nF(\omega),\quad \mathscr{F}^{-1}[F^{(n)}(\omega)]=(-\mathrm{i}t)^nf(t).$$

6. 积分性质

设 $\mathscr{F}[f(t)]=F(\omega)$, $g(t)=\int_{-\infty}^{t}f(\tau)\mathrm{d}\tau$, 且 $\lim\limits_{t\to+\infty}g(t)=0$, 则

$$\mathscr{F}[g(t)]=\frac{1}{\mathrm{i}\omega}F(\omega).$$

五、卷积与卷积定理

积分 $\int_{-\infty}^{+\infty} f_1(\tau)f_2(t-\tau)\mathrm{d}\tau$ 称为 $f_1(t)$ 与 $f_2(t)$ 的卷积, 记为 $f_1(t)*f_2(t)$, 即

$$f_1(t)*f_2(t)=\int_{-\infty}^{+\infty} f_1(\tau)f_2(t-\tau)\mathrm{d}\tau.$$

卷积满足交换律、结合律和分配律.

卷积定理　设 $f_1(t)$, $f_2(t)$ 在 $(-\infty,+\infty)$ 上绝对可积, 且在任一有限区间 (a,b) 上满足狄利克雷条件, $\mathscr{F}[f_1(t)]=F_1(\omega)$, $\mathscr{F}[f_2(t)]=F_2(\omega)$, 则

$$\mathscr{F}[f_1(t)*f_2(t)]=F_1(\omega)\cdot F_2(\omega);\quad \mathscr{F}^{-1}[F_1(\omega)*F_2(\omega)]=2\pi[f_1(t)\cdot f_2(t)].$$

六*、相关函数

积分 $\int_{-\infty}^{+\infty} f_1(\tau)f_2(t+\tau)\mathrm{d}\tau$ 称为 $f_1(t)$ 与 $f_2(t)$ 互相关函数, 记为 $q_{f_1f_2}(t)$, 即

$$q_{f_1f_2}(t)=\int_{-\infty}^{+\infty} f_1(\tau)f_2(t+\tau)\mathrm{d}\tau.$$

当 $f_1(t)=f_2(t)=f(t)$ 时, 有

$$q_{ff}(t)=\int_{-\infty}^{+\infty} f(\tau)f(t+\tau)\mathrm{d}\tau.$$

$q_{ff}(t)$ 称为 $f(t)$ 的自相关函数.

互相关函数和自相关函数满足:

(1) $q_{f_1f_2}(-t)=q_{f_2f_1}(t)$, $q_{ff}(-t)=q_{ff}(t)$.

(2) $q_{f_1f_2}(t)=f_1(-t)*f_2(t)$.

相关定理　设 $f_1(t)$, $f_2(t)$ 在 $(-\infty,+\infty)$ 上绝对可积, 且在任一有限区间 (a,b) 上满足狄利克雷条件, $\mathscr{F}[f_1(t)]=F_1(\omega)$, $\mathscr{F}[f_2(t)]=F_2(\omega)$, 则

$$\mathscr{F}[q_{f_1f_2}(t)]=\overline{F_1(\omega)}\cdot F_2(\omega).$$

当 $f_1(t)=f_2(t)=f(t)$ 时, 有

$$\mathscr{F}[q_{ff}(t)]=|F(\omega)|^2.$$

$\overline{F_1(\omega)}\cdot F_2(\omega)$ 称为 $f_1(t)$ 与 $f_2(t)$ 的互能量谱密度, $|F(\omega)|^2$ 称为 $f(t)$ 的能量谱密度.

相关定理说明, 互相关函数与互能量谱密度构成一个傅氏变换对, 自相关函数与能量谱密度构成一个傅氏变换对.

乘积定理　在相关定理的条件下, 有

$$\int_{-\infty}^{+\infty} f_1(t)f_2(t)\mathrm{d}t=\frac{1}{2\pi}\int_{-\infty}^{+\infty}\overline{F_1(\omega)}\cdot F_2(\omega)\mathrm{d}\omega.$$

当 $f_1(t)=f_2(t)=f(t)$ 时, 则成立下边的帕塞瓦尔公式:

$$\int_{-\infty}^{+\infty} f^2(t)\mathrm{d}t=\frac{1}{2\pi}\int_{-\infty}^{+\infty}|F(\omega)|^2\,\mathrm{d}\omega.$$

七、δ-函数及其傅里叶变换

给定函数序列 $\delta_\varepsilon(t-t_0)=\begin{cases}\dfrac{1}{\varepsilon}, & |t-t_0|\leqslant\dfrac{\varepsilon}{2},\\ 0, & |t-t_0|>\dfrac{\varepsilon}{2},\end{cases}$ 此函数序列与 δ-函数 $\delta(t-t_0)$ 的关系有如下特征:

(1) $\delta(t-t_0)=\lim\limits_{\varepsilon\to 0}\delta_\varepsilon(t-t_0)=\begin{cases}+\infty, & t=t_0,\\ 0, & t\neq t_0;\end{cases}$

(2) $\int_{-\infty}^{+\infty}\delta(t-t_0)\mathrm{d}t=\lim\limits_{\varepsilon\to 0}\int_{-\infty}^{+\infty}\delta_\varepsilon(t-t_0)\mathrm{d}t=\lim\limits_{\varepsilon\to 0}\int_{t_0-\frac{\varepsilon}{2}}^{t_0+\frac{\varepsilon}{2}}\dfrac{1}{\varepsilon}\mathrm{d}t=1;$

(3) 设 $\varphi(t)$ 在 $(-\infty,+\infty)$ 上连续, 则

$$\int_{-\infty}^{+\infty}\delta(t-t_0)\varphi(t)\mathrm{d}t=\lim_{\varepsilon\to 0}\int_{-\infty}^{+\infty}\delta_\varepsilon(t-t_0)\varphi(t)\mathrm{d}t=\varphi(t_0).$$

对任一个在 $(-\infty,+\infty)$ 上无穷次可微的函数 $f(t)$, 满足

$$\int_{-\infty}^{+\infty}\delta(t-t_0)f(t)\mathrm{d}t=f(t_0)$$

的函数 $\delta(t-t_0)$ 称为 $t=t_0$ 时的 δ-函数. 此式也称为 δ-函数的筛选性质.

满足

$$\int_{-\infty}^{+\infty}\delta'(t-t_0)f(t)\mathrm{d}t=-f'(t_0)$$

的函数 $\delta'(t-t_0)$ 定义为 $\delta(t-t_0)$ 的导数.

这里规定 $\int_{-\infty}^{+\infty}\delta'(t-t_0)f(t)\mathrm{d}t=-\lim\limits_{\varepsilon\to 0}\int_{-\infty}^{+\infty}\delta_\varepsilon(t-t_0)f'(t)\mathrm{d}t.$

工程上称 δ-函数为单位脉冲函数, 并用一个长度为 1 的有向线段来表示, 这个有向线段的长度表示 δ-函数积分值, 叫做冲激强度.

δ-函数的傅里叶变换:

(1) $\mathscr{F}[\delta(t-t_0)]=\mathrm{e}^{-\mathrm{i}\omega t_0}$, $\mathscr{F}[\delta(t)]=1$.

(2) $\mathscr{F}[\mathrm{e}^{\mathrm{i}\omega_0 t}]=2\pi\delta(\omega-\omega_0)$, $\mathscr{F}[1]=2\pi\delta(\omega)$.

(3) $\mathscr{F}[\delta'(t-t_0)]=\mathrm{i}\omega\mathrm{e}^{-\mathrm{i}\omega t_0}$, $\mathscr{F}[\delta'(t)]=\mathrm{i}\omega$.

(4) 设单位阶跃函数为 $u(t)=\begin{cases}1, & t>0,\\ 0, & t<0,\end{cases}$ 则 $\mathscr{F}[u(t)]=U(\omega)=\dfrac{1}{\mathrm{i}\omega}+\pi\delta(\omega)$.

八、用傅里叶变换求解微分、积分方程

对于未知函数 $x(t)$ 的微分、积分方程, 在方程两边取傅里叶变换, 将其化为 $x(t)$ 的像函数 $X(\omega)$ 的代数方程, 解出 $X(\omega)$, 对像函数 $X(\omega)$ 求傅里叶逆变换, 得到像原函数 $x(t)$, 即为方程的解.

例 题 分 析

例 7.1　填空题.

已知 $\mathscr{F}[f(t)]=F(\omega)$, 根据傅里叶变换的性质直接写出下面的结果.

(1) $\mathscr{F}[f(3t)]=$ ________;　(2) $\mathscr{F}[f(2t-5)]=$ ________;

(3) $\mathscr{F}[f(3-2t)]=$ ________;　(4) $\mathscr{F}[f(t)\mathrm{e}^{\mathrm{i}\omega_0 t}]=$ ________;

(5) $\mathscr{F}^{-1}[F(\omega)\mathrm{e}^{-\mathrm{i}\omega t_0}]=$ ________;　(6) $\mathscr{F}^{-1}[F(\omega-\omega_0)]=$ ________.

解　(1) $\dfrac{1}{3}F\left(\dfrac{\omega}{3}\right)$;　(2) $\dfrac{1}{2}F\left(\dfrac{\omega}{2}\right)\mathrm{e}^{-\mathrm{i}\frac{5}{2}\omega}$;　(3) $\dfrac{1}{2}F\left(-\dfrac{\omega}{2}\right)\mathrm{e}^{-\frac{3\mathrm{i}\omega}{2}}$;

(4) $F(\omega-\omega_0)$;　(5) $f(t-t_0)$;　(6) $f(t)\mathrm{e}^{\mathrm{i}\omega_0 t}$.

例 7.2　求下列函数的傅里叶变换.

(1) $f(t)=\begin{cases}5, & |t|\leqslant\dfrac{\tau}{2},\\ 0, & |t|>\dfrac{\tau}{2}.\end{cases}$

(2) $f(t)=\begin{cases}\mathrm{e}^{-t}\sin 2t, & t\geqslant 0,\\ 0, & t<0.\end{cases}$

(3) $f(t)=\begin{cases}1-t^2, & |t|\leqslant 1,\\ 0, & |t|>1.\end{cases}$

解　(1) 当 $\omega=0$ 时, $F(\omega)=\int_{-\infty}^{+\infty}f(t)\mathrm{e}^{-\mathrm{i}\omega t}\mathrm{d}t=\int_{-\frac{\tau}{2}}^{\frac{\tau}{2}}5\mathrm{d}t=5\tau$.

当 $\omega\neq 0$ 时, $F(\omega)=\int_{-\infty}^{+\infty}f(t)\mathrm{e}^{-\mathrm{i}\omega t}\mathrm{d}t=\int_{-\frac{\tau}{2}}^{\frac{\tau}{2}}5\mathrm{e}^{-\mathrm{i}\omega t}\mathrm{d}t$

$$=-\frac{5}{\mathrm{i}\omega}\mathrm{e}^{-\mathrm{i}\omega t}\Big|_{-\frac{\tau}{2}}^{\frac{\tau}{2}}=-\frac{5}{\mathrm{i}\omega}\left(\mathrm{e}^{-\frac{1}{2}\mathrm{i}\omega\tau}-\mathrm{e}^{\frac{1}{2}\mathrm{i}\omega\tau}\right)=\frac{10}{\omega}\sin\frac{\omega\tau}{2}.$$

(2) $$F(\omega)=\int_{-\infty}^{+\infty}f(t)\mathrm{e}^{-\mathrm{i}\omega t}\mathrm{d}t=\int_0^{+\infty}\mathrm{e}^{-t}\sin 2t\mathrm{e}^{-\mathrm{i}\omega t}\mathrm{d}t=\int_0^{+\infty}\sin 2t\mathrm{e}^{-(1+\mathrm{i}\omega)t}\mathrm{d}t$$

$$=-\frac{1}{2}\left[\cos 2t\mathrm{e}^{-(1+\mathrm{i}\omega)t}\Big|_0^{+\infty}+(1+\mathrm{i}\omega)\int_0^{+\infty}\cos 2t\mathrm{e}^{-(1+\mathrm{i}\omega)t}\mathrm{d}t\right]$$

$$=\frac{1}{2}-\frac{1+\mathrm{i}\omega}{2}\frac{1}{2}\int_0^{+\infty}\mathrm{e}^{-(1+\mathrm{i}\omega)t}\mathrm{d}\sin 2t$$

$$=\frac{1}{2}-\frac{1+\mathrm{i}\omega}{4}\left[\sin 2t\mathrm{e}^{-(1+\mathrm{i}\omega)t}\Big|_0^{+\infty}+(1+\mathrm{i}\omega)\int_0^{+\infty}\sin 2t\mathrm{e}^{-(1+\mathrm{i}\omega)t}\mathrm{d}t\right]$$

$$=\frac{1}{2}-\frac{(1+\mathrm{i}\omega)^2}{4}F(\omega).$$

解方程得 $F(\omega)=\dfrac{2}{4+(1+\mathrm{i}\omega)^2}$.

(3) $F(\omega)=\int_{-\infty}^{+\infty}f(t)\mathrm{e}^{-\mathrm{i}\omega t}\mathrm{d}t=\int_{-1}^{1}(1-t^2)\mathrm{e}^{-\mathrm{i}\omega t}\mathrm{d}t=\int_{-1}^{1}\mathrm{e}^{-\mathrm{i}\omega t}\mathrm{d}t-\int_{-1}^{1}t^2(\cos t-\mathrm{i}\sin\omega t)\mathrm{d}t$

$$=-\frac{1}{\mathrm{i}\omega}\mathrm{e}^{-\mathrm{i}\omega t}\Big|_{-1}^{1}-2\int_0^1 t^2\cos\omega t\mathrm{d}t=\frac{2\sin\omega}{\omega}-\frac{2}{\omega}\left[t^2\sin\omega t\Big|_0^1-\int_0^1 2t\sin\omega t\mathrm{d}t\right]$$

$$=\frac{4}{\omega}\int_0^1 t\sin\omega t\mathrm{d}t=\frac{4}{\omega}\left(-\frac{1}{\omega}\right)\left[t\cos\omega t\Big|_0^1-\int_0^1\cos\omega t\mathrm{d}t\right]$$

$$=-\frac{4}{\omega^2}\left(\cos\omega-\frac{1}{\omega}\sin\omega\right).$$

例 7.3　求函数 $f(t)=\mathrm{e}^{2\mathrm{i}t}\sin^2 t$ 的傅里叶变换.

解　方法 1　$f(t)=\mathrm{e}^{2\mathrm{i}t}\sin^2 t=\mathrm{e}^{2\mathrm{i}t}\left(\dfrac{\mathrm{e}^{\mathrm{i}t}-\mathrm{e}^{-\mathrm{i}t}}{2}\right)^2=-\dfrac{1}{4}(\mathrm{e}^{4\mathrm{i}t}-2\mathrm{e}^{2\mathrm{i}t}+1)$,

$$\mathscr{F}[\mathrm{e}^{\mathrm{i}\omega_0 t}]=2\pi\delta(\omega-\omega_0),\quad \mathscr{F}[1]=2\pi\delta(\omega),$$

$$\mathscr{F}[f(t)]=-\frac{\pi}{2}[\delta(\omega-4)-2\delta(\omega-2)+\delta(\omega)].$$

方法 2　由于 $\sin^2 t=\dfrac{1}{2}(1-\cos 2t)$, $\mathscr{F}[\cos\omega_0 t]=\pi[\delta(\omega-\omega_0)+\delta(\omega+\omega_0)]$, 从而

$$\mathscr{F}[\sin^2 t]=\frac{1}{2}\{2\pi\delta(\omega)-\pi[\delta(\omega-2)+\delta(\omega+2)]\},$$

由位移性质

$$\mathscr{F}^{-1}[F(\omega-\omega_0)]=f(t)\mathrm{e}^{\mathrm{i}\omega_0 t},$$

可以得到

$$\mathscr{F}[f(t)]=-\frac{\pi}{2}[\delta(\omega-4)-2\delta(\omega-2)+\delta(\omega)].$$

例 7.4　求函数 $f(t)=\begin{cases}1+t, & -1<t<0,\\ 1-t, & 0<t<1,\\ 0, & |t|>1\end{cases}$ 的傅里叶变换.

解　$F(\omega)=\int_{-\infty}^{+\infty}f(t)\mathrm{e}^{-\mathrm{i}\omega t}\mathrm{d}t=\int_{-1}^{0}(1+t)\mathrm{e}^{-\mathrm{i}\omega t}\mathrm{d}t+\int_0^1(1-t)\mathrm{e}^{-\mathrm{i}\omega t}\mathrm{d}t$

$$=\int_0^1(1-t)\mathrm{e}^{\mathrm{i}\omega t}\mathrm{d}t+\int_0^1(1-t)\mathrm{e}^{-\mathrm{i}\omega t}\mathrm{d}t=2\int_0^1(1-t)\cos\omega t\mathrm{d}t$$

$$=\frac{2}{\omega}\int_0^1(1-t)\mathrm{d}(\sin\omega t)=\frac{2}{\omega}(1-t)\sin\omega t\Big|_0^1+\frac{2}{\omega}\int_0^1\sin\omega t\mathrm{d}t$$

$$=\frac{2}{\omega^2}\cos\omega t\Big|_0^1=\frac{2}{\omega^2}\cos(\omega-1).$$

例 7.5　求下列函数的傅里叶变换并证明积分.

(1) $f(t)=\begin{cases}\sin t, & |t|\leqslant\pi,\\ 0, & |t|>\pi,\end{cases}$　$\displaystyle\int_0^{+\infty}\frac{\sin\omega\pi\sin\omega t}{1-\omega^2}\mathrm{d}\omega=\begin{cases}\dfrac{\pi}{2}\sin t, & |t|\leqslant\pi,\\ 0, & |t|>\pi;\end{cases}$

(2) $f(t)=\begin{cases}1, & |t|\leqslant 1,\\ 0, & |t|>1,\end{cases}\quad \int_0^{+\infty}\frac{\sin\omega\cos\omega t}{\omega}\mathrm{d}\omega=\begin{cases}\pi/2, & |t|<1,\\ \pi/4, & |t|=1,\\ 0, & |t|>1.\end{cases}$

解　(1)先计算傅里叶变换:

$$\begin{aligned}F(\omega)&=\int_{-\infty}^{+\infty}f(t)\mathrm{e}^{-\mathrm{i}\omega t}\mathrm{d}t=\int_{-\pi}^{\pi}\sin t\mathrm{e}^{-\mathrm{i}\omega t}\mathrm{d}t\\&=\int_{-\pi}^{\pi}\sin t(\cos\omega t-\mathrm{i}\sin\omega t)\mathrm{d}t-2\mathrm{i}\int_0^{\pi}\sin t\sin\omega t\mathrm{e}^{-\mathrm{i}\omega t}\mathrm{d}t\\&=\mathrm{i}\int_0^{\pi}[\cos(\omega+1)t-\cos(\omega-1)t]\mathrm{d}t=\mathrm{i}\left(\frac{-\sin\omega\pi}{\omega+1}-\frac{-\sin\omega\pi}{\omega-1}\right)\\&=\frac{2\mathrm{i}\sin\omega\pi}{\omega^2-1}.\end{aligned}$$

再计算傅里叶逆变换

$$\begin{aligned}\mathscr{F}^{-1}[F(\omega)]&=\frac{1}{2\pi}\int_{-\infty}^{+\infty}F(\omega)\mathrm{e}^{\mathrm{i}\omega t}\mathrm{d}\omega=\frac{1}{2\pi}\int_{-\infty}^{+\infty}\frac{2\mathrm{i}\sin\omega\pi}{\omega^2-1}(\cos\omega t+\mathrm{i}\sin\omega t)\mathrm{d}\omega\\&=-\frac{1}{\pi}\int_{-\infty}^{+\infty}\frac{\sin\omega\pi\sin\omega t}{\omega^2-1}\mathrm{d}\omega+\frac{\mathrm{i}}{\pi}\int_{-\infty}^{+\infty}\frac{\sin\omega\pi\cos\omega t}{\omega^2-1}\mathrm{d}\omega\\&=-\frac{2}{\pi}\int_0^{+\infty}\frac{\sin\omega\pi\sin\omega t}{\omega^2-1}\mathrm{d}\omega=\begin{cases}\sin t, & |t|\leqslant\pi,\\ 0, & |t|>\pi.\end{cases}\end{aligned}$$

所以

$$\int_0^{+\infty}\frac{\sin\omega\pi\sin\omega t}{1-\omega^2}\mathrm{d}\omega=\begin{cases}\dfrac{\pi}{2}\sin t, & |t|\leqslant\pi,\\ 0, & |t|>\pi.\end{cases}$$

(2)先计算傅里叶变换:

$$F(\omega)=\int_{-\infty}^{+\infty}f(t)\mathrm{e}^{-\mathrm{i}\omega t}\mathrm{d}t=\int_{-1}^{1}\mathrm{e}^{-\mathrm{i}\omega t}\mathrm{d}t=\frac{2\sin\omega}{\omega}.$$

再计算傅里叶逆变换

$$\begin{aligned}\mathscr{F}^{-1}[F(\omega)]&=\frac{1}{2\pi}\int_{-\infty}^{+\infty}F(\omega)\mathrm{e}^{\mathrm{i}\omega t}\mathrm{d}\omega=\frac{1}{2\pi}\int_{-\infty}^{+\infty}\frac{2\sin\omega}{\omega}\mathrm{e}^{\mathrm{i}\omega t}\mathrm{d}\omega\\&=\frac{1}{2\pi}\int_{-\infty}^{+\infty}\frac{2\sin\omega}{\omega}(\cos\omega t+\mathrm{i}\sin\omega t)\mathrm{d}\omega\\&=\frac{1}{\pi}\int_{-\infty}^{+\infty}\frac{\sin\omega\cos\omega t}{\omega}\mathrm{d}\omega+\frac{\mathrm{i}}{\pi}\int_{-\infty}^{+\infty}\frac{\sin\omega\sin\omega t}{\omega}\mathrm{d}\omega\\&=\frac{2}{\pi}\int_0^{+\infty}\frac{\sin\omega\cos\omega t}{\omega}\mathrm{d}\omega\\&=\begin{cases}1, & |t|<1,\\ \dfrac{1}{2}, & |t|=1,\\ 0, & |t|>1.\end{cases}\end{aligned}$$

所以

$$\int_0^{+\infty}\frac{\sin\omega\cos\omega t}{\omega}\mathrm{d}\omega=\begin{cases}\pi/2, & |t|<1,\\ \pi/4, & |t|=1,\\ 0, & |t|>1.\end{cases}$$

例 7.6　计算函数 $f(t)=\begin{cases}\sin t, & |t|\leqslant 6\pi,\\ 0, & |t|\geqslant 6\pi\end{cases}$ 的傅里叶变换.

解　$F(\omega)=\int_{-\infty}^{+\infty}f(t)\mathrm{e}^{-\mathrm{i}\omega t}\mathrm{d}t=\int_{-6\pi}^{6\pi}\sin t\mathrm{e}^{-\mathrm{i}\omega t}\mathrm{d}t$

$$=\int_{-6\pi}^{6\pi}\sin t(\cos\omega t-\mathrm{i}\sin\omega t)\mathrm{d}t=\frac{\mathrm{i}\sin 6\pi\omega}{\pi(1-\omega^2)}.$$

例 7.7　利用傅里叶变换的位移性质计算:

(1) $\mathscr{F}[u(t-t_0)]$;　　　(2) $\mathscr{F}^{-1}[\delta(\omega-1)]$.

解　(1) 因为 $\mathscr{F}[u(t)]=\frac{1}{\mathrm{i}\omega}+\pi\delta(\omega)$, 所以

$$\mathscr{F}[u(t-t_0)]=\mathrm{e}^{-\mathrm{i}\omega t_0}\left[\frac{1}{\mathrm{i}\omega}+\pi\delta(\omega)\right]=\mathrm{e}^{-\mathrm{i}\omega t_0}\frac{1}{\mathrm{i}\omega}+\mathrm{e}^{-\mathrm{i}\omega t_0}\pi\delta(\omega)=\mathrm{e}^{-\mathrm{i}\omega t_0}\frac{1}{\mathrm{i}\omega}+\pi\delta(\omega).$$

(2) 因为 $\mathscr{F}^{-1}[\delta(\omega)]=\frac{1}{2\pi}$, 所以 $\mathscr{F}^{-1}[\delta(\omega-1)]=\frac{1}{2\pi}\mathrm{e}^{\mathrm{i}t}$.

例 7.8　已知函数 $f(t)$ 的傅里叶变换 $F(\omega)=\pi[\delta(\omega+\omega_0)+\delta(\omega-\omega_0)]$, 求 $f(t)$.

解　$f(t)=\frac{1}{2\pi}\int_{-\infty}^{+\infty}\pi\cdot[\delta(\omega+\omega_0)+\delta(\omega-\omega_0)]\mathrm{e}^{\mathrm{i}\omega t}\mathrm{d}\omega$,

$$F(\cos\omega_0 t)=\int_{-\infty}^{+\infty}\cos\omega_0 t\mathrm{e}^{-\mathrm{i}\omega t}\mathrm{d}t=\int_{-\infty}^{+\infty}\frac{\mathrm{e}^{\mathrm{i}\omega_0 t}+\mathrm{e}^{-\mathrm{i}\omega_0 t}}{2}\mathrm{e}^{-\mathrm{i}\omega_0 t}\mathrm{d}t$$

$$=\pi[\delta(\omega+\omega_0)+\delta(\omega-\omega_0)],$$

$f(t)=\cos\omega_0 t$.

例 7.9　求下列函数的卷积.

(1) $f(t)=t^2u(t), g(t)=\begin{cases}2, & 1\leqslant t\leqslant 2,\\ 0, & 其他;\end{cases}$　　　(2) $f(t)=\mathrm{e}^{-at}u(t), g(t)=\sin tu(t)$.

解　(1) 由卷积的定义和性质可得

$$f(t)*g(t)=\int_{-\infty}^{+\infty}f(\tau)g(t-\tau)\mathrm{d}\tau=\int_{-\infty}^{+\infty}g(\tau)f(t-\tau)\mathrm{d}\tau.$$

当 $t\leqslant 1$ 时, $f(t)*g(t)=0$;

当 $1\leqslant t\leqslant 2$ 时, $f(t)*g(t)=\int_1^t 2(t-\tau)^2\mathrm{d}\tau=\frac{2}{3}(t-1)^3$;

当 $t\geqslant 2$ 时, $f(t)*g(t)=\int_1^2 2(t-\tau)^2\mathrm{d}\tau=\frac{2}{3}[(t-1)^3-(t-2)^3]$.

综上可得

$$f(t)*g(t)=\begin{cases}0, & t\leqslant 1,\\ 2(t-1)^3/3, & 1\leqslant t\leqslant 2,\\ 2[(t-1)^3-(t-2)^3]/3, & t\geqslant 2.\end{cases}$$

(2)
$$f(t)=\mathrm{e}^{-at}u(t)=\begin{cases}\mathrm{e}^{-at}, & t\geqslant 0,\\ 0, & t<0,\end{cases}\qquad g(t)=\sin t u(t)=\begin{cases}\sin t, & t\geqslant 0,\\ 0, & t<0.\end{cases}$$

$$f(t)*g(t)=\int_{-\infty}^{+\infty}f(\tau)g(t-\tau)\mathrm{d}\tau=\int_{-\infty}^{+\infty}g(\tau)f(t-\tau)\mathrm{d}\tau.$$

首先需要找被积函数不为零的区间, 我们采取求解不等式组的方法来确定.
当$\tau>0$时, $g(\tau)\neq 0$; 当$t-\tau>0$时, $f(t-\tau)\neq 0$, 因此要使得被积函数不为零, 必须满足

$$\begin{cases}\tau>0,\\ t-\tau>0,\end{cases}$$

即

$$\begin{cases}\tau>0,\\ t>\tau,\end{cases}$$

所以

$$\begin{aligned}f(t)*g(t)&=\int_{-\infty}^{+\infty}g(\tau)f(t-\tau)\mathrm{d}\tau=\int_0^t\sin\tau\mathrm{e}^{-a(t-\tau)}\mathrm{d}\tau\\&=\mathrm{e}^{-at}\int_0^t\sin\tau\mathrm{e}^{a\tau}\mathrm{d}\tau=\mathrm{e}^{-at}\left[\frac{\mathrm{e}^{a\tau}(a\sin\tau-\cos\tau)}{a^2+1}\right]\Bigg|_0^t\\&=\mathrm{e}^{-at}\left[\frac{\mathrm{e}^{at}(a\sin t-\cos t)}{a^2+1}+\frac{1}{a^2+1}\right]\\&=\frac{a\sin t-\cos t+\mathrm{e}^{-at}}{a^2+1}.\end{aligned}$$

例 7.10　证明 $\dfrac{\mathrm{d}}{\mathrm{d}t}[f(t)*g(t)]=\left[\dfrac{\mathrm{d}}{\mathrm{d}t}f(t)\right]*g(t)=f(t)*\left[\dfrac{\mathrm{d}}{\mathrm{d}t}g(t)\right]$.

证明　一方面, 有

$$\begin{aligned}\frac{\mathrm{d}}{\mathrm{d}t}[f(t)*g(t)]&=\frac{\mathrm{d}}{\mathrm{d}t}\left[\int_{-\infty}^{+\infty}f(t-\tau)g(\tau)\mathrm{d}\tau\right]=\int_{-\infty}^{+\infty}\frac{\mathrm{d}}{\mathrm{d}t}[f(t-\tau)g(\tau)]\mathrm{d}\tau\\&=\int_{-\infty}^{+\infty}\left[\frac{\mathrm{d}}{\mathrm{d}t}f(t-\tau)\right]g(\tau)\mathrm{d}\tau=\left[\frac{\mathrm{d}}{\mathrm{d}t}f(t)\right]*g(t).\end{aligned}$$

另一方面,

$$\begin{aligned}\frac{\mathrm{d}}{\mathrm{d}t}[f(t)*g(t)]&=\frac{\mathrm{d}}{\mathrm{d}t}\left[\int_{-\infty}^{+\infty}f(\tau)g(t-\tau)\mathrm{d}\tau\right]=\int_{-\infty}^{+\infty}\frac{\mathrm{d}}{\mathrm{d}t}[f(\tau)g(t-\tau)]\mathrm{d}\tau\\&=\int_{-\infty}^{+\infty}f(\tau)\left[\frac{\mathrm{d}}{\mathrm{d}t}g(t-\tau)\right]\mathrm{d}\tau=f(t)*\left[\frac{\mathrm{d}}{\mathrm{d}t}g(t)\right].\end{aligned}$$

例 7.11　利用帕塞瓦尔公式

$$\int_{-\infty}^{+\infty}f^2(t)\mathrm{d}t=\frac{1}{2\pi}\int_{-\infty}^{+\infty}|F(\omega)|^2\,\mathrm{d}\omega$$

计算下面积分.

(1) $\int_{-\infty}^{+\infty}\frac{1}{(1+x^2)^2}\mathrm{d}x$;　　(2) $\int_{-\infty}^{+\infty}\frac{x^2}{(1+x^2)^2}\mathrm{d}x$.

解　(1) $\int_{-\infty}^{+\infty}\frac{1}{(1+x^2)^2}\mathrm{d}x=\int_{-\infty}^{+\infty}\left(\frac{1}{1+t^2}\right)^2\mathrm{d}t=\frac{1}{2\pi}\int_{-\infty}^{+\infty}|F(\omega)|^2\,\mathrm{d}\omega$, 其中

$$F(\omega)=\mathscr{F}\left[\frac{1}{1+t^2}\right]=\int_{-\infty}^{+\infty}\frac{1}{1+t^2}\mathrm{e}^{-\mathrm{i}\omega t}\mathrm{d}t=2\int_0^{+\infty}\frac{\cos\omega t}{1+t^2}\mathrm{d}t=2\frac{\pi}{2}\mathrm{e}^{-|\omega|}=\pi\mathrm{e}^{-|\omega|},$$

所以

$$\int_{-\infty}^{+\infty}\frac{1}{(1+x^2)^2}\mathrm{d}x=\frac{1}{2\pi}\int_{-\infty}^{+\infty}|\pi\mathrm{e}^{-|\omega|}|^2\,\mathrm{d}\omega=\frac{1}{\pi}\int_0^{+\infty}\pi^2\mathrm{e}^{-2\omega}\mathrm{d}\omega=\frac{\pi}{2}.$$

(2)
$$\int_{-\infty}^{+\infty}\frac{x^2}{(1+x^2)^2}\mathrm{d}x=\int_{-\infty}^{+\infty}\frac{x^2+1-1}{(1+x^2)^2}\mathrm{d}x=\int_{-\infty}^{+\infty}\frac{1}{1+x^2}\mathrm{d}x-\int_{-\infty}^{+\infty}\frac{1}{(1+x^2)^2}\mathrm{d}x$$
$$=\arctan x\Big|_{-\infty}^{+\infty}-\frac{\pi}{2}=\frac{\pi}{2}+\frac{\pi}{2}-\frac{\pi}{2}=\frac{\pi}{2}.$$

例 7.12　设 $u(t)$ 为单位阶跃函数, 求 $f(t)=\mathrm{e}^{-at}\sin\omega_0 t u(t)$ 的傅里叶变换.

解
$$\begin{aligned}F(\omega)&=\int_{-\infty}^{+\infty}\mathrm{e}^{-at}\sin\omega_0 tu(t)\mathrm{e}^{-\mathrm{i}\omega t}\mathrm{d}t\\&=\int_0^{+\infty}\mathrm{e}^{-at}\sin\omega_0 t\mathrm{e}^{-\mathrm{i}\omega t}\mathrm{d}t\\&=\int_0^{+\infty}\mathrm{e}^{-at}\frac{\mathrm{e}^{\mathrm{i}\omega_0 t}-\mathrm{e}^{-\mathrm{i}\omega_0 t}}{2\mathrm{i}}\mathrm{e}^{-\mathrm{i}\omega t}\mathrm{d}t\\&=\frac{1}{2\mathrm{i}}\int_0^{+\infty}\mathrm{e}^{-[a+\mathrm{i}(\omega-\omega_0)]t}\mathrm{d}t-\frac{1}{2\mathrm{i}}\int_0^{+\infty}\mathrm{e}^{-[a+\mathrm{i}(\omega+\omega_0)]t}\mathrm{d}t\\&=\frac{\omega_0}{(a+\mathrm{i}\omega)^2+\omega_0^2}.\end{aligned}$$

第八章　拉普拉斯变换

基 本 要 求

1. 理解拉普拉斯变换的定义，了解拉普拉斯变换存在定理，掌握用定义求函数拉普拉斯变换的方法，熟练掌握一些常见函数 $u(t), \mathrm{e}^{kt}, \sin kt, \cos kt, t^m$ 的拉普拉斯变换.

2. 掌握拉普拉斯变换的基本性质（线性性质、位移性质、延迟性质、微分性质和积分性质），熟练应用拉普拉斯变换的基本性质求函数的拉普拉斯变换.

3*. 知道初值定理和终值定理以及应用拉普拉斯变换求广义实积分的方法.

4. 了解拉普拉斯逆变换的定义，掌握卷积和卷积定理，熟练掌握利用残数、卷积定理和拉普拉斯变换的性质求拉普拉斯逆变换的方法.

5. 熟练掌握利用拉普拉斯变换求解微分方程和积分方程的方法.

主要内容复习

一、拉普拉斯变换的概念及其存在定理

设函数 $f(t)$ 在 $t \geqslant 0$ 时有定义，积分 $\int_0^{+\infty} f(t)\mathrm{e}^{-st}\mathrm{d}t$（$s$ 是一个复参数）在 s 的某一个区域内收敛，则称 $F(s)=\int_0^{+\infty} f(t)\mathrm{e}^{-st}\mathrm{d}t$ 为 $f(t)$ 的拉普拉斯变换，记为 $F(s)=\mathscr{L}[f(t)]$. $f(t)$ 称为 $F(s)$ 的拉普拉斯逆变换，记为 $f(t)=\mathscr{L}^{-1}[F(s)]$.

$F(s)$ 称为 $f(t)$ 的像函数，$f(t)$ 称为 $F(s)$ 的像原函数.

拉普拉斯变换存在定理　设 $f(t)$ 满足下列两个条件:

(1) $f(t)$ 在 $t \geqslant 0$ 时连续或在任一有限区间上只有有限个第一类间断点;

(2) 存在常数 $M>0$ 及 $C \geqslant 0$，使对任何 $t \geqslant 0$ 有 $|f(t)| \leqslant M\mathrm{e}^{ct}$ 成立（满足此条件的函数，称它的增大是指数级的，C 为它的增长指数），则 $f(t)$ 的拉普拉斯变换 $F(s)$ 在半平面 $\mathrm{Re}s>C$ 内存在，而且在此半平面内，$F(s)$ 是解析函数，同时有

$$F'(s)=\int_0^{+\infty} \frac{\partial}{\partial s}[f(t)\mathrm{e}^{-st}]\mathrm{d}t.$$

几个常见函数的拉普拉斯变换:

(1) 设 $u(t)=\begin{cases}1, & t \geqslant 0, \\ 0, & t<0,\end{cases}$ 则 $\mathscr{L}[u(t)]=\dfrac{1}{s}$，$\mathrm{Re}\,s>0$;

(2) $\mathscr{L}[\mathrm{e}^{kt}]=\dfrac{1}{s-k}$，$\mathrm{Re}\,s>\mathrm{Re}\,k$，$k$ 为任意复数;

(3) $\mathscr{L}[\sin kt]=\dfrac{k}{s^2+k^2}$, $\mathrm{Re}\,s>0$, k 为实数;

(4) $\mathscr{L}[\cos kt]=\dfrac{s}{s^2+k^2}$, $\mathrm{Re}\,s>0$, k 为实数;

(5) $\mathscr{L}[t^m]=\dfrac{m!}{s^{m+1}}$, $\mathrm{Re}\,s>0$, m 为自然数.

二、拉普拉斯变换的性质

1. 线性性质

设 a_1,a_2 为常数, 且

$$\mathscr{L}[f_1(t)]=F_1(s), \mathrm{Re}\,s>C_1; \quad \mathscr{L}[f_2(t)]=F_2(s), \mathrm{Re}\,s>C_2;$$

$C=\max\{C_1,C_2\}$, 则有

$$\mathscr{L}[a_1f_1(t)+a_2f_2(t)]=a_1F_1(s)+a_2F_2(s), \quad \mathrm{Re}\,s>C,$$

$$\mathscr{L}^{-1}[a_1F_1(s)+a_2F_2(s)]=a_1f_1(t)+a_2f_2(t), \quad t>0.$$

2. 位移性质

设 a 为常数, $\mathscr{L}[f(t)]=F(s)$, $\mathrm{Re}\,s>C$, 则

$$\mathscr{L}[\mathrm{e}^{at}f(t)]=F(s-a), \quad \mathrm{Re}(s-a)>C.$$

3. 延迟性质

设 $\mathscr{L}[f(t)]=F(s)$, $\mathrm{Re}\,s>C$, 且当 $t<0$ 时, $f(t)=0$, 则对任意的非负实数 τ, 有

$$\mathscr{L}[f(t-\tau)]=\mathrm{e}^{-s\tau}F(s), \quad \mathrm{Re}\,s>C.$$

4. 微分性质

设 $\mathscr{L}[f(t)]=F(s)$, $\mathrm{Re}\,s>C$, 则

(1) $\mathscr{L}[f'(t)]=sF(s)-f(0)$, $\mathrm{Re}\,s>C$;

$\mathscr{L}[f''(t)]=s^2F(s)-sf(0)-f'(0)$, $\mathrm{Re}\,s>C$;

$\mathscr{L}[f^{(n)}(t)]=s^nF(s)-s^{n-1}f(0)-s^{n-2}f'(0)-\cdots-f^{(n-1)}(0)$, $\mathrm{Re}\,s>C$ $(n=1,2,\cdots)$.

特别地, 当 $f(0)=f'(0)=\cdots=f^{(n-1)}(0)=0$ 时, $\mathscr{L}[f^{(n)}(t)]=s^nF(s)$.

(2) $F^{(n)}(s)=\mathscr{L}[(-t)^nf(t)]$, $\mathrm{Re}\,s>C$ $(n=1,2,\cdots)$. $n=1$ 时, $\mathscr{L}[tf(t)]=-F'(s)$.

5. 积分性质

设 $\mathscr{L}[f(t)]=F(s)$, $\mathrm{Re}\,s>C$ 且 $\int_s^{\infty}F(s)\mathrm{d}s$ 存在, 则

(1) $\mathscr{L}\left[\int_0^t f(\tau)\mathrm{d}\tau\right]=\frac{1}{s}F(s),\mathrm{Re}s>C.$

(2) $\int_s^{\infty}F(s)\mathrm{d}s=\mathscr{L}\left[\frac{f(t)}{t}\right],t>0,\mathrm{Re}s>C.$

6*. 初值定理与终值定理

设 $\mathscr{L}[f(t)]=F(s),\mathrm{Re}s>C$, 有

(1) 若 $\lim\limits_{s\to\infty}sF(s)$ 存在, 则 $f(0)=\lim\limits_{s\to\infty}sF(s)$;

(2) 若 $sF(s)$ 所有奇点都在 s 平面的左半部, 则 $f(+\infty)=\lim\limits_{s\to 0}sF(s)$.

三*、应用拉普拉斯变换求广义实积分

设 $\mathscr{L}[f(t)]=F(s)$, 则

(1) $\int_0^{+\infty}\frac{f(t)}{t}\mathrm{d}t=\lim\limits_{s\to 0}\int_s^{\infty}F(s)\mathrm{d}s$;

(2) $F(s)$ 在 $\mathrm{Re}s\geqslant 0$ 上解析, 则 $\int_0^{+\infty}f(t)\mathrm{d}t=\lim\limits_{s\to 0}F(s)$.

四、拉普拉斯逆变换

设 $f(t)$ 满足拉普拉斯变换存在定理中的条件, 有 $F(s)=\mathscr{L}[f(t)],\mathrm{Re}s>C$, 则

$$\frac{1}{2\pi\mathrm{i}}\int_{\beta-\mathrm{i}\infty}^{\beta+\mathrm{i}\infty}F(s)\mathrm{e}^{st}\mathrm{d}s=\frac{f(t-0)+f(t+0)}{2},\quad t>0,$$

这里的积分路径是任一直线 $\mathrm{Re}s=\beta>C$, 而且

$$\int_{\beta-\mathrm{i}\infty}^{\beta+\mathrm{i}\infty}F(s)\mathrm{e}^{st}\mathrm{d}s=\lim_{\gamma\to+\infty}\int_{\beta-\mathrm{i}\gamma}^{\beta+\mathrm{i}\gamma}F(s)\mathrm{e}^{st}\mathrm{d}s.$$

在 $f(t)$ 的连续点集 E 上，有

$$f(t)=\frac{1}{2\pi\mathrm{i}}\int_{\beta-\mathrm{i}\infty}^{\beta+\mathrm{i}\infty}F(s)\mathrm{e}^{st}\mathrm{d}s,\quad t>0.$$

设 $f(t)$ 满足拉普拉斯变换存在定理中的条件, 有 $F(s)=\mathscr{L}[f(t)],\mathrm{Re}s>C$, 若 $F(s)$ 只有有限多个奇点 $s_1,s_2,\cdots,s_n$ 且 $\lim\limits_{s\to\infty}F(s)=0$, 则在 $f(t)$ 的连续点集 E 上有

$$f(t)=\sum_{k=1}^{n}\mathrm{Res}[F(s)\mathrm{e}^{st},s_k],\quad t>0,\quad t\in E. \tag{8.1}$$

若 $F(s)$ 是有理函数, 即 $F(s)=\frac{B(s)}{A(s)}$, 其中 $A(s),B(s)$ 是不可约多项式, $A(s)$ 的次数为 n, $B(s)$ 的次数为 m, $m<n$, 则 $F(s)$ 有有限多个奇点且 $\lim\limits_{s\to\infty}F(s)=0$, 此时可用 (8.1) 式求 $F(s)$ 的拉普拉斯逆变换 $f(t)$. $F(s)\mathrm{e}^{st}=\frac{B(s)}{A(s)}\mathrm{e}^{st}$ 在奇点 s_k 处的残数可由以下几个方式求出:

(1) 若 s_k 是 $A(s)$ 的一阶零点，则 s_k 是 $F(s)e^{st}$ 的一阶极点，有

$$\mathrm{Res}[F(s)e^{st}, s_k] = \frac{B(s_k)}{A'(s_k)}e^{s_k t}, \quad t > 0.$$

(2) 若 s_k 是 $A(s)$ 的 r 阶零点，则 s_k 是 $F(s)e^{st}$ 的 r 阶极点，有

$$\mathrm{Res}[F(s)e^{st}, s_k] = \frac{1}{(r-1)!}\lim_{s\to s_k}\left[(s-s_k)^r\frac{B(s)}{A(s)}e^{st}\right]^{(r-1)}, \quad t > 0.$$

(3) 若 s_k 是 $A(s)$ 的 r 阶零点，则 s_k 是 $F(s)e^{st}$ 的 r 阶极点，$F(s)e^{st}$ 总可以写成 $\dfrac{\lambda(s)}{(s-s_k)^r}$ 的形式，其中 $\lambda(s)$ 在 s_k 处解析且 $\lambda(s_k)\neq 0$，有

$$\mathrm{Res}[F(s)e^{st}, s_k] = \frac{\lambda^{(r-1)}(s_k)}{(r-1)!}, \quad t > 0.$$

五、卷积及卷积定理

设 $t<0$ 时，$f_1(t)=f_2(t)=0$，称积分 $\int_0^t f_1(\tau)f_2(t-\tau)\mathrm{d}\tau$ 为 $f_1(t)$ 与 $f_2(t)$ 的卷积，记为 $f_1(t)*f_2(t)$.

可以推出此处卷积的定义在本质上与傅里叶变换中卷积的定义完全一致，因为 $t<0$ 时，$f_1(t)=f_2(t)=0$，所以

$$\begin{aligned} f_1(t)*f_2(t) &= \int_{-\infty}^{+\infty} f_1(\tau)f_2(t-\tau)\mathrm{d}\tau \\ &= \int_{-\infty}^{0} f_1(\tau)f_2(t-\tau)\mathrm{d}\tau + \int_0^t f_1(\tau)f_2(t-\tau)\mathrm{d}\tau + \int_t^{+\infty} f_1(\tau)f_2(t-\tau)\mathrm{d}\tau \\ &= \int_0^t f_1(\tau)f_2(t-\tau)\mathrm{d}\tau. \end{aligned}$$

卷积满足交换律、结合律和分配律.

卷积定理　设 $f_1(t), f_2(t)$ 满足拉普拉斯变换存在定理中的条件，且

$$\mathscr{L}[f_1(t)] = F_1(s), \mathrm{Re}s > C_1; \quad \mathscr{L}[f_2(t)] = F_2(s), \mathrm{Re}s > C_2,$$

则 $f_1(t)*f_2(t)$ 的拉普拉斯变换存在，有

$$\mathscr{L}[f_1(t)*f_2(t)] = F_1(s)\cdot F_2(s) \quad 或 \quad \mathscr{L}^{-1}[F_1(s)\cdot F_2(s)] = f_1(t)*f_2(t).$$

六、用拉普拉斯变换求解微分、积分方程

具体步骤为：

(1) 对于未知函数 $x(t)$ 的微分或积分方程，在方程两边取拉普拉斯变换，并考虑到初始条件，将其化为 $x(t)$ 的像函数 $X(s)$ 的代数方程.

(2) 由上一步得到的像函数 $X(s)$ 的代数方程，解出 $X(s)$.

(3) 对像函数 $X(s)$ 求拉普拉斯逆变换，得到像原函数 $x(t)$，即方程的解.

例 题 分 析

例 8.1 填空题.

(1) $\mathscr{L}[t^3+2t+5]=$________;

(2) $\mathscr{L}[3-te^{-t}]=$________;

(3) $\mathscr{L}[te^{2t}]=$________;

(4) $\mathscr{L}[e^{t}\sin 2t]=$________;

(5) $\mathscr{L}[e^{-4t}\cos 4t]=$________;

(6) $\mathscr{L}[e^{-2t}t\cos 3t]=$________.

解 (1) $\mathscr{L}[t^3+2t+5]=\mathscr{L}[t^3]+\mathscr{L}[2t]+\mathscr{L}[5]=\dfrac{1}{s^4}+\dfrac{2}{s^2}+\dfrac{5}{s}.$

(2) $\mathscr{L}[3-te^{-t}]=\mathscr{L}[3]+\mathscr{L}[-te^{-t}]=\dfrac{3}{s}-\dfrac{1}{(s+1)^2}.$

(3) $\mathscr{L}[te^{2t}]=-\mathscr{L}[(-t)e^{2t}]=-(\mathscr{L}[e^{2t}])'=-\left(\dfrac{1}{s-2}\right)'=\dfrac{1}{(s-2)^2}.$

(4) $\mathscr{L}[\sin 2t]=\dfrac{2}{s^2+2^2}$，由位移性质可得 $\mathscr{L}[e^{t}\sin 2t]=\dfrac{2}{(s-1)^2+4}.$

(5) $\mathscr{L}[\cos 4t]=\dfrac{s}{s^2+4^2}=\dfrac{s}{s^2+16}$，由位移性质可得 $\mathscr{L}[e^{-4t}\cos 4t]=\dfrac{s+4}{(s+4)^2+16}.$

(6) $\mathscr{L}[e^{-2t}t\cos 3t]=-\mathscr{L}[(-t)e^{-2t}\cos 3t]=-(\mathscr{L}[e^{-2t}\cos 3t])'$

$$=-\left(\frac{s+2}{(s+2)^2+3^2}\right)'=\frac{(s+2)^2-9}{[(s+2)^2+9]^2}.$$

例 8.2 选择题.

(1)在拉普拉斯变换中,函数 $f_1(t)$ 与 $f_2(t)$ 的卷积 $f_1(t)*f_2(t)$ 为( ).

(a) $\int_{-\infty}^{t} f_1(t)f_2(t)\mathrm{d}t$ (b) $\int_0^t f_1(\tau)f_2(\tau)\mathrm{d}\tau$

(c) $\int_0^t f_1(\tau)f_2(\tau-t)\mathrm{d}\tau$ (d) $\int_0^t f_1(\tau)f_2(t-\tau)\mathrm{d}\tau$

(2) $\mathscr{L}[\cos kt]=$( ).

(a) $\dfrac{k}{s^2+k^2}$ (b) $\dfrac{s}{s^2+k^2}$ (c) $\dfrac{1}{s-k}$ (d) $\dfrac{1}{s^k}$

(3) $\mathscr{L}[\sin kt]=$( ).

(a) $\dfrac{k}{s^2+k^2}$ (b) $\dfrac{s}{s^2+k^2}$ (c) $\dfrac{1}{s-k}$ (d) $\dfrac{1}{s^k}$

(4) $\mathscr{L}[e^{kt}]=$( ).

(a) $\dfrac{k}{s^2+k^2}$ (b) $\dfrac{s}{s^2+k^2}$ (c) $\dfrac{1}{s-k}$ (d) $\dfrac{1}{s^k}$

(5) $\mathscr{L}[e^{at}\sin bt]=$( ).

(a) $\dfrac{a}{s^2+b^2}$ (b) $\dfrac{a}{(s-a)^2+b^2}$

(c) $\dfrac{b}{(s-a)^2+b^2}$　　(d) $\dfrac{s-a}{(s-a)^2+b^2}$

解　(1) d;　(2) b;　(3) a;　(4) c;　(5) c.

例 8.3　用定义求下列函数的拉普拉斯变换.

(1) $\sin\dfrac{t}{2}$;　(2) $|t|$;　(3) $\sin t\cos t$;　(4) $\delta(t)\cos t-u(t)\sin t$.

解　(1) $\mathscr{L}\left[\sin\dfrac{t}{2}\right]=\int_0^{+\infty}\sin\dfrac{t}{2}\mathrm{e}^{-st}\mathrm{d}t=\dfrac{1}{2\mathrm{i}}\int_0^{+\infty}\left[-\mathrm{e}^{-\left(\frac{\mathrm{i}}{2}+s\right)t}+\mathrm{e}^{\left(\frac{\mathrm{i}}{2}-s\right)t}\right]\mathrm{d}t$

$$=\frac{1}{2\mathrm{i}}\left(\frac{1}{s-\frac{\mathrm{i}}{2}}-\frac{1}{s+\frac{\mathrm{i}}{2}}\right)=\frac{2}{4s^2+1}.$$

(2) $\mathscr{L}[|t|]=\int_0^{+\infty}|t|\mathrm{e}^{-st}\mathrm{d}t=\int_0^{+\infty}t\mathrm{e}^{-st}\mathrm{d}t=-\dfrac{1}{s}\int_0^{+\infty}t\mathrm{d}(\mathrm{e}^{-st})=\dfrac{1}{s}\int_0^{+\infty}\mathrm{e}^{-st}\mathrm{d}t=\dfrac{1}{s^2}.$

(3) $\mathscr{L}[\sin t\cos t]=\int_0^{+\infty}\sin t\cos t\mathrm{e}^{-st}\mathrm{d}t=\dfrac{1}{2}\int_0^{+\infty}\sin 2t\mathrm{e}^{-st}\mathrm{d}t=\dfrac{1}{2}\dfrac{2}{s^2+4}=\dfrac{1}{s^2+4}.$

(4) $\mathscr{L}[\delta(t)\cos t-u(t)\sin t]=\int_0^{+\infty}[\delta(t)\cos t-u(t)\sin t]\mathrm{e}^{-st}\mathrm{d}t$

$$=\int_0^{+\infty}\delta(t)\cos t\mathrm{e}^{-st}\mathrm{d}t-\int_0^{+\infty}\sin t\mathrm{e}^{-st}\mathrm{d}t$$

$$=\cos t\mathrm{e}^{-st}\Big|_{t=0}-\frac{1}{2\mathrm{i}}\int_0^{+\infty}(\mathrm{e}^{\mathrm{i}t}-\mathrm{e}^{-\mathrm{i}t})\mathrm{e}^{-st}\mathrm{d}t$$

$$=1-\frac{1}{2\mathrm{i}}\int_0^{+\infty}[\mathrm{e}^{(\mathrm{i}-s)t}-\mathrm{e}^{-(\mathrm{i}+s)t}]\mathrm{d}t$$

$$=1-\frac{1}{2\mathrm{i}}\left(-\frac{1}{\mathrm{i}+s}-\frac{1}{\mathrm{i}-s}\right)=1-\frac{1}{1+s^2}=\frac{s^2}{1+s^2}.$$

例 8.4　计算下列函数的卷积.

(1) $t*t$;　(2) $t*\mathrm{e}^t$;　(3) $\sin at*\sin at$;　(4) $\delta(t-\tau)*f(t)$.

解　(1) $t*t=\int_0^t\tau(t-\tau)\mathrm{d}\tau=\dfrac{1}{6}t^3.$

(2) $t*\mathrm{e}^t=\int_0^t\tau\mathrm{e}^{t-\tau}\mathrm{d}\tau=\mathrm{e}^t\int_0^t\tau\mathrm{e}^{-\tau}\mathrm{d}\tau=-\mathrm{e}^t\int_0^t\tau\mathrm{d}\mathrm{e}^{-\tau}$

$$=-\mathrm{e}^t[\tau\mathrm{e}^{-\tau}]\Big|_0^t-\int_0^t\mathrm{e}^{-\tau}\mathrm{d}\tau=\mathrm{e}^t-t-1.$$

(3) $\sin at*\sin at=\int_0^t\sin a\tau\sin a(t-\tau)\mathrm{d}\tau$

$$=\int_0^t-\frac{1}{2}[\cos at-\cos(2a\tau-at)]\mathrm{d}\tau$$

$$=\frac{1}{2a}\sin at-\frac{t}{2}\cos 2at.$$

(4) $\delta(t-\tau)*f(t)=\int_0^t\delta(t-\tau)f(t-\tau)\mathrm{d}\tau$

$$=-\int_0^t\delta(t-\tau)f(t-\tau)\mathrm{d}(t-\tau)$$

$$=-\int_t^0 \delta(\tau)f(\tau)\mathrm{d}\tau=\int_0^t \delta(\tau)f(\tau)\mathrm{d}\tau$$

$$=\begin{cases}0, & t<\tau,\\ f(t-\tau), & 0\leqslant\tau<t.\end{cases}$$

例 8.5　求下列函数的拉普拉斯逆变换.

(1) $F(s)=\dfrac{s}{(s-1)(s-2)}$;　(2) $F(s)=\dfrac{s}{(s^2+4)^2}$;　(3) $F(s)=\ln\dfrac{s-1}{s+1}$.

解　(1) $F(s)=\dfrac{s}{(s-1)(s-2)}=\dfrac{2}{s-2}-\dfrac{1}{s-1}$. $\mathscr{L}^{-1}\left[\dfrac{2}{s-2}-\dfrac{1}{s-1}\right]=2\mathrm{e}^{2t}-\mathrm{e}^{t}$.

(2) $F(s)=\dfrac{s}{(s^2+4)^2}=-\dfrac{1}{4}\dfrac{-4s}{(s^2+4)^2}=-\dfrac{1}{4}\left(\dfrac{2}{s^2+2^2}\right)'$. 因为

$$\mathscr{L}^{-1}\left(\frac{2}{s^2+2^2}\right)=\sin 2t,$$

所以

$$\mathscr{L}^{-1}[F(s)]=\mathscr{L}^{-1}\left(-\frac{1}{4}\frac{s}{(s^2+4)^2}\right)=\frac{t}{4}\sin 2t.$$

(3) $F(s)=\ln\dfrac{s-1}{s+1}=\displaystyle\int_s^{\infty}\left(\frac{1}{u+1}-\frac{1}{u-1}\right)\mathrm{d}u=\mathscr{L}\left[-\frac{g(t)}{t}\right]$, 其中

$$g(t)=\mathscr{L}^{-1}\left[\frac{1}{s+1}-\frac{1}{s-1}\right]=\mathrm{e}^{-t}-\mathrm{e}^{t},$$

所以

$$F(s)=\mathscr{L}\left[\frac{\mathrm{e}^{t}-\mathrm{e}^{-t}}{t}\right],\quad \mathscr{L}^{-1}[F(s)]=-\frac{\mathrm{e}^{-t}-\mathrm{e}^{t}}{t}=\frac{\mathrm{e}^{t}-\mathrm{e}^{-t}}{t}=2\frac{\mathrm{sh}t}{t}.$$

例 8.6　利用卷积定理证明 $\mathscr{L}^{-1}\left[\dfrac{s}{s^2+a^2}\right]=\dfrac{t}{2a}\sin at$.

证明　因为

$$\mathscr{L}^{-1}\left[\frac{s}{(s^2+a^2)^2}\right]=\mathscr{L}^{-1}\left[\frac{s}{s^2+a^2}\frac{a}{s^2+a^2}\frac{1}{a}\right],$$

又

$$\mathscr{L}[\cos at]=\frac{s}{s^2+a^2},\quad \mathscr{L}[\sin at]=\frac{a}{s^2+a^2},$$

所以, 根据卷积定理

$$\mathscr{L}^{-1}\left[\frac{s}{s^2+a^2}\frac{a}{s^2+a^2}\frac{1}{a}\right]=\cos at*\frac{1}{a}\sin at,$$

$$=\int_0^t \cos a\tau\frac{1}{a}\sin(at-a\tau)\mathrm{d}\tau$$

$$=\frac{1}{a}\int_0^t\frac{1}{2}[\sin at-\sin(2a\tau-at)]\mathrm{d}\tau$$

$$=\frac{t}{2a}\sin at.$$

例 8.7　利用拉普拉斯变换计算积分 $\int_0^{+\infty}\frac{\mathrm{e}^{-t}-\mathrm{e}^{-2t}}{t}\mathrm{d}t$.

解　令 $f(t)=\mathrm{e}^{-t}-\mathrm{e}^{-2t}$, 则 $F(s)=\mathscr{L}[f(t)]=\frac{1}{s+1}-\frac{1}{s+2}$, 于是

$$\int_0^{+\infty}\frac{\mathrm{e}^{-t}-\mathrm{e}^{-2t}}{t}\mathrm{d}t=\int_0^{+\infty}F(s)\mathrm{d}s=[\ln(s+1)-\ln(s+2)]\Big|_0^{+\infty}=\ln 2.$$

例 8.8　用拉普拉斯变换求解微分方程:

$$\begin{cases}y'''-3y''+3y'-y=-1,\\ y''(0)=y'(0)=1,y(0)=2.\end{cases}$$

解　在方程两边取拉普拉斯变换

$$s^3Y(S)-s^2y(0)-sy'(0)-y''(0)-3[s^2Y(s)-sy(0)-y'(0)]+3[sY(s)-y(0)]-Y(s)=-\frac{1}{s},$$

代入初始条件并化简可以得到

$$Y(s)=\frac{2s-1}{s(s-1)}=\frac{1}{s}+\frac{1}{s-1},$$

故 $y(t)=\mathscr{L}^{-1}[Y(S)]=\mathrm{e}^t+1$.

例 8.9　用拉普拉斯变换求解微分方程组:

$$\begin{cases}(2x''-x'+9x)-(y''+y'+3y)=0, & x(0)=x'(0)=1,\\ (2x''+x'+7x)-(y''-y'+5y)=0, & y(0)=y'(0)=0.\end{cases}$$

解　两边取拉普拉斯变换得

$$\begin{cases}(2s^2-s+9)X(s)-(s^2+s+3)Y(s)=1+2s,\\ (2s^2+s+7)X(s)-(s^2-s+5)Y(s)=3+2s.\end{cases}$$

整理得

$$\begin{cases}2X(s)-Y(s)=\dfrac{2+2s}{s^2+4},\\ X(s)+Y(s)=\dfrac{1}{s-1}.\end{cases}$$

解得

$$\begin{cases}X(s)=\dfrac{1}{3}\dfrac{1}{s-1}+\dfrac{2}{3}\dfrac{s}{s^2+4}+\dfrac{1}{3}\dfrac{1}{s^2+4},\\ Y(s)=\dfrac{2}{3}\dfrac{1}{s-1}-\dfrac{2}{3}\dfrac{s}{s^2+4}+\dfrac{1}{3}\dfrac{1}{s^2+4}.\end{cases}$$

再取拉普拉斯逆变换得到其解为

$$\begin{cases} x(t)=\dfrac{1}{3}\mathrm{e}^t+\dfrac{2}{3}\cos 2t+\dfrac{1}{3}\sin 2t, \\ y(t)=\dfrac{2}{3}\mathrm{e}^t-\dfrac{2}{3}\cos 2t-\dfrac{1}{3}\sin 2t. \end{cases}$$

例 8.10 用拉普拉斯变换求解微分方程组:

$$\begin{cases} x'+x-y=\mathrm{e}^t, \\ y'+3x-2y=2\mathrm{e}^t; \end{cases} \quad x(0)=y(0)=1.$$

解 设

$$\mathscr{L}[x(t)]=X(s), \quad \mathscr{L}[y(t)]=Y(s),$$
$$\mathscr{L}[x'(t)]=s\cdot X(s)-x(0)=sX(s)-1,$$
$$\mathscr{L}[y'(t)]=s\cdot Y(s)-y(0)=sY(s)-1,$$

微分方程组两边同时取拉普拉斯变换得

$$\begin{cases} sX(s)-1+X(s)-Y(s)=\dfrac{1}{s-1}, \\ sY(s)-1+3X(s)-2Y(s)=\dfrac{2}{s-1}. \end{cases}$$

整理得

$$\begin{cases} Y(s)=(s+1)X(s)-\dfrac{s}{s-1}, & (8.2) \\ 3X(s)-(s-2)Y(s)=\dfrac{2}{s-1}+1=\dfrac{s+1}{s-1}. & (8.3) \end{cases}$$

(8.3)代入(8.2), 得

$$3X(s)+(s-2)\left[(s+1)X(s)-\frac{s}{s-1}\right]=\frac{s+1}{s-1},$$
$$(s^2-s+1)X(s)=\frac{s+1}{s-1}+\frac{s(s-2)}{s-1}=\frac{s^2-s+1}{s-1}.$$

故 $X(s)=\dfrac{1}{s-1}$, 于是有

$$x(t)=\mathrm{e}^t. \tag{8.4}$$

(8.4)代入(8.2), 得

$$Y(s)=(s+1)\frac{1}{s-1}-\frac{s}{s-1}=\frac{1}{s-1}\Rightarrow y(t)=\mathrm{e}^t.$$

例 8.11 用拉普拉斯变换解微分方程组.

$$\begin{cases} x'-2y'=g(t), \\ x''-y''+y=0; \end{cases} \quad x(0)=x'(0)=y(0)=y'(0)=0.$$

解 设

$$\mathscr{L}[x(t)]=X(s), \quad \mathscr{L}[y(t)]=Y(s), \quad \mathscr{L}[g(t)]=G(s),$$
$$\mathscr{L}[x'(t)]=sX(s), \quad \mathscr{L}[y'(t)]=sY(s),$$
$$\mathscr{L}[x''(t)]=s^2X(s), \quad \mathscr{L}[y''(t)]=s^2Y(s),$$

方程两边取拉普拉斯变换得

$$\begin{cases} sX(s)-2sY(s)=G(s), & (8.5) \\ s^2X(s)-s^2Y(s)+Y(s)=0. & (8.6) \end{cases}$$

(8.5) $s-$ (8.6), 得

$$Y(s)=-\frac{s}{s^2+1}G(s). \tag{8.7}$$

$$y(t)=\mathscr{L}^{-1}[Y(s)]=-g(t)*\cos t=-\int_0^t g(\tau)\cos(t-\tau)\mathrm{d}\tau.$$

(8.7)代入(8.5), 得

$$sX(s)-2s\left[-\frac{s}{s^2+1}G(s)\right]=G(s),$$

$$sX(s)=\left(1-\frac{2s^2}{s^2+1}\right)G(s)=\frac{1-s^2}{s^2+1}G(s),$$

$$X(s)=\frac{1-s^2}{s(s^2+1)}G(s)=\left(\frac{1}{s}-\frac{2s}{1+s^2}\right)G(s).$$

所以

$$x(t)=\mathscr{L}^{-1}[X(s)]=(1-2\cos t)*g(t)=\int_0^t(1-2\cos\tau)g(t-\tau)\mathrm{d}\tau,$$

故

$$x(t)=\int_0^t(1-2\cos\tau)g(t-\tau)\mathrm{d}\tau,$$

$$y(t)=-\int_0^t g(\tau)\cos(t-\tau)\mathrm{d}\tau.$$

第七、八章综合练习题

1. 填空题.

(1) 设 $\mathscr{F}[f(t)]=F(\omega)$, 则 $\overline{F(\omega)}=$________, $\mathscr{F}[f(6t)]=$________.

(2) $\mathscr{F}[\delta(t-1)]=$________, $\mathscr{F}[\delta'(t-1)]=$________.

(3) $\mathscr{L}[\mathrm{e}^t-\mathrm{e}^{-t}]=$________, $\mathscr{L}[u(t)+\cos 2t]=$________.

(4) $\mathscr{L}[\cos^2 t]=$________.

(5) 将阶梯函数 $f(t)=\begin{cases}3, & 0\leqslant t<2,\\ -1, & 2\leqslant t<4,\\ 0, & t\geqslant 4\end{cases}$ 用单位阶跃函数 $u(t)$ 表示, 则有 $f(t)=$________________.

(6) 设 $\mathscr{L}[f(t)]=F(s)$, 则 $\mathscr{L}[f''(t)]=$________, $\mathscr{L}[\mathrm{e}^{3t}f(t)]=$________.

(7) 设 $\mathscr{L}[f(t)]=F(s)$, 则 $\mathscr{L}[f(t+3)]=$________, $\mathscr{L}^{-1}\left[\int_s^{\infty}F(s)\mathrm{d}s\right]=$________.

2. 选择题.

(1) 设 $\mathscr{F}[f(t)]=F(\omega)$, 则下列各式正确的是(　　).

(a) $\mathscr{F}[f(t)\mathrm{e}^{-\mathrm{i}\omega_0 t}]=F(\omega-\omega_0)$　　(b) $\mathscr{F}[f(-t)]=F(-\omega)$

(c) $\mathscr{F}^{-1}[F(\omega)\mathrm{e}^{-\mathrm{i}\omega t_0}]=f(t+t_0)$　　(d) $\mathscr{F}[f(3t)]=F(3\omega)$

(2) 函数 $f(t)$ 可以进行傅里叶变换的条件是(　　).

(a) $f(t)$ 在 $(-\infty,+\infty)$ 上定义　　(b) $f(t)$ 在 $(-\infty,+\infty)$ 上绝对可积

(c) $f(t)$ 在 $(-\infty,+\infty)$ 上满足狄利克雷条件　　(d) 条件(a)和(b)同时成立

(3) 函数 $f(t)$ 只在 $(0,+\infty)$ 上定义, 绝对可积, 满足狄利克雷条件, 则(　　).

(a) 不能求出 $f(t)$ 的傅里叶积分表示式

(b) 只能求出 $f(t)$ 的傅里叶余弦积分表示式

(c) 只能求出 $f(t)$ 的傅里叶正弦积分表示式

(d) 可以求出 $f(t)$ 的傅里叶余弦积分表示式和傅里叶正弦积分表示式

3. 求下列函数的傅里叶变换:

(1) $f(t)=\begin{cases}\mathrm{e}^{-2t}, & t\geqslant 0,\\ 0, & t<0;\end{cases}$

(2) $f(t)=\begin{cases}\sin t, & |t|\leqslant \pi,\\ 0, & |t|>\pi;\end{cases}$

(3) $f(t)=\dfrac{1}{1+t^2}$.

4. 设 $f_1(t)=f_2(t)=\begin{cases}1, & |t|\leqslant 1,\\ 0, & |t|>1,\end{cases}$ 试求 $f_1(t)*f_2(t)$.

5. 求函数 $\mathrm{sgn}(t)=\dfrac{t}{|t|}$ 的傅里叶变换.

6. 求函数 $f(t)=\mathrm{e}^{t}(t-t\cos t)$ 的拉普拉斯变换.

7. 求函数 $F(s)=\dfrac{1}{s^2(s^2-1)}$ 的拉普拉斯逆变换.

8. 用拉普拉斯变换的方法, 求解下列微分或积分方程:

(1) $\begin{cases} x^{(4)}+2x''+x=0, \\ x(0)=x'(0)=x'''(0)=0, x''(0)=1; \end{cases}$

(2) $\int_0^t f(\tau)\mathrm{e}^{t-\tau}\mathrm{d}\tau=f(t)-\mathrm{e}^{3t}$.

第七、八章综合练习题答案与提示

1. (1) $F(-\omega), \dfrac{1}{6}F\left(\dfrac{\omega}{6}\right)$.　(2) $e^{-i\omega}, i\omega e^{-i\omega}$.

(3) $\dfrac{2}{s^2-1}, \mathrm{Re}\,s>1; \dfrac{1}{s}+\dfrac{s}{s^2+4}, \mathrm{Re}\,s>0$.　(4) $\dfrac{s^2+2}{s(s^2+4)}, \mathrm{Re}\,s>0$.

(5) $3u(t)-4u(t-2)+u(t-4)$.　(6) $s^2F(s)-sf(0)-f'(0), F(s-3)$.

(7) $e^{3s}\displaystyle\int_3^{+\infty} f(t)e^{-st}dt, \dfrac{f(t)}{t}$.

2. (1) b;　(2) d;　(3) a.

3. (1) $F(\omega)=\displaystyle\int_0^{+\infty} e^{-2t}e^{-i\omega t}dt=\int_0^{+\infty} e^{-(2+i\omega)t}dt=-\frac{1}{2+i\omega}e^{-(2+i\omega)t}\Big|_0^{+\infty}=\frac{1}{2+i\omega}=\frac{2-i\omega}{4+\omega^2}$;

(2)
$$
\begin{aligned}
F(\omega)&=\int_{-\infty}^{+\infty} f(t)e^{-i\omega t}dt=\int_{-\pi}^{\pi}\sin t e^{-i\omega t}dt\\
&=\int_{-\pi}^{\pi}\sin t(\cos\omega t-i\sin\omega t)dt\\
&=-i\int_{-\pi}^{\pi}\sin t\sin\omega t dt\\
&=-2i\int_0^{\pi}\left\{-\frac{1}{2}[\cos(1+\omega)t-\cos(1-\omega)t]\right\}dt\\
&=i\int_0^{\pi}\cos(1+\omega)tdt-i\int_0^{\pi}\cos(1-\omega)tdt\\
&=\frac{i}{1+\omega}\sin(1+\omega)t\Big|_0^{\pi}-\frac{i}{1-\omega}\sin(1-\omega)t\Big|_0^{\pi}\\
&=\frac{i}{1+\omega}\sin(1+\omega)\pi-\frac{i}{1-\omega}\sin(1-\omega)\pi\\
&=-\frac{i}{1+\omega}\sin\omega\pi-\frac{i}{1-\omega}\sin\omega\pi\\
&=-i\left(\frac{1}{1+\omega}+\frac{1}{1-\omega}\right)\sin\omega\pi\\
&=\frac{-2i\sin\omega\pi}{1-\omega^2}=\frac{2i\sin\omega\pi}{\omega^2-1}.
\end{aligned}
$$

(3)
$$
\begin{aligned}
F(\omega)&=\int_{-\infty}^{+\infty}\frac{1}{1+t^2}e^{-i\omega t}dt=\int_{-\infty}^{+\infty}\frac{\cos\omega t}{1+t^2}dt-i\int_{-\infty}^{+\infty}\frac{\sin\omega t}{1+t^2}dt\\
&=2\int_0^{+\infty}\frac{\cos\omega t}{1+t^2}dt=2\frac{\pi}{2}e^{-|\omega|}=\pi e^{-|\omega|}.
\end{aligned}
$$

注　利用了教材中例 7.3 的结果, 此例中 $\displaystyle\int_0^{+\infty}\frac{\beta\cos\omega t}{\beta^2+\omega^2}d\omega=\frac{\pi}{2}e^{-\beta|t|}$, 令 $\beta=1$, ω 与 t 交换位置, 得 $\displaystyle\int_0^{+\infty}\frac{\cos\omega t}{1+t^2}dt=\frac{\pi}{2}e^{-|\omega|}$.

4. $f_1(t)*f_2(t)=\displaystyle\int_{-\infty}^{+\infty}f_1(\tau)f_2(t-\tau)d\tau$,

$$
f_1(\tau)=\begin{cases}1, & -1\leqslant\tau\leqslant 1,\\ 0, & 其他.\end{cases}\qquad f_2(t-\tau)=\begin{cases}1, & -1\leqslant t-\tau\leqslant 1,\\ 0, & 其他.\end{cases}
$$

欲使 $f_1(\tau)f_2(t-\tau)\neq 0$, 应有 $-1\leqslant\tau\leqslant 1$, 且 $-1\leqslant t-\tau\leqslant 1$, 亦即 $-1\leqslant\tau\leqslant 1$ 和 $t-1\leqslant\tau\leqslant t+1$, 注意到 τ 这两个取值范围的长均为 2, 当 $t+1\leqslant -1$ 和 $t-1\geqslant 1$ 时, τ 这两个取值范围无公共点, 均有 $f_1(\tau)f_2(t-\tau)=0$, 此时 $t\leqslant -2$ 和 $t\geqslant 2$, 有 $f_1(t)*f_2(t)=0$.

当 $-1\leqslant t-1<1$, 即 $0\leqslant t<2$ 时, $t-1\leqslant\tau\leqslant 1$, $f_1(t)*f_2(t)=\int_{t-1}^{1}\mathrm{d}\tau=2-t$;

当 $-1<t+1<1$, 即 $-2<t<0$ 时, $-1\leqslant\tau\leqslant t+1$, $f_1(t)*f_2(t)=\int_{-1}^{t+1}\mathrm{d}\tau=2+t$.

故 $f_1(t)*f_2(t)=\begin{cases}2+t, & -2<t<0,\\ 2-t, & 0\leqslant t<2,\\ 0, & \text{其他}.\end{cases}$

5. $\operatorname{sgn}(t)=2u(t)-1$, $\mathscr{F}[\operatorname{sgn}(t)]=\mathscr{F}[2u(t)-1]=2\left[\dfrac{1}{\mathrm{i}\omega}+\pi\delta(\omega)\right]-2\pi\delta(\omega)=\dfrac{2}{\mathrm{i}\omega}$.

6. 因为

$$\mathscr{L}[t\mathrm{e}^t]=\frac{1}{(s-1)^2},\quad \mathscr{L}[t\cos t]=-\left(\frac{s}{s^2+1}\right)'=\frac{s^2-1}{(s^2+1)^2},$$

$$\mathscr{L}[t\mathrm{e}^t\cos t]=\frac{(s-1)^2-1}{[(s-1)^2+1]^2},$$

故 $\mathscr{L}[\mathrm{e}^t(t-t\cos t)]=\dfrac{1}{(s-1)^2}+\dfrac{2s-s^2}{(s^2-2s+2)^2}$.

7. **方法 1**　因为

$$\operatorname{Res}[F(s)\mathrm{e}^{st},1]=\left.\frac{\mathrm{e}^{st}}{[s^2(s^2-1)]'}\right|_{s=1}=\left.\frac{\mathrm{e}^{st}}{4s^3-2s}\right|_{s=1}=\frac{1}{2}\mathrm{e}^t,$$

$$\operatorname{Res}[F(s)\mathrm{e}^{st},-1]=\left.\frac{\mathrm{e}^{st}}{[s^2(s^2-1)]'}\right|_{s=-1}=\left.\frac{\mathrm{e}^{st}}{4s^3-2s}\right|_{s=-1}=-\frac{1}{2}\mathrm{e}^{-t},$$

$$\operatorname{Res}[F(s)\mathrm{e}^{st},0]=\frac{1}{(2-1)!}\lim_{s\to 0}\left(s^2\frac{\mathrm{e}^{st}}{s^2(s^2-1)}\right)'=\lim_{s\to 0}\left(\frac{\mathrm{e}^{st}}{s^2-1}\right)'=-t,$$

故 $f(t)=\dfrac{1}{2}(\mathrm{e}^t-\mathrm{e}^{-t})-t$.

方法 2　因为

$$\operatorname{Res}[F(s)\mathrm{e}^{st},1]=\left.\frac{\mathrm{e}^{st}}{s^2(s+1)}\right|_{s=1}=\frac{1}{2}\mathrm{e}^t,$$

$$\operatorname{Res}[F(s)\mathrm{e}^{st},-1]=\left.\frac{\mathrm{e}^{st}}{s^2(s-1)}\right|_{s=-1}=-\frac{1}{2}\mathrm{e}^{-t},$$

$$\operatorname{Res}[F(s)\mathrm{e}^{st},0]=\left.\left(\frac{\mathrm{e}^{st}}{s^2-1}\right)'\right|_{s=0}=-t,$$

故 $f(t)=\dfrac{1}{2}(\mathrm{e}^t-\mathrm{e}^{-t})-t$.

方法 3　由 $F(s)=\dfrac{1}{s^2-1}-\dfrac{1}{s^2}=\dfrac{1}{2}\left(\dfrac{1}{s-1}-\dfrac{1}{s+1}\right)-\dfrac{1}{s^2}$, 得

$$f(t)=\frac{1}{2}\mathscr{L}^{-1}\left[\frac{1}{s-1}\right]-\frac{1}{2}\mathscr{L}^{-1}\left[\frac{1}{s+1}\right]-\mathscr{L}^{-1}\left[\frac{1}{s^2}\right]=\frac{1}{2}(\mathrm{e}^t-\mathrm{e}^{-t})-t.$$

8. (1) 设 $\mathscr{L}[x(t)]=X(s)$, 有 $s^4X(s)-s+2s^2X(s)+X(s)=0$, 即

$$(s^4+2s^2+1)X(s)=s,\quad X(s)=\frac{s}{(s^2+1)^2}=\left[-\frac{1}{2}\frac{1}{(s^2+1)}\right]',$$

$$x(t)=\mathscr{L}^{-1}[X(s)]=\mathscr{L}^{-1}\left[\left(-\frac{1}{2}\frac{1}{s^2+1}\right)'\right]=-\frac{1}{2}\mathscr{L}^{-1}\left[\left(\frac{1}{s^2+1}\right)'\right]=-\frac{1}{2}(-t\sin t)=\frac{t\sin t}{2}.$$

(2) 原方程为 $f(t)*\mathrm{e}^t=f(t)-\mathrm{e}^{3t}$, 设 $\mathscr{L}[f(t)]=F(s)$, 有

$$F(s)\frac{1}{s-1}=F(s)-\frac{1}{s-3},\quad F(s)\left(\frac{2-s}{s-1}\right)=-\frac{1}{s-3},\quad F(s)=\frac{s-1}{(s-3)(s-2)},$$

故

$$f(t)=\mathscr{L}^{-1}[F(s)]=\mathrm{Res}[F(s)\mathrm{e}^{st},3]+\mathrm{Res}[F(s)\mathrm{e}^{st},2]=2\mathrm{e}^{3t}-\mathrm{e}^{2t}.$$

向量分析与场论作业(1)

__________专业________班　　　　　　姓名__________学号__________

1. 填空题.

(1) 已知向量 $\boldsymbol{a}=2\boldsymbol{i}-2\boldsymbol{j}+\boldsymbol{k}$, 则其方向余弦为______________________.

(2) 已知 $\boldsymbol{F}(t)=t^3\boldsymbol{i}+(3t-2)\boldsymbol{j}+(t+t^2)\boldsymbol{k}$, 则 $\lim\limits_{t\to 2}\boldsymbol{F}(t)=$______________________.

(3) l 是向量函数 $\boldsymbol{F}(t)$ 的矢端曲线, $\boldsymbol{F}'(t)$ (当其不为零时) 是曲线 l 在 t 对应点处的__________向量, 且此向量指向__________的方向.

(4) 设 $\boldsymbol{r}(t)=[x(t),y(t),z(t)]^{\mathrm{T}}$, $t\in[t_0,T]$ 是一条空间曲线, 则在参数为 t 的点, 曲线 $\boldsymbol{r}(t)$ 的切线向量为____________________, 当参数 t 为__________时, 该切线向量为单位向量.

2. 写出曲线 $C: x=3\sin t, y=4\sin t, z=3\cos t$ 的向量方程, 并说明 C 是何种曲线.

3. 求曲线 $\boldsymbol{r}(\theta)=2\cos\theta\boldsymbol{i}+2\sin\theta\boldsymbol{j}+4\theta\boldsymbol{k}$ 在 $\theta=\dfrac{\pi}{4}$ 处的切线向量和切线方程.

4. 设 $\boldsymbol{F}(t)=t^2\boldsymbol{i}-\frac{1}{2}t^2\boldsymbol{j}+(2t+1)\boldsymbol{k}$, 求当 $t=0$ 时 $\frac{\mathrm{d}\boldsymbol{F}}{\mathrm{d}t}$, $\left|\frac{\mathrm{d}\boldsymbol{F}}{\mathrm{d}t}\right|$ 的值.

5. 已知 $\boldsymbol{F}(t)=(2t-t^3)\boldsymbol{i}+3t^2\boldsymbol{j}+(2t+t^3)\boldsymbol{k}$, 计算

(1) $\lim\limits_{t\to 1}\boldsymbol{F}(t)$;　　(2) $\frac{\mathrm{d}\boldsymbol{F}}{\mathrm{d}t}$;　　(3) $\int \boldsymbol{F}(t)\mathrm{d}t$;　　(4) $\int_0^1 \boldsymbol{F}(t)\mathrm{d}t$.

向量分析与场论作业(2)

__________专业________班　　　　　姓名__________学号__________

1. 填空题.

(1) 数量场 $u(x,y,z)=\dfrac{x^2+y^2}{z}$ 过点 $M(1,1,2)$ 的等值面为________.

(2) 设 $\boldsymbol{l}$ 和 $\mathrm{grad}u(M)$ 方向一致, 则 $\dfrac{\partial u(M)}{\partial \boldsymbol{l}}=$__________.

(3) 设 $\boldsymbol{r}=x\boldsymbol{i}+y\boldsymbol{j}+z\boldsymbol{k}$, $r=|\boldsymbol{r}|$, 则 $\nabla r=$__________, $\nabla\left(\dfrac{1}{r}\right)=$________.

2. 求函数 $u=y^2+2yz-x^2$ 在点 $M(1,2,1)$ 处沿向量 $\boldsymbol{l}=\boldsymbol{i}+\dfrac{1}{2}\boldsymbol{j}+\boldsymbol{k}$ 的方向导数.

3. 设函数 $u=x^2+\mathrm{e}^x\cos y-y^2$, 点 $M(1,\pi,1)$, 求:

(1) u 在 M 处的梯度;

(2) u 在 M 处沿向量 $\boldsymbol{l}=\boldsymbol{i}+2\boldsymbol{j}+2\boldsymbol{k}$ 的方向导数;

(3) u 在 M 处沿哪个方向的方向导数最大？这个方向导数的最大值是多少？

4. 设 $u=3x^2y-y^2$，求 u 在点 $M(2,3)$ 处沿曲线 $y=x^2-1$ 朝 x 增大一方的方向导数.

向量分析与场论作业(3)

__________专业________班　　　　　姓名__________学号__________

1. 填空题.

(1) 设向量场 $\boldsymbol{F}=(x^2+yz)\boldsymbol{i}+(y^2+zx)\boldsymbol{j}+(z^2+xy)\boldsymbol{k}$, 则 $\nabla\cdot\boldsymbol{F}=$____________.

(2) 设 $r=\sqrt{x^2+y^2+z^2}$, 则 $\nabla\cdot(\nabla r)=$________.

2. 求向量场 $\boldsymbol{F}(M)=[2x-z,x^2y,-xz^2]^{\mathrm{T}}$ 穿出闭曲面 S 的通量, 其中 S 是立方体 $0\leqslant x\leqslant a$, $0\leqslant y\leqslant a$, $0\leqslant z\leqslant a$ 的全表面.

3. 设 $\boldsymbol{F}=(axz+x^2)\boldsymbol{i}+(by+xy^2)\boldsymbol{j}+(z-z^2+cxz-2xyz)\boldsymbol{k}$, 试确定常数 a,b,c, 使 $\nabla\cdot\boldsymbol{F}=0$.

4. 求向量场

$$\boldsymbol{F}(M)=(3x^2-2yz)\boldsymbol{i}+(y^3+yz^2)\boldsymbol{j}+(xyz-3xz^2)\boldsymbol{k}$$

所产生的散度场通过点 $M(2,-1,1)$ 的等值面及在点 M 处沿 Ox 轴正向的方向导数.

向量分析与场论作业(4)

__________专业________班　　　　　姓名__________学号__________

1. 填空题.

(1) 设 $\boldsymbol{r}=x\boldsymbol{i}+y\boldsymbol{j}+z\boldsymbol{k}$, $r=|\boldsymbol{r}|$, 则 $\nabla\times\boldsymbol{r}=$________, $\nabla\cdot\boldsymbol{r}=$________, $\nabla r=$________.

(2) 向量场 $\boldsymbol{F}$ 的雅可比矩阵 $D\boldsymbol{F}=\begin{bmatrix}2z^2 & 2y & 4xz\\ 2y & 2x & -1\\ 4xz & -1 & 2x^2+2\end{bmatrix}$, 则

$\nabla\cdot\boldsymbol{F}=$____________,　$\nabla\times\boldsymbol{F}=$____________.

2. 选择题.

设 $u=2xy+\varphi(y,z),\boldsymbol{F}=\boldsymbol{F}(M),\boldsymbol{r}=x\boldsymbol{i}+y\boldsymbol{j}+z\boldsymbol{k},r=|\boldsymbol{r}|$, $f(r)$ 可微, 则下列各式不成立的是(　　).

(a) $\nabla\times\nabla u=\boldsymbol{0}$　　　　(b) $\nabla\cdot(\nabla\times\boldsymbol{F})=0$

(c) $\nabla\times[f(r)\boldsymbol{r}]=\boldsymbol{0}$　　　　(d) $\nabla(\nabla\cdot\boldsymbol{F})=\boldsymbol{0}$

3. 设 $\boldsymbol{F}=(3x^2-2yz)\boldsymbol{i}+(xy^2+yz^2)\boldsymbol{j}+(xyz-3xz^2)\boldsymbol{k}$, 求 $\boldsymbol{F}$ 在点 $M(2,-1,1)$ 处沿平面 $S:x+y+2z=1$ 上侧法线方向的环量面密度.

4. 设 $\boldsymbol{F} = y\boldsymbol{i} - x\boldsymbol{j} + z\boldsymbol{k}$, 求 $\boldsymbol{F}$ 在点 $M(x, y, z)$ 处的旋度.

5. 设 $\boldsymbol{a}$ 是常向量, $\boldsymbol{r} = x\boldsymbol{i} + y\boldsymbol{j} + z\boldsymbol{k}, r = |\boldsymbol{r}|$, $f(r)$ 是 r 的可微函数, 计算

(1) $\nabla \times (\boldsymbol{a} \times \boldsymbol{r})$;

(2) $\nabla \times (f(r)\boldsymbol{a})$.

向量分析与场论作业(5)

__________专业________班　　　　　　姓名__________学号__________

1. 填空题.

(1) 设 $\boldsymbol{F}(M)$ 是保守场, u 是其势函数, 则 $\nabla\times\nabla u=$__________.

(2) 以函数 $u=-\dfrac{1}{r}, r=\sqrt{x^2+y^2+z^2}$ 作为势函数的保守场为________________.

2. 选择题.

下列条件中不是 $\boldsymbol{F}(M)$ 为区域 G 内的保守场的充要条件的是(　　).

(a) $\boldsymbol{F}(M)$ 在 G 内积分和路线无关

(b) 对 G 内任意一个分段光滑的闭曲线 C, 积分 $\oint_C \boldsymbol{F}(M)\cdot \mathrm{d}\boldsymbol{l}=0$

(c) 在 G 内处处成立 $\nabla\times\boldsymbol{F}(M)=\boldsymbol{0}$

(d) $\boldsymbol{F}(M)$ 在 G 内存在势函数 u, 使 $\nabla u=\boldsymbol{F}(M)$

3. 证明 $\boldsymbol{F}(M)=2xyz^2\boldsymbol{i}+(x^2z^2+\cos y)\boldsymbol{j}+2x^2yz\boldsymbol{k}$ 为有势场, 并求其势函数.

4. 向量场 $\boldsymbol{F}(M)=(2xy+3)\boldsymbol{i}+(x^2-4z)\boldsymbol{j}-4y\boldsymbol{k}$，设 $A(3,-1,2),B(2,1,-1)$ 为场内两点.

(1) 证明 $\boldsymbol{F}(M)$ 为保守场;

(2) 计算积分 $\int_A^B \boldsymbol{F}(M)\cdot \mathrm{d}\boldsymbol{l}$.

5. 试求微分方程 $(z^3-4xy)\mathrm{d}x+(6y-2x^2)\mathrm{d}y+(3xz^2+1)\mathrm{d}z=0$ 的解.

向量分析与场论作业(6)

__________专业________班　　　　　姓名__________学号__________

1. 填空题.

(1) 任一个向量场 $\boldsymbol{F}(M)$ 的旋度场 $\nabla\times\boldsymbol{F}(M)$ 是一个________场.

(2) 设 $u=3x^2z-y^2z^3+4x^3y+2x-3y-5$, 则 $\Delta u=$____________.

(3) 设 $r=\sqrt{x^2+y^2+z^2}$, 则 $\Delta\left(\dfrac{1}{r}\right)=$________.

2. 设

$$u=xyz^2,\quad \boldsymbol{F}=(2x^2+8xy^2z)\boldsymbol{i}+(3x^3y-3xy)\boldsymbol{j}-(4y^2z^2+2x^3z)\boldsymbol{k},$$

证明 $u\boldsymbol{F}$ 为管形场.

3. 证明向量场

$$\boldsymbol{F}(M)=(1+2x-5y)\boldsymbol{i}+(4y-5x+7z)\boldsymbol{j}+(7y-6z)\boldsymbol{k}$$

为调和场, 并求出它的势函数, 证明向量场 $\boldsymbol{F}$ 的势函数为调和函数.

4*. 根据教材所给的公式求上一题中向量场 $\boldsymbol{F}(M)$ 的一个向量势.

复变函数作业(1)

__________专业________班　　　　　　姓名__________学号__________

1. 填空题.

(1) 已知 $z=\dfrac{2}{1-2\mathrm{i}}$，则 $\mathrm{Re}z=$ __________，$\mathrm{Im}z=$ __________，$|z|=$ __________，$\mathrm{Arg}z=$ ______________________________.

(2) $\arg(-3+4\mathrm{i})=$ __________; $\arg(-2-2\mathrm{i})=$ __________.

(3) 当 $|z|\leqslant 1$ 时, $|z^n+a|$ 的最大值是__________（n 为正整数, a 为复数).

2. 已知复数 $z=-1+\sqrt{3}\mathrm{i}$, 写出它的三角表示式和指数表示式.

3. 设 n 为正整数, 试证明 $\left(\dfrac{-1+\sqrt{3}\mathrm{i}}{2}\right)^{3n+1}+\left(\dfrac{-1-\sqrt{3}\mathrm{i}}{2}\right)^{3n+1}=-1$.

4. 求下列方程所表示的曲线:

(1) $|z-\mathrm{i}|=|z+\mathrm{i}|$;

(2) $\left|\dfrac{z-1}{z+1}\right|=2$.

5. 画出满足下列条件的点组成的点集, 是否是区域? 是否为有界集? 若是区域, 指明是单连通区域还是多连通区域.

(1) $|z-\mathrm{i}|\leqslant|2+\mathrm{i}|$;

(2) $0<|z+\mathrm{i}|<2$;

(3) $|z|\leqslant 1$, 且 $\mathrm{Re}z\leqslant\dfrac{1}{2}$;

(4) $1<\mathrm{Re}z<5$.

复变函数作业(2)

__________专业________班　　　　　　姓名__________学号__________

1. 填空题.

(1) 若 $\operatorname{Re} f(z)=\sqrt{x}$, $\operatorname{Im} f(z)=y$, 则函数 $f(z)$ 连续的区域为__________.

(2) 设 $f(z)=u(x,y)+\mathrm{i}v(x,y)$, 则 $f(z)$ 在 $z_0=x_0+\mathrm{i}y_0$ 处有极限和连续的充要条件是___________________在 (x_0,y_0) 处___________________.

2. 设 $f(z)=\dfrac{1}{2\mathrm{i}}\left(\dfrac{z}{\overline{z}}-\dfrac{\overline{z}}{z}\right)$, 写出 $f(z)$ 的实部 $u(x,y)$ 与虚部 $v(x,y)$.

3. 在映射 $w=z^2$ 之下, z 平面上的曲线 $C:\operatorname{Re}z=1$ 映射成 w 平面上的什么曲线?

4. 判断函数 $f(z)=\dfrac{\mathrm{Re}z^2}{|z|^2}$ 在 $z\to 0$ 时是否存在极限.

5. 设函数 $f(z)$ 连续, 证明函数 $\overline{f(z)}$ 也连续.

6. 考察函数 $f(z)=\dfrac{z-1}{z+1}$ 在圆域 $|z|<1$ 内的连续性.

复变函数作业(3)

__________专业________班　　　　　姓名__________学号__________

1. 选择题.

下列命题中正确的是(　　).

(a) 若 $f(z)$ 在点 z_0 可导, 则 $f(z)$ 在点 z_0 解析

(b) 若 $f(z)$ 在区域 D 内每一点可导, 则 $f(z)$ 在区域 D 内解析

(c) 若 $f(z)$ 在区域 D 内解析, 则 $\overline{f(z)}$ 也在区域 D 内解析

(d) 若 $f(z)$ 在区域 D 内连续, 则 $\overline{f(z)}$ 也在区域 D 内连续

2. 问 $f(z)=z^3+2\mathrm{i}z$ 在哪个范围内解析? 写出 $f'(z)$.

3. 已知函数 $f(z)=my^3+nx^2y+\mathrm{i}(x^3+lxy^2)$ 为整个复平面上的解析函数, 试求 l,m,n 的值.

4. 设 $f(z)=x^3-y^3+\mathrm{i}2x^2y^2$，问:

(1) $f(z)$ 在哪个区域内连续？

(2) $f(z)$ 在哪些点可导？求函数在可导点的导数.

(3) $f(z)$ 有无解析点？为什么？

复变函数作业(4)

__________专业________班　　　　　姓名__________学号__________

1. 填空题.

(1) $w=\mathrm{e}^z$ 在____________解析, 且有 $(\mathrm{e}^z)'=$__________.

(2) 若 $\cos z=0$, 则 $z=$______________________.

2. 计算下列各题.

(1) $\mathrm{e}^{1-\mathrm{i}}$;

(2) $\mathrm{Ln}(1+\mathrm{i}\sqrt{3})$;

(3) i^{i};

(4) $\sin \mathrm{i}$.

3. 证明: $\overline{\mathrm{e}^z}=\mathrm{e}^{\bar{z}}$.

4. 求解下列方程.

(1) $1+\mathrm{e}^{z}=0$;

(2) $\ln z=2-\dfrac{\pi}{6}\mathrm{i}$;

(3) $\mathrm{e}^{\mathrm{i}z}=\overline{\mathrm{e}^{\mathrm{i}z}}$.

复变函数作业(5)

__________专业________班　　　　　　姓名__________学号__________

1. 填空题.

(1) 设 $C:|z|=1$, 且当 $|z|=1$ 时, $|f(z)|\leqslant 2$, 则 $\left|\int_C f(z)\mathrm{d}z\right|\leqslant$________.

(2) 设 $C:|z|=1$, $\int_C \frac{1}{z}\mathrm{d}z=$____________, $\int_C \frac{1}{z^2}\mathrm{d}z=$____________.

2. 设 $C: z=\mathrm{e}^{\mathrm{i}\theta}, -\frac{\pi}{2}\leqslant\theta\leqslant\frac{\pi}{2}$, 求积分 $\int_C |z|\mathrm{d}z$.

3. 设 $C:|z|=1$, 求 $\int_C \bar{z}\mathrm{d}z$.

4. 设 C 表示正向圆周 $|z|=2$ 在第一象限中的部分, 试证 $\left|\int_C \frac{1}{1+z^2}\mathrm{d}z\right|\leqslant\frac{\pi}{3}$.

5. 分别沿下列曲线计算积分 $\int_0^{1+\mathrm{i}}(x^2+\mathrm{i}y)\mathrm{d}z$ 的值.

(1) $y=x^2$;

(2) 由 $z=0$ 到 $z=1$, 再到 $z=1+\mathrm{i}$ 的直线段.

复变函数作业(6)

__________专业________班　　　　姓名__________学号__________

1. 填空题.

(1) 设C是包围$z=0$的任意一条闭曲线, 则积分$\int_C z^3\cos z\mathrm{d}z=$____________.

(2) 设C为以$\pm\frac{1}{2},\pm\frac{6}{5}\mathrm{i}$为顶点的菱形边界, 取正向, 则积分$\int_C\frac{\mathrm{d}z}{z-\mathrm{i}}=$________.

2. 设C表示圆周$|z|=1$的上半部分, 方向从$z_1=1$到$z_2=-1$, 试计算积分$\int_C(z^2+z\bar{z})\mathrm{d}z$.

3. 设$C:|z|=\frac{3}{2}$, 计算积分$\int_C\frac{1}{(z^2+1)(z^2+4)}\mathrm{d}z$.

4. 计算积分$\int_C \frac{2z-1}{z^2-z}\mathrm{d}z$, 其中$C$是$z$平面上的任一条简单闭曲线(分闭曲线仅包含$z=0$、仅包含$z=1$、同时包含$z=0$和$z=1$、不包含$z=0$和$z=1$四种情形分别计算).

5. 计算闭路复积分$\int_C \frac{1}{z+2}\mathrm{d}z, C:|z|=1$, 并由此计算实积分$\int_0^{\pi} \frac{1}{5+4\cos\theta}\mathrm{d}\theta$.

复变函数作业(7)

__________专业________班　　　　　　姓名__________学号__________

1. 选择题.

(1) 设 $C:|z|=1$, 则下列计算过程不正确的是(　　).

(a) 因 $\cos z$ 在 C 内解析, 故 $\int_C \frac{1}{\cos z}\mathrm{d}z=0$

(b) $\int_C \frac{\mathrm{d}z}{(2z+1)(z-2)}=\int_C \frac{\frac{z}{(2z+1)(z-2)}}{z}\mathrm{d}z=2\pi\mathrm{i}\left.\frac{z}{(2z+1)(z-2)}\right|_{z=0}=0$

(c) $\int_C \frac{\mathrm{d}z}{(2z+1)(z-2)}=\int_C \frac{\frac{1}{2(z-2)}}{z+\frac{1}{2}}\mathrm{d}z=2\pi\mathrm{i}\left.\frac{1}{2(z-2)}\right|_{z=-\frac{1}{2}}=-\frac{2}{5}\pi\mathrm{i}$

(d) $\int_C \frac{\cos z}{z^2}\mathrm{d}z=2\pi\mathrm{i}(\cos z)'|_{z=0}=0$

(2) 下列条件中, 函数 $f(z)$ 在单连通区域 D 内解析的充要条件是(　　).

(a) $f(z)=u+\mathrm{i}v$, 有 $\frac{\partial u}{\partial x}=\frac{\partial v}{\partial y},\frac{\partial u}{\partial y}=-\frac{\partial v}{\partial x}$

(b) $f(z)$ 沿 D 内任一条闭路积分为零

(c) $f(z)$ 在 D 内积分和路线无关

(d) $f(z)$ 在 D 内连续, 且沿 D 内任一条闭路积分为零

2. 计算下列积分.

(1) $\int_C \frac{\mathrm{e}^{\mathrm{i}z}}{z^2+1}\mathrm{d}z, C:|z-2\mathrm{i}|=\frac{3}{2}$;

(2) $\int_C \frac{z^3}{(z-\mathrm{i})^4}\mathrm{d}z, C:|z|=2$;

(3) $\int_C \frac{\mathrm{e}^z+z}{z^2(z-1)^3}\mathrm{d}z, C:\left|z-\frac{1}{2}\right|=1$.

复变函数作业(8)

__________专业________班　　　　　　姓名__________学号__________

1. 填空题.

(1) 级数 $\sum_{n=1}^{\infty}\frac{1}{(1+\mathrm{i})^{2n}}$ 的和为__________.

(2) 设 $\sum_{n=0}^{\infty}a_0(z-z_0)^n$ 在 z_1 处收敛, 在 z_2 处发散, 则它在________________内绝对收敛, 在________________内发散.

2. 选择题.

(1) 设幂级数 $\sum_{n=0}^{\infty}a_0(z-z_0)^n$ 的收敛半径为 R, 则在 $|z-z_0|=R$ 上, (　　).

(a) 幂级数收敛　　　　(b) 幂级数在某些点收敛, 在另外的点发散

(c) 幂级数发散　　　　(d) 以上情况都有可能出现

(2) 下列说法不正确的是(　　).

(a) 幂级数的和函数在其收敛圆内解析

(b) 幂级数在收敛圆内可以逐项积分, 逐项微分, 且运算前后收敛半径不改变

(c) 以 kz 代 $z-z_0$, 得到的幂级数的收敛半径不改变

(d) 幂级数在收敛圆内可以进行四则运算, 得到的幂级数的收敛半径由参与运算的幂级数的收敛半径共同决定

3. 判定级数 $\sum_{n=1}^{\infty}\left(\frac{1}{n^2}+\frac{1}{n}\mathrm{i}\right)$ 是否收敛, 是否绝对收敛. 说明理由.

4. 求下列幂级数的收敛半径，指出幂级数的收敛圆域.

(1) $\sum_{n=1}^{\infty} n!(z-\mathrm{i})^n$;

(2) $\sum_{n=1}^{\infty} \frac{n^n}{n!} z^n$;

(3) $\sum_{n=1}^{\infty} \frac{z^n}{n^2}$.

复变函数作业(9)

__________专业________班　　　　　　姓名__________学号__________

1. 填空题.

(1) 设 $f(z)$ 在 z_0 解析, z_1 是 $f(z)$ 距 z_0 最近的一个奇点, 则 $f(z)$ 在 z_0 处的泰勒展开式的收敛半径 $R=$__________.

(2) $f(z)=\dfrac{1}{(z-3)(z-2\mathrm{i})}$ 在 $z=0$ 处的泰勒展开式的收敛半径 $R=$__________.

(3) $f(z)=z(z^2+1)^2$ 的零点为__________, 其阶数分别为________________________.

(4) $z=0$ 是 $f(z)=\sin z-z$ 的__________阶零点.

2. 将下列函数展开为 $z-z_0$ 的幂级数, 并指出它们的收敛半径.

(1) $\dfrac{z-1}{z+1}, z_0=1$;

(2) $\dfrac{1}{z^2}, z_0=-1$;

(3) $\dfrac{1}{(z+1)(z+2)}, z_0 = 2$.

3. 指出函数 $f(z) = \mathrm{e}^z - 1$ 的所有零点及其阶数, 说明理由.

复变函数作业(10)

__________专业________班　　　　　姓名__________学号__________

1. 判断下列结论的对错.

(1) 每个幂级数的和函数在收敛圆域内都是解析函数;　　( )

(2) 幂级数 $\sum_{n=0}^{\infty} a_n (z-2)^n$ 在 $z=3$ 收敛, 则它必在 $z=0$ 收敛;　　( )

(3) $z_0 = 1$ 是函数 $f(z) = \left(\cos\frac{1}{z-1}\right)^{-1}$ 的本性奇点;　　( )

(4) 设函数 $\varphi(z)$ 与 $\psi(z)$ 在点 z_0 解析, 且分别以 $z=z_0$ 为 m 阶与 n 阶零点, 则 $\varphi(z)\psi(z)$ 以 z_0 为 $m+n$ 阶零点;　　( )

(5) 设函数 $\varphi(z)$ 与 $\psi(z)$ 在点 z_0 解析, 且分别以 $z=z_0$ 为 m 阶与 n 阶零点, $m>n$, 则 $\frac{\psi(z)}{\varphi(z)}$ 以 z_0 为 $m-n$ 阶极点.　　( )

2. 将下列函数在指定的圆环域内展开为洛朗级数.

(1) $\frac{1}{z(1-z)^2}, 0<|z|<1$;

(2) $\dfrac{1}{1+z^2}, 0<|z-\mathrm{i}|<2$.

3. 指出下列函数的孤立奇点及其类型, 对极点指出它的阶数.

(1) $\dfrac{\ln(z+1)}{z}$;

(2) $\dfrac{1}{\cos z}$;

(3) $\sin\dfrac{1}{z}$.

复变函数作业(11)

__________专业________班　　　　姓名__________学号__________

1. 函数 $f(z)=\dfrac{1}{z(z-1)^2}$ 在 $z_0=1$ 的洛朗展开式分别有

$$f(z)=\frac{1}{(z-1)^3}-\frac{1}{(z-1)^4}+\frac{1}{(z-1)^5}-\cdots,\quad |z-1|>1;$$

$$f(z)=\frac{1}{(z-1)^2}-\frac{1}{z-1}+1-(z-1)+(z-1)^2-\cdots,\quad 0<|z-1|<1,$$

据此, 可以得到 $\operatorname{Res}(f,1)=$________, 为什么？____________________.

2. 求下列函数在孤立奇点处的残数.

(1) $\dfrac{\cos z^2}{z^9}$;

(2) $\dfrac{z+1}{z^2-2z}$;

(3) $\dfrac{1}{\sin z}$.

3. 利用残数计算下列积分.

（1）$\int_C \frac{e^z}{z(z-1)^2} dz, C:|z|=2$;

（2）$\int_C z e^{\frac{1}{z}} dz, C:|z|=1$.

复变函数作业(12)

__________专业________班　　　　　　姓名__________学号__________

1. 填空题.

(1) 线性映射 $w=\dfrac{2z-1}{2+\mathrm{i}z}$ 将 $z=$____映射为 $w=0$, 将 $z=$______映射为 $w=\infty$.

(2) 设 z_0 是 $|z|<1$ 内一点, 则和 z_0 关于 $|z|=1$ 对称的点是________.

2. 选择题.

(1) 设线性映射 $w=L(z)=\dfrac{az+b}{cz+d}$ 将圆 C 上三点 z_1,z_2,z_3 映射为圆 $\varGamma$ 上三点 w_1,w_2,w_3, 且 z_1,z_2,z_3 沿逆时针方向排列, w_1,w_2,w_3 沿顺时针方向排列, 则 $w=L(z)$ (　　);

(a) 将圆 C 内一点映为 $w=\infty$　　(b) 将圆 C 外一点映为 $w=\infty$

(c) 将圆 C 内一点映为 $w=0$　　(d) 将圆 C 外一点映为 $w=0$

(2) 设线性映射 $w=L(z)=\dfrac{az+b}{cz+d}$ 将圆 $|z|=1$ 映射为 $\operatorname{Im} w=0$, 且 $f(0)=\mathrm{i}$, 则 $w=L(z)$ (　　).

(a) 将 $|z|<1$ 映射为 $\operatorname{Im} w>0$　　(b) 将 $|z|<1$ 映射为 $\operatorname{Im} w<0$

(c) 将 $|z|>1$ 映射为 $\operatorname{Im} w>0$　　(d) 以上答案都不对

3. 求将点 $1, 0, -1$ 分别映射为点 $0, \mathrm{i}, \infty$ 的线性映射.

4. 求把上半平面 $\operatorname{Im} z>0$ 映射为单位圆域 $|w|<1$ 的线性映射 $w=L(z)$，且满足条件

$$L(\mathrm{i})=0, \quad \arg L'(\mathrm{i})=\frac{\pi}{2}.$$

5. 求把单位圆域 $|z|<1$ 映射为单位圆域 $|w|<1$ 的线性映射 $w=L(z)$，且满足条件

$$L\left(\frac{1}{2}\right)=0, \quad \arg L'\left(\frac{1}{2}\right)=0.$$

复变函数作业(13)

__________专业________班　　　　　　姓名__________学号__________

1. 填空题.

(1) $w = z^n$ 将 z 平面上的圆 $|z| = r$ 映射为 w 平面上的__________________.

(2) $w = \mathrm{e}^z$ 将 z 平面上的直线 $\operatorname{Im} z = y_0$ 映射为 w 平面上的__________________.

2. 求一个把角形区域 $0 < \arg z < \dfrac{\pi}{4}$ 映射为单位圆域 $|w| < 1$ 的保形映射.

3. 求一个把带形区域 $0 < \operatorname{Im} z < \pi$ 映射为单位圆域 $|w| < 1$ 的保形映射.

4. 求把角形区域$-\frac{\pi}{3}<\arg z<0$映射为上半平面$\operatorname{Im} w>0$的保形映射.

5. 求把扇形区域$|z|<\pi, 0<\arg z<\frac{\pi}{4}$映射为上半平面$\operatorname{Im} w>0$的保形映射.

积分变换作业(1)

__________专业________班　　　　　　姓名__________学号__________

1. 填空题.

(1) 设 $\mathscr{F}[f(t)]=F(\omega)$, 且 $\lim\limits_{|t|\to+\infty} f(t)=0, \lim\limits_{|t|\to+\infty} f'(t)=0$, 则 $\dfrac{1}{\omega^2}\mathscr{F}[f''(t)]=$______________,

$\dfrac{1}{t^2}\mathscr{F}^{-1}[F''(\omega)]=$______________.

(2) 若 $\int_{-\infty}^{+\infty} f(t)\mathrm{d}t=0$, 则 $\mathscr{F}\left[\int_{-\infty}^{t} f(\tau)\mathrm{d}\tau\right]=$______________.

2. 求函数 $f(t)=\begin{cases}-1, & -1\leqslant t<0,\\ 1, & 0\leqslant t\leqslant 1,\\ 0, & |t|>1\end{cases}$ 的傅里叶变换.

3. 设函数 $f(t)=\begin{cases}\dfrac{1}{2\varepsilon}, & |t|\leqslant\varepsilon,\\ 0, & |t|>\varepsilon,\end{cases}$ 求极限 $\lim\limits_{\varepsilon\to 0^+}\mathscr{F}[f(t)]$.

4. 设 $F(\omega)=\mathscr{F}[f(t)]$, 根据傅里叶变换的性质求下列函数的傅里叶变换(假设傅里叶变换性质的前提条件满足).

(1) $g(t)=(t+3)f(t)$;

(2) $g(t)=tf(2t)$;

(3) $g(t)=f(t)\sin\omega_0 t$.

积分变换作业(2)

__________专业________班　　　　　　姓名__________学号__________

1. 填空题.

(1) 设 $f_1(t), f_2(t)$ 在 $(-\infty,+\infty)$ 上绝对可积, 且在任一有限区间 (a,b) 上满足狄利克雷条件, $\mathscr{F}[f_1(t)]=F_1(\omega)$, $\mathscr{F}[f_2(t)]=F_2(\omega)$, 则 $\mathscr{F}^{-1}[F_1(\omega)\cdot F_2(\omega)]=$______________________________, $\mathscr{F}^{-1}[F_1(\omega)*F_2(\omega)]=$_____________.

(2) $\int_{-\infty}^{+\infty}\delta(t)\mathrm{d}t=$_________; $\int_{-\infty}^{+\infty}\delta(t)\sin t\mathrm{d}t=$_________.

(3) $\int_{-\infty}^{+\infty}\delta'(t)\sin t\mathrm{d}t=$_________; $\mathscr{F}[\delta'(t)]=$___________.

(4) $\delta(t)$ 与__________成傅里叶变换对, 1 与____________成傅里叶变换对, $u(t)$ 与____________________成傅里叶变换对.

2. 求下列函数的傅里叶变换.

(1) $f(t)=\dfrac{1}{2}\left[\delta\left(t+\dfrac{a}{2}\right)+\delta\left(t-\dfrac{a}{2}\right)\right]$;

(2) $f(t)=1+3\delta(t-2)+\delta'(t-2)$;

(3) $f(t)=\sin\omega_0 t$, ω_0 是常数.

3. 求积分方程 $\int_{-\infty}^{+\infty}\frac{y(x)}{(t-x)^2+1}\mathrm{d}x=\frac{1}{t^2+4}$ 关于函数 $y(x)$ 的解.

积分变换作业(3)

__________专业________班　　　　　　姓名_________学号_________

1. 填空题.

(1) $\mathscr{L}[2\mathrm{e}^{-3t}]=$______________.　　　　(2) $\mathscr{L}[u(t-2)]=$______________.

(3) $\mathscr{L}[t^2+3t+2]=$______________________.

2. 分别用微分性质和位移性质求 $\mathscr{L}[t\mathrm{e}^t]$.

解法 1:

解法 2:

3. 求下列函数的拉普拉斯变换.

(1) $f(t)=(t-1)^2\mathrm{e}^t$;

(2) $f(t)=t\cos(at)$;

(3) $f(t)=\dfrac{\mathrm{e}^{-2t}\sin 3t}{t}$;

(4) $f(t)=\int_0^t \mathrm{e}^{-\tau}\cos\dfrac{\tau}{2}\mathrm{d}\tau$.

积分变换作业(4)

__________专业________班　　　　　姓名__________学号__________

1. 求下列函数的拉普拉斯逆变换.

(1) $F(s)=\dfrac{s+1}{s^2+s-6}$;

(2) $F(s)=\dfrac{1}{s(s-1)^2}$.

(3) $F(s)=\dfrac{s+2}{s(s^2-1)}$.

2. 应用卷积定理求 $F(s)=\dfrac{1}{(s^2+4)^2}$ 的拉普拉斯逆变换.

积分变换作业(5)

__________专业________班　　　　　　姓名__________学号__________

1. 求下列微分方程的解.

(1) $\begin{cases} x'' - 3x' + 2x = 0, \\ x(0) = 0, x'(0) = 1. \end{cases}$

(2) $\begin{cases} x'' + 2x' - 3x = \mathrm{e}^{-t}, \\ x(0) = 0, x'(0) = 1. \end{cases}$

(3) $\begin{cases} y' - 2z' = f(t), \\ y'' - z'' + z = 0, \\ y(0) = y'(0) = 0, \\ z(0) = z'(0) = 0, \end{cases}$ 这里 $\mathscr{L}[f(t)] = F(s)$.

2. 求积分方程 $\int_0^t f(\tau)\mathrm{e}^{t-\tau}\mathrm{d}\tau = f(t) - \mathrm{e}^t$ 的解.

向量分析与场论作业题答案与提示

作业(1)

1. (1) $\cos\alpha=\frac{2}{3},\cos\beta=-\frac{2}{3},\cos\gamma=\frac{1}{3}.$

(2) $\lim\limits_{t\to 2}\boldsymbol{F}(t)=8\boldsymbol{i}+4\boldsymbol{j}+6\boldsymbol{k}.$ (3) 切线, t 增大.

(4) $\boldsymbol{r}'(t)=[x'(t),y'(t),z'(t)]^{\mathrm{T}}$, 弧长参数 s.

2. $\boldsymbol{r}=3\sin t\boldsymbol{i}+4\sin t\boldsymbol{j}+3\cos t\boldsymbol{k}$, 其图形是平面 $4x-3y=0$ 与圆柱面 $x^2+z^2=3^2$ 的交线, 是一个椭圆.

3. $-\sqrt{2}\boldsymbol{i}+\sqrt{2}\boldsymbol{j}+4\boldsymbol{k},\frac{x-\sqrt{2}}{-\sqrt{2}}=\frac{y-\sqrt{2}}{\sqrt{2}}=\frac{z-\pi}{4}.$

4. $\frac{\mathrm{d}\boldsymbol{F}}{\mathrm{d}t}=2t\boldsymbol{i}-t\boldsymbol{j}+2\boldsymbol{k},t=0$ 时, $\left.\frac{\mathrm{d}\boldsymbol{F}}{\mathrm{d}t}\right|_{t=0}=2\boldsymbol{k}$, $\left|\frac{\mathrm{d}\boldsymbol{F}}{\mathrm{d}t}\right|_{t=0}=2.$

5. (1) $\lim\limits_{t\to 1}\boldsymbol{F}(t)=\boldsymbol{i}+3\boldsymbol{j}+3\boldsymbol{k}.$ (2) $\frac{\mathrm{d}\boldsymbol{F}}{\mathrm{d}t}=(2-3t^2)\boldsymbol{i}+6t\boldsymbol{j}+(2+3t^2)\boldsymbol{k}.$

(3) $\int\boldsymbol{F}(t)\mathrm{d}t=\left(t^2-\frac{1}{4}t^4\right)\boldsymbol{i}+t^3\boldsymbol{j}+\left(t^2+\frac{1}{4}t^4\right)\boldsymbol{k}+\boldsymbol{C}$, 其中 $\boldsymbol{C}=c_1\boldsymbol{i}+c_2\boldsymbol{j}+c_3\boldsymbol{k}$ 是任意常向量, c_1,c_2,c_3 是任意常数.

(4) $\int_0^1\boldsymbol{F}(t)\mathrm{d}t=\frac{3}{4}\boldsymbol{i}+\boldsymbol{j}+\frac{5}{4}\boldsymbol{k}.$

作业(2)

1. (1) $x^2+y^2=z.$ (2) $|\mathrm{grad}u(M)|.$ (3) $\frac{\boldsymbol{r}}{r},-\frac{\boldsymbol{r}}{r^3}.$

2. $\frac{10}{3}.$

3. (1) $\mathrm{grad}u(M)=(2-\mathrm{e})\boldsymbol{i}-2\pi\boldsymbol{j}.$ (2) $\frac{1}{3}(2-\mathrm{e}-4\pi).$

(3) 沿 $\mathrm{grad}u(M)=(2-\mathrm{e})\boldsymbol{i}-2\pi\boldsymbol{j}$ 方向导数最大, 最大值为 $|\mathrm{grad}u(M)|=\sqrt{(2-\mathrm{e})^2+4\pi^2}.$

4. $\frac{60}{\sqrt{17}}.$

作业(3)

1. (1) $2(x+y+z)$.　(2) $\dfrac{2}{r}$.

2. $\Phi=\oiint_S \boldsymbol{F}\cdot\mathrm{d}\boldsymbol{S}=\iiint_V \operatorname{div}\boldsymbol{F}\mathrm{d}V=\iiint_V (2+x^2-2xz)\mathrm{d}x\mathrm{d}y\mathrm{d}z=a^3\left(2-\dfrac{1}{6}a^2\right)$.

3. $\nabla\cdot\boldsymbol{F}=(c+2)x+(a-2)z+b+1=0$, 得 $a=2,b=-1,c=-2$.

4. $\boldsymbol{F}(M)$ 的散度场通过点 $M(2,-1,1)$ 的等值面为 $6x+3y^2+z^2+xy-6xz=2$, 在点 M 处沿 Ox 轴正向的方向导数为 -1.

作业(4)

1. (1) $\mathbf{0}$, 3, $\dfrac{\boldsymbol{r}}{r}$.　(2) $2(x^2+z^2+x+1),\mathbf{0}$.

2. d.

3. 平面 S 的上侧法线为 $\boldsymbol{n}=[1,1,2]^{\mathrm{T}}$, $\mu_n(M)=\dfrac{16}{\sqrt{6}}$.

4. $[0,0,-2]^{\mathrm{T}}$.

5. (1) 令常向量 $\boldsymbol{a}=[a_1,a_2,a_3]^{\mathrm{T}}$ (这里 a_1,a_2,a_3 是常数), 将其代入 $\nabla\times(\boldsymbol{a}\times\boldsymbol{r})$ 之中, 可推得 $\nabla\times(\boldsymbol{a}\times\boldsymbol{r})=2\boldsymbol{a}$.

(2) $\dfrac{1}{r}f'(r)(\boldsymbol{r}\times\boldsymbol{a})$.

作业(5)

1. (1) $\mathbf{0}$.　(2) $\dfrac{1}{r^3}\boldsymbol{r}$.

2. c.

3. $\nabla\times\boldsymbol{F}=\begin{vmatrix}\boldsymbol{i} & \boldsymbol{j} & \boldsymbol{k}\\ \dfrac{\partial}{\partial x} & \dfrac{\partial}{\partial y} & \dfrac{\partial}{\partial z}\\ 2xyz^2 & x^2z^2+\cos y & 2x^2yz\end{vmatrix}=\mathbf{0}$, 故 $\boldsymbol{F}$ 是有势场.

$$\begin{aligned}u(x,y,z)&=\int_0^x P(x,0,0)\mathrm{d}x+\int_0^y Q(x,y,0)\mathrm{d}y+\int_0^z R(x,y,z)\mathrm{d}z\\&=\int_0^x 0\mathrm{d}x+\int_0^y \cos y\mathrm{d}y+\int_0^z 2x^2yz\mathrm{d}z=\sin y+x^2yz^2,\end{aligned}$$

其势函数为 $u=\sin y+x^2yz^2+C$, C 为常数.

4. (1) 证明 $\boldsymbol{F}$ 的旋度为 $\mathbf{0}$, 从而 $\boldsymbol{F}$ 是保守场.

(2) 求出 $\boldsymbol{F}$ 的势函数 $u=3x+x^2y-4yz$, $\int_A^B \boldsymbol{F}(M)\cdot\mathrm{d}\boldsymbol{l}=u(B)-u(A)=6$.

5. 设 $\boldsymbol{F}=(z^3-4xy)\boldsymbol{i}+(6y-2x^2)\boldsymbol{j}+(3xz^2+1)\boldsymbol{k}$, 证明 $\nabla\times\boldsymbol{F}=\boldsymbol{0}$, 从而 $\boldsymbol{F}$ 是保守场, 存在势函数 u, 使 $\boldsymbol{F}=\nabla u$, 原方程即为 $\mathrm{d}u=0$, 故所给微分方程的解为 $u(x,y,z)=c,c$ 为常数. 本题中求出势函数为 $u=3y^2-2x^2y+xz^3+z$, 从而所求方程的解为 $3y^2-2x^2y+xz^3+z=c$.

作业(6)

1. (1) 无源场. (2) $6z+24xy-2z^3-6y^2z$. (3) 0.

2. 证明 $u\boldsymbol{F}$ 的散度为 0.

3. 证明 $\boldsymbol{F}$ 的旋度为 $\boldsymbol{0}$, 散度为 0. 求出势函数为 $u=x+x^2+2y^2-5xy+7yz-3z^2+c$, 验证势函数满足调和方程.

4. $\boldsymbol{G}=\left(4yz-5xz+\dfrac{7}{2}z^2\right)\boldsymbol{i}+(-z-2xz+5yz+7xy)\boldsymbol{j}+C\boldsymbol{k}$.

复变函数作业题答案与提示

作业(1)

1. (1) $\operatorname{Re} z=\frac{2}{5}$, $\operatorname{Im} z=\frac{4}{5}$, $|z|=\frac{2\sqrt{5}}{5}$, $\operatorname{Arg} z=\arctan 2+2k\pi, k=0,\pm1,\pm2,\cdots$.

(2) $\pi-\arctan\frac{4}{3}$, $-\frac{3}{4}\pi$.　(3) $1+|a|$.

2. $z=2\left(\cos\frac{2\pi}{3}+\mathrm{i}\sin\frac{2\pi}{3}\right)$, $z=2\mathrm{e}^{\frac{2\pi}{3}\mathrm{i}}$.

3. 注意$\frac{-1+\sqrt{3}\mathrm{i}}{2}$,$\frac{-1-\sqrt{3}\mathrm{i}}{2}$均为 1 的 3 次根.

4. (1) $y=0$.　(2) $3(x^2+y^2)+10x+3=0$.

5. (1)不是区域, 有界闭域.　(2)是区域, 有界多连通区域.
(3)不是区域, 有界闭域.　(4)是区域, 无界单连通区域.

作业(2)

1. (1) $x>0$.　(2) $u(x,y)$ 和 $v(x,y)$, 有极限和连续.

2. $f(z)=\frac{1}{2\mathrm{i}}\left(\frac{z}{\overline{z}}-\frac{\overline{z}}{z}\right)=\frac{1}{2\mathrm{i}}\frac{z^2-\overline{z}^2}{|z|^2}=\frac{2xy}{x^2+y^2}$, 故$u(x,y)=\frac{2xy}{x^2+y^2}$, $v(x,y)=0$.

3. $u=x^2-y^2, v=2xy$, 令 $x=1$, 消去 y, 得到 $u=1-\frac{v^2}{4}$, 即映射为 w 平面上的抛物线 $u=1-\frac{v^2}{4}$.

4. $f(z)=\frac{x^2-y^2}{x^2+y^2}$, $u=\frac{x^2-y^2}{x^2+y^2}$, $v=0$. 容易判定 $u=\frac{x^2-y^2}{x^2+y^2}$ 在(0, 0)处的极限不存在, 故 $f(z)$ 在 $z\to 0$ 时不存在极限.

5. $f(z)$ 连续$\Rightarrow u,v$ 连续$\Rightarrow \overline{f(z)}$ 连续.

6. $u(x,y)=\frac{x^2+y^2-1}{(x+1)^2+y^2}, v(x,y)=\frac{2y}{(x+1)^2+y^2}$ 均在 $|z|<1$ 时连续, 故 $f(z)$ 在 $|z|<1$ 内连续.

作业(3)

1. b, d.

2. 全平面, $f'(z)=3z^2+2\mathrm{i}$.

3. 根据 C-R 条件解出 $l=-3, m=1, n=-3$.

4. (1) u,v 在全平面处处连续, $f(z)$ 处处连续.

(2) $\dfrac{\partial u}{\partial x}=3x^2, \dfrac{\partial u}{\partial y}=-3y^2$, $\dfrac{\partial v}{\partial x}=4xy^2, \dfrac{\partial v}{\partial y}=4x^2y$, u,v 有一阶连续偏导数, 根据 $\dfrac{\partial u}{\partial x}=\dfrac{\partial v}{\partial y}$, $\dfrac{\partial u}{\partial y}=-\dfrac{\partial v}{\partial x}$, 得 $3x^2=4x^2y$, $-3y^2=-4xy^2$, 即 $x=y=0$ 或 $x=y=\dfrac{3}{4}$, 从而 $f(z)$ 在 $z=0$ 和 $z=\dfrac{3}{4}(1+\mathrm{i})$ 处可导. $f'(0)=0$, $f'\left(\dfrac{3}{4}+\dfrac{3}{4}\mathrm{i}\right)=\dfrac{27}{16}(1+\mathrm{i})$.

(3) $f(z)$ 在复平面上处处不解析. 原因略.

作业(4)

1. (1) 整个 z 平面, e^z. (2) $k\pi+\dfrac{\pi}{2}$.

2. (1) $\mathrm{e}(\cos 1-\mathrm{i}\sin 1)$. (2) $\ln 2+\mathrm{i}\left(\dfrac{\pi}{3}+2k\pi\right), k=0,\pm1,\pm2,\cdots$.

(3) $\mathrm{i}^{\mathrm{i}}=\mathrm{e}^{\mathrm{iLni}}=\mathrm{e}^{-\frac{\pi}{2}-2k\pi}, k=0,\pm1,\pm2,\cdots$. (4) $\dfrac{\mathrm{i}}{2}\left(\mathrm{e}-\dfrac{1}{\mathrm{e}}\right)$.

3. 令 $z=x+\mathrm{i}y$ 代入.

4. (1) $z=\mathrm{i}(2k+1)\pi, k=0,\pm1,\pm2,\cdots$. (2) $z=\mathrm{e}^2\left(\dfrac{\sqrt{3}}{2}-\dfrac{1}{2}\mathrm{i}\right)$.

(3) $\mathrm{e}^{\mathrm{i}z}=\overline{\mathrm{e}^{\mathrm{i}z}}=\mathrm{e}^{-\mathrm{i}\bar{z}} \Rightarrow \mathrm{e}^{\mathrm{i}z+\mathrm{i}\bar{z}}=1 \Rightarrow \mathrm{i}2\mathrm{Re}z=\mathrm{Ln}1=\mathrm{i}2k\pi \Rightarrow x=\mathrm{Re}z=k\pi, k=0,\pm1,\pm2,\cdots$, y 是任意实数(这里利用了 3 题的结论).

作业(5)

1. (1) 4π. (2) $2\pi\mathrm{i}, 0$.

2. 将 $z=\mathrm{e}^{\mathrm{i}\theta}$ 代入, $\int_C |z|\,\mathrm{d}z=\int_{-\frac{\pi}{2}}^{\frac{\pi}{2}}\mathrm{d}\mathrm{e}^{\mathrm{i}\theta}=\int_{-\frac{\pi}{2}}^{\frac{\pi}{2}}\mathrm{i}\mathrm{e}^{\mathrm{i}\theta}\mathrm{d}\theta=2\mathrm{i}$.

3. 将 $z=\mathrm{e}^{i\theta}$ 代入, $\int_C \bar{z}\mathrm{d}z=\int_0^{2\pi}\mathrm{e}^{-\mathrm{i}\theta}\mathrm{d}\mathrm{e}^{\mathrm{i}\theta}=\int_0^{2\pi}\mathrm{e}^{-\mathrm{i}\theta}\mathrm{e}^{\mathrm{i}\theta}\mathrm{i}\mathrm{d}\theta=2\pi\mathrm{i}$.

4. 本题中 $|1+z^2|\geqslant||z^2|-1|$, 故当 $|z|=2$ 时, $\left|\dfrac{1}{1+z^2}\right|\leqslant\dfrac{1}{||z|^2-1|}=\dfrac{1}{3}=M$, $M=\dfrac{1}{3}, l=\pi$, 由积分的性质证得结论.

5. (1) $-\dfrac{1}{6}+\dfrac{5}{6}\mathrm{i}$. (2) $-\dfrac{1}{6}+\mathrm{i}$.

作业(6)

1. (1) 0. (2) $2\pi\mathrm{i}$.

2. **方法 1** 由 $|z|=1$ 得 $\int_C(z^2+z\bar{z})\mathrm{d}z=\int_C(z^2+1)\mathrm{d}z=\left(\frac{1}{3}z^3+z\right)\Big|_1^{-1}=-\frac{8}{3}$.

方法 2 设 $z=\mathrm{e}^{\mathrm{i}\theta}$ 代入.

3. 在 C 的内部做两个小圆 $C_1:|z-\mathrm{i}|=r_1$ 和 $C_2:|z+\mathrm{i}|=r_2$，有

$$\text{原式}=\int_{C_1}\frac{\frac{1}{(z+\mathrm{i})(z^2+4)}}{z-\mathrm{i}}\mathrm{d}z+\int_{C_2}\frac{\frac{1}{(z-\mathrm{i})(z^2+4)}}{z+\mathrm{i}}\mathrm{d}z=2\pi\mathrm{i}\left(\frac{1}{6\mathrm{i}}-\frac{1}{6\mathrm{i}}\right)=0.$$

4. $$\int_C\frac{2z-1}{z^2-z}\mathrm{d}z=\begin{cases}0, & C\text{内不包含}z=0\text{和}z=1,\\ 2\pi\mathrm{i}, & C\text{内仅包含}z=0,\\ 2\pi\mathrm{i}, & C\text{内仅包含}z=1,\\ 4\pi\mathrm{i}, & C\text{内同时包含}z=0\text{和}z=1.\end{cases}$$

5. 由 $\int_C\frac{1}{z+2}\mathrm{d}z=0$ 可推出 $\int_0^{\pi}\frac{1+2\cos\theta}{5+4\cos\theta}\mathrm{d}\theta=0$（参考教材的例 3.5(3)），有

$$\begin{aligned}0&=2\int_0^{\pi}\frac{1+2\cos\theta}{5+4\cos\theta}\mathrm{d}\theta=\int_0^{\pi}\frac{2+4\cos\theta}{5+4\cos\theta}\mathrm{d}\theta\\&=\int_0^{\pi}\frac{5+4\cos\theta-3}{5+4\cos\theta}\mathrm{d}\theta=\int_0^{\pi}\mathrm{d}\theta-3\int_0^{\pi}\frac{1}{5+4\cos\theta}\mathrm{d}\theta,\\&=\int_0^{\pi}\mathrm{d}\theta-3\int_0^{\pi}\frac{1}{5+4\cos\theta}\mathrm{d}\theta,\end{aligned}$$

解出所求的积分 $\int_0^{\pi}\frac{1}{5+4\cos\theta}\mathrm{d}\theta=\frac{\pi}{3}$.

作业(7)

1. (1) b. (2) d.

2. (1) $\frac{\pi}{\mathrm{e}}$. (2) $2\pi\mathrm{i}$. (3) $(3\mathrm{e}-8)\pi\mathrm{i}$.

作业(8)

1. (1) $-\frac{1}{5}(1+2\mathrm{i})$. (2) $|z-z_0|<|z_1-z_0|,|z-z_0|>|z_2-z_0|$.

2. (1) d. (2) c.

3. 级数发散, 因为虚部级数 $\sum_{n=1}^{\infty}\frac{1}{n}$ 发散. 不绝对收敛.

4. (1) 0, 幂级数仅在 $z=\mathrm{i}$ 处收敛. (2) $\frac{1}{\mathrm{e}},|z|<\frac{1}{\mathrm{e}}$. (3) $1,|z|<1$.

作业(9)

1. (1) $|z_1-z_0|$. (2) 2.

(3) 0, ±i. 0 为一阶零点, ±i 为二阶零点. (4) 三.

2. (1) $\dfrac{z-1}{z+1}=\dfrac{z-1}{2}\dfrac{1}{1+\dfrac{z-1}{2}}=\sum\limits_{n=0}^{\infty}\dfrac{(-1)^n}{2^{n+1}}(z-1)^{n+1}, R=2.$

(2) $\dfrac{1}{z^2}=\left[\dfrac{1}{1-(z+1)}\right]'=\sum\limits_{n=1'}^{\infty}n(z+1)^{n-1}, R=1.$

(3) $\dfrac{1}{(z+1)(z+2)}=\dfrac{1}{3}\dfrac{1}{1+\dfrac{z-2}{3}}-\dfrac{1}{4}\dfrac{1}{\dfrac{z-2}{4}}=\sum\limits_{n=0}^{\infty}(-1)^n\left(\dfrac{1}{3^{n+1}}-\dfrac{1}{4^{n+1}}\right)(z-2)^n, R=3.$

3. 由 $f(z)=\mathrm{e}^z-1=0$, 解得零点是 $z=2k\pi\mathrm{i}$, 又由 $f'(2k\pi\mathrm{i})=\mathrm{e}^{2k\pi\mathrm{i}}=1\neq 0$ 知, $z=2k\pi\mathrm{i}$ 是 1 阶零点 ($k=0,\pm1,\pm2,\cdots$).

作业(10)

1. (1) 对. (2) 不对. (3) 不对. (4) 对. (5) 对.

2. (1) $\dfrac{1}{z(1-z)^2}=\dfrac{1}{z}\left(\dfrac{1}{1-z}\right)'=\sum\limits_{n=1}^{\infty}nz^{n-2}.$

(2) $\dfrac{1}{1+z^2}=\dfrac{1}{z-\mathrm{i}}\dfrac{1}{2\mathrm{i}}\dfrac{1}{1+\dfrac{z-\mathrm{i}}{2\mathrm{i}}}=\sum\limits_{n=0}^{\infty}(-1)^n\dfrac{(z-\mathrm{i})^{n-1}}{(2\mathrm{i})^{n+1}}.$

3. (1) $z=0$ 为可去奇点. (2) $z=k\pi+\dfrac{\pi}{2}, k=0,\pm1,\pm2,\cdots$ 为一阶极点.

(3) $z=0$ 为本性奇点.

作业(11)

1. -1. 因为残数应是去心邻域内洛朗展式中负一次幂的系数, 本题中 $0<|z-1|<1$ 是 1 的去心邻域, 而 $|z-1|>1$ 不是去心邻域.

2. (1) $\mathrm{Res}\left(\dfrac{\cos z^2}{z^9},0\right)=\dfrac{1}{24}.$

(2) $\mathrm{Res}\left(\dfrac{z+1}{z^2-2z},0\right)=-\dfrac{1}{2}, \mathrm{Res}\left(\dfrac{z+1}{z^2-2z},2\right)=\dfrac{3}{2}.$

(3) $\mathrm{Res}\left(\dfrac{1}{\sin z},k\pi\right)=(-1)^k, k=0,\pm1,\cdots.$

3. (1) $\mathrm{Res}\left(\dfrac{\mathrm{e}^z}{z(z-1)^2},0\right)=1, \mathrm{Res}\left(\dfrac{\mathrm{e}^z}{z(z-1)^2},1\right)=0, \int_C\dfrac{\mathrm{e}^z}{z(z-1)^2}\mathrm{d}z=2\pi\mathrm{i}(1+0)=2\pi\mathrm{i}.$

(2) $\mathrm{Res}\left(z\mathrm{e}^{\frac{1}{z}},0\right)=\dfrac{1}{2}, \int_C z\mathrm{e}^{\frac{1}{z}}\mathrm{d}z=\pi\mathrm{i}.$

作业(12)

1. (1) $\frac{1}{2}$, 2i.　(2) $\frac{1}{\bar{z}_0}$.

2. (1) a;　(2) a.

3. $w=\mathrm{i}\frac{1-z}{1+z}$.

4. $w=-\frac{z-\mathrm{i}}{z+\mathrm{i}}$.

5. $w=\frac{2z-1}{2-z}$.

作业(13)

1. (1) 圆 $|w|=r^n$.　(2) 射线 $\mathrm{Arg}w=y_0$.

2. $\xi=z^4$ 与 $w=\frac{\xi-\mathrm{i}}{\xi+\mathrm{i}}$ 复合, 得 $w=\frac{z^4-\mathrm{i}}{z^4+\mathrm{i}}$.

3. $\xi=\mathrm{e}^z$ 与 $w=\frac{\xi-\mathrm{i}}{\xi+\mathrm{i}}$ 复合, 得 $w=\frac{\mathrm{e}^z-\mathrm{i}}{\mathrm{e}^z+\mathrm{i}}$.

4. $\xi=\mathrm{e}^{\mathrm{i}\frac{\pi}{3}}z$ 与 $w=\xi^3$ 复合, 得 $w=-z^3$.

5. $\xi_1=z^4$, $\xi_2=\frac{\xi_1+\pi^4}{\xi_1-\pi^4}$, $\xi_3=-\xi_2$, $w=\xi_3^2$ 相继复合, 得到 $w=\left(-\frac{z^4+\pi^4}{z^4-\pi^4}\right)^2$.

积分变换作业题答案与提示

作业(1)

1. (1) $-F(\omega),-f(t)$.　(2) $\dfrac{1}{\mathrm{i}\omega}\mathscr{F}[f(t)]$.

2. $\mathscr{F}[f(t)]=\int_{-\infty}^{+\infty}f(t)\mathrm{e}^{-\mathrm{i}\omega t}\mathrm{d}t$, 当 $\omega=0$ 时, $\mathscr{F}[f(t)]=-\int_{-1}^{0}\mathrm{d}t+\int_{0}^{1}\mathrm{d}t=0$.

当 $\omega\neq 0$ 时,

$$\begin{aligned}\mathscr{F}[f(t)]&=-\int_{-1}^{0}\mathrm{e}^{-\mathrm{i}\omega t}\mathrm{d}t+\int_{0}^{1}\mathrm{e}^{-\mathrm{i}\omega t}\mathrm{d}t=\frac{1}{\mathrm{i}\omega}\mathrm{e}^{-\mathrm{i}\omega t}\Big|_{-1}^{0}-\frac{1}{\mathrm{i}\omega}\mathrm{e}^{-\mathrm{i}\omega t}\Big|_{0}^{1}\\&=\left(\frac{1}{\mathrm{i}\omega}-\frac{1}{\mathrm{i}\omega}\mathrm{e}^{\mathrm{i}\omega}\right)-\left(\frac{1}{\mathrm{i}\omega}\mathrm{e}^{-\mathrm{i}\omega}-\frac{1}{\mathrm{i}\omega}\right)\\&=\frac{2}{\mathrm{i}\omega}-\frac{1}{\mathrm{i}\omega}\mathrm{e}^{\mathrm{i}\omega}-\frac{1}{\mathrm{i}\omega}\mathrm{e}^{-\mathrm{i}\omega}=\frac{2}{\mathrm{i}\omega}-\frac{2}{\mathrm{i}\omega}\left[\frac{1}{2}(\mathrm{e}^{\mathrm{i}\omega}+\mathrm{e}^{-\mathrm{i}\omega})\right]\\&=\frac{2}{\mathrm{i}\omega}(1-\cos\omega)=\frac{2\mathrm{i}}{\omega}(\cos\omega-1).\end{aligned}$$

故 $\mathscr{F}[f(t)]=\begin{cases}\dfrac{2\mathrm{i}}{\omega}(\cos\omega-1), & \omega\neq 0,\\ 0, & \omega=0.\end{cases}$

3. $\mathscr{F}[f(t)]=\int_{-\varepsilon}^{+\varepsilon}\dfrac{1}{2\varepsilon}\mathrm{e}^{-\mathrm{i}\omega t}\mathrm{d}t=\dfrac{1}{\varepsilon}\int_{0}^{\varepsilon}\cos\omega t\mathrm{d}t=\dfrac{\sin\omega\varepsilon}{\omega\varepsilon}\underset{\varepsilon\to 0^{+}}{\longrightarrow}1$.

4. (1) $\mathrm{i}F'(\omega)+3F(\omega)$.

(2) 首先由相似性质得 $\mathscr{F}[f(2t)]=\dfrac{1}{2}F\left(\dfrac{\omega}{2}\right)$, 再由微分性质得

$$\mathscr{F}[g(t)]=\mathscr{F}[tf(2t)]=\mathrm{i}\frac{\mathrm{d}}{\mathrm{d}\omega}\left[\frac{1}{2}F\left(\frac{\omega}{2}\right)\right]=\frac{\mathrm{i}}{2}\frac{\mathrm{d}}{\mathrm{d}\omega}F\left(\frac{\omega}{2}\right).$$

(3) $\dfrac{1}{2\mathrm{i}}[F(\omega-\omega_0)-F(\omega+\omega_0)]$.

作业(2)

1. (1) $f_1(t)*f_2(t),2\pi f_1(t)f_2(t)$.　(2) 1, 0.

(3) $-1,\mathrm{i}\omega$.　(4) $1,2\pi\delta(\omega),\dfrac{1}{\mathrm{i}\omega}+\pi\delta(\omega)$.

2. (1) $\dfrac{1}{2}\left(\mathrm{e}^{\mathrm{i}\frac{\omega a}{2}}+\mathrm{e}^{-\mathrm{i}\frac{\omega a}{2}}\right)=\cos\dfrac{\omega a}{2}$.　(2) $2\pi\delta(\omega)+3\mathrm{e}^{-2\mathrm{i}\omega}+\mathrm{i}\omega\mathrm{e}^{-2\mathrm{i}\omega}$.

(3) $\pi i[\delta(\omega+\omega_0)-\delta(\omega-\omega_0)]$.

3. 由卷积的定义知, 方程左边为 $\int_{-\infty}^{+\infty}\frac{y(x)}{(t-x)^2+1}dx=y(t)*\frac{1}{t^2+1}$, 于是所给方程为 $y(t)*\frac{1}{t^2+1}=\frac{1}{t^2+4}$, 方程两边取傅里叶变换, 得 $Y(\omega)\cdot\pi e^{-|\omega|}=\frac{\pi}{2}e^{-2|\omega|}$, 解得 $Y(\omega)=\frac{1}{2}e^{-|\omega|}$, 从而得 $y(t)=\frac{1}{2\pi}\frac{1}{t^2+1}$.

注意, 根据教材例 7.3 的结论和傅里叶变换的定义有

$$\mathscr{F}\left[\left(\frac{1}{a^2+t^2}\right)\right]=\int_{-\infty}^{+\infty}\frac{1}{a^2+t^2}e^{-i\omega t}dt$$
$$=\int_{-\infty}^{+\infty}\frac{\cos\omega t}{a^2+t^2}dt-i\int_{-\infty}^{+\infty}\frac{\sin\omega t}{a^2+t^2}dt=2\int_0^{+\infty}\frac{\cos\omega t}{a^2+t^2}dt$$
$$=\frac{2}{a}\int_0^{+\infty}\frac{a\cos\omega t}{a^2+t^2}dt=\frac{2}{a}\frac{\pi}{2}e^{-a|\omega|}=\frac{\pi}{a}e^{-a|\omega|}.$$

此题应用了 $a=1$ 和 $a=2$ 的情形.

作业(3)

1. (1) $\frac{2}{s+3}, \mathrm{Re}\,s>-3$.　(2) $\frac{1}{s}e^{-2s}, \mathrm{Re}\,s>0$.　(3) $\frac{2}{s^3}+\frac{3}{s^2}+\frac{2}{s}, \mathrm{Re}\,s>0$.

2. $\frac{1}{(s-1)^2}$.

3. (1) $\frac{s^2-4s+5}{(s-1)^3}$.　(2) $\frac{s^2-a^2}{(s^2+a^2)^2}$.

(3) $\mathscr{L}\left[\frac{\sin 3t}{t}\right]=\int_s^{\infty}\frac{3}{s^2+9}ds=\int_s^{\infty}\frac{1}{1+\left(\frac{s}{3}\right)^2}d\left(\frac{s}{3}\right)=\arctan\frac{s}{3}\Big|_s^{\infty}=\frac{\pi}{2}-\arctan\frac{s}{3}$, 故

$$\mathscr{L}\left[\frac{e^{-2t}\sin 3t}{t}\right]=\frac{\pi}{2}-\arctan\frac{s+2}{3}.$$

(4) $\mathscr{L}\left[\cos\frac{t}{2}\right]=\frac{s}{s^2+\frac{1}{4}}=\frac{4s}{4s^2+1}, \mathscr{L}\left[e^{-t}\cos\frac{t}{2}\right]=\frac{4(s+1)}{4(s+1)^2+1}$, 故

$$\mathscr{L}\left[\int_0^t e^{-\tau}\cos\frac{\tau}{2}d\tau\right]=\frac{1}{s}\mathscr{L}\left[e^{-t}\cos\frac{t}{2}\right]=\frac{4(s+1)}{s[4(s+1)^2+1]}.$$

作业(4)

1. (1) $f(t)=\frac{(s+1)e^{st}}{(s^2+s-6)'}\Big|_{s=-3}+\frac{(s+1)e^{st}}{(s^2+s-6)'}\Big|_{s=2}$

$$=\left.\frac{(s+1)e^{st}}{2s+1}\right|_{s=-3}+\left.\frac{(s+1)e^{st}}{2s+1}\right|_{s=2}$$

$$=\frac{2}{5}e^{-3t}+\frac{3}{5}e^{2t}=\frac{1}{5}(2e^{-3t}+3e^{2t});$$

或 $f(t)=\left.\frac{s+1}{s-2}e^{st}\right|_{s=-3}+\left.\frac{s+1}{s+3}e^{st}\right|_{s=2}=\frac{2}{5}e^{-3t}+\frac{3}{5}e^{2t}=\frac{1}{5}(2e^{-3t}+3e^{2t})$.

(2) $\mathrm{Res}[F(s)e^{st},0]=\left.\frac{e^{st}}{[s(s-1)^2]'}\right|_{s=0}=\left.\frac{e^{st}}{3s^2-4s+1}\right|_{s=0}=1$,

$$\mathrm{Res}[F(s)e^{st},1]=\frac{1}{(2-1)!}\lim_{s\to 1}\left((s-1)^2\frac{e^{st}}{s(s-1)^2}\right)'$$

$$=\lim_{s\to 1}\left(\frac{e^{st}}{s}\right)'=\lim_{s\to 1}\frac{ste^{st}-e^{st}}{s^2}=te^t-e^t,$$

故 $f(t)=1+te^t-e^t$.

(3) $f(t)=-2+\frac{3}{2}e^t+\frac{1}{2}e^{-t}$.

2. $F(s)=\frac{1}{4}\frac{2}{s^2+4}\frac{2}{s^2+4}$,

$$f(t)=\frac{1}{4}\sin 2t*\sin 2t=\frac{1}{4}\int_0^t\sin 2\tau\sin 2(t-\tau)\mathrm{d}\tau=\frac{1}{16}(\sin 2t-2t\cos 2t).$$

作业(5)

1. (1) 设 $\mathscr{L}[x(t)]=X(s)$, 在方程的两端取拉普拉斯变换, 有

$$s^2X(s)-1-3sX(s)+2X(s)=0,\quad s^2X(s)-3sX(s)+2X(s)=1,$$

$$(s^2-3s+2)X(s)=1,\quad X(s)=\frac{1}{(s-1)(s-2)},\quad x(t)=-e^t+e^{2t}.$$

(2) $x(t)=-\frac{e^{-3t}}{8}+\frac{3e^t}{8}-\frac{e^{-t}}{4}$.

(3) 设 $\mathscr{L}[y(t)]=Y(s),\mathscr{L}[z(t)]=Z(s),\mathscr{L}[f(t)]=F(s)$, 两个方程的两边取普拉斯变换, 有

$$\begin{cases}sY(s)-2sZ(s)=F(s),\\ s^2Y(s)-s^2Z(s)+Z(s)=0.\end{cases}$$

解之得

$$\begin{cases}Y(s)=\dfrac{1}{s}F(s)-\dfrac{2s}{s^2+1}F(s),\\ Z(s)=-\dfrac{s}{s^2+1}F(s).\end{cases}$$

故 $\begin{cases}y(t)=u(t)*f(t)-2\cos t*f(t),\\ z(t)=-\cos t*f(t),\end{cases}$

即有 $y(t)=[u(t)-2\cos t]*f(t), z(t)=-\cos t*f(t)$.

2. 方程为 $f(t)*\mathrm{e}^t=f(t)-\mathrm{e}^t$. 设 $\mathscr{L}[f(t)]=F(s)$, 两边取拉普拉斯变换, 得

$$F(s)\frac{1}{s-1}=F(s)-\frac{1}{s-1},$$

解出 $F(s)=\dfrac{1}{s-2}$, 从而 $f(t)=\mathrm{e}^{2t}$.

参 考 文 献

戴明强, 刘子瑞. 2015. 工程数学(下). 2 版. 北京: 科学出版社.

高彦伟, 宋东哲, 王忠仁. 2016. 复变函数与积分变换(第二版)学习辅导与习题全解. 北京: 高等教育出版社.

华中科技大学数学系. 2003. 复变函数与积分变换学习辅导与习题选解. 北京: 高等教育出版社.

华中理工大学数学系. 1999. 复变函数与积分变换. 北京: 高等教育出版社.

李红, 谢松法. 2013. 复变函数与积分变换(第四版)学习辅导与习题全解. 北京: 高等教育出版社.

李建林. 2007. 复变函数・积分变换辅导讲案. 西安: 西北工业大学出版社.

李景和, 赵娇云. 2017. 向量分析与场论. 北京: 科学出版社.

苏变萍, 王一平. 2004. 复变函数与积分变换学习辅导与习题选解. 北京: 高等教育出版社.

王玉玉, 王健波. 2007. 复变函数论全程导学及习题全解. 北京: 中国时代经济出版社.

王志明, 肖自碧. 2014. 复变函数与积分变换学习指导. 北京: 科学出版社.

西安交通大学高等数学教研室. 2004. 复变函数. 北京: 高等教育出版社.

谢树艺. 2005. 矢量分析与场论学习辅导与习题全解. 3 版. 北京: 高等教育出版社.

徐勇, 李景和, 张相梅. 2018. 复变函数与积分变换. 北京: 科学出版社.

钟玉泉. 1996. 复变函数学习指导书. 北京: 高等教育出版社.